イタリア・シチリアのパレルモのマッシモ劇場（馬蹄形の構造が良く見える、ロイヤルボックス席からの光景です）

イタリア・ヴェローナ野外オペラ劇場の《トゥーランドット》幕間の光景（月が煌煌と輝いています）

ギリシア・ディロス島の古代劇場（5000人以上の観客席がありました）

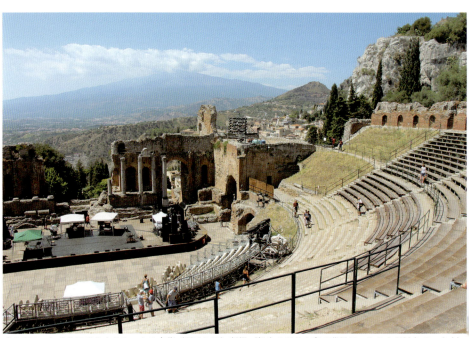

イタリア・シチリアのタオルミーナの古代（ギリシア）劇場（舞台のはるか奥の背景にエトナ山が見えています）

ギリシア・アテネのディオニュソス劇場（背後にアクロポリスの城壁が見えています）

ギリシア・アテネのディオニュソス劇場（アクロポリスの上から見下ろした光景です）

ギリシア・アテネのヘロデス・アッティコス音楽堂(アクロポリスの上から見下ろした光景です)

ギリシア・デルフォイのアポロン神殿(背後にパルナッソス山が見えています)

ギリシア・エピダウロスの古代大劇場(手前真ん中に現代的演出の装置が置かれています)

フランス・ヴェルサイユ宮殿内部の18世紀に建設されたオペラハウス(格子が空けられている所が国王のボックス席です)

フランス・ヴェルサイユ宮殿内部の18世紀に建設されたオペラハウス（格子を閉めた状態の国王のボックス席からの光景です）

ガルニエ設計のフランス・パリ・オペラ座の奈落にある古い巨大な舞台装置（ガルニエ自身が考案した巻き揚げ機です）

【写真は全て青山撮影です】

舞台芸術の魅力

青山昌文

舞台芸術の魅力（'17）

©2017　青山昌文

装丁・ブックデザイン：畑中　猛

s-36

まえがき

　今から約 6 年前の2010年 7 月、私はギリシアとフランスにいました。今、皆様が手にとっていらっしゃる、この「舞台芸術の魅力」は、2016年度まで開講されていた「舞台芸術への招待」の改訂版ですが、「舞台芸術への招待」における海外ロケ映像のほぼ全てを再利用しています。そこで、この「舞台芸術の魅力」においても、先ず、大きな特色をなしている海外ロケ映像について、その制作のプロセスや、芸術的・歴史的意味などについて、語ってゆきたいと思います。
　「舞台芸術への招待」の講義のためのロケ撮影で、成田を出発したディレクターと私は、パリでの乗り継ぎが飛行機の機材の都合による出発遅延のために不可能になり、予定外にパリで 1 泊した後、翌日早朝 4 時に起きて朝一番の飛行機でアテネに向かい、そのまま、その日の午後、アクロポリスのディオニュソス劇場で撮影に入ったのでした。2010年の 7 月のヨーロッパは異常に高温で、体温よりも高い気温のもとで、熱の中で浮遊しているかのような感覚を味わいながら、私は、アリストテレスも通った古代の野外劇場で、強烈な太陽光線を直に浴びながら、古代ギリシア演劇について、熱を込めて語りました。
　撮影がなんとか無事に終わったその日の夜に、ホテルの屋上のレストランでギリシアにしては珍しい正統的コース料理をスタッフ一同で戴きながら、眺め続けた、ライトアップされたパルテノン神殿の輝ける美しさは、今でも鮮やかに甦る素晴らしい建築美でした。
　翌日、私は、そのパルテノン神殿の前で、古代ギリシア社会と演劇について語ったあと、デルフォイ（現代ギリシア語ではデルフィ）に向かったのです。
　デルフォイは、峨々たる名山パルナッソス山の南傾斜面にあるアポロン神の聖地です。古代ギリシア全土に大きな影響力をもっていたアポロン神の神託は、神殿の地下のアデュトンにある「大地の裂け目」の上に据えられた三脚の鼎に座るピュティアの巫女によって、告げられました。アリストテレスが自らの演劇美学を打ち立てるに当たって大いに理論的分析を行った、ソフォクレスの傑作演劇作品《オイディプス王》においても、このアポロン神の神託は、根本的に重要な役割を担っています。父を殺し、母と交わって子供を産む、というおぞましい運命は、ピュティアの巫女の口からオイディプ

スに告げられるのであり、オイディプスは、絶対にそのようなことを避けようとした結果、逆に、まさにそれらのことを、自分では知らずに、為してしまうのです。

デルフォイは、霊気あふれる聖地でした。そして、その聖地デルフォイにも、アポロン神殿の上の斜面の、神域の最高所に野外劇場が存在しているのです。その位置の高さは、古代ギリシアにおける演劇芸術の高い社会的位置を示していると言えるものでした。

デルフォイのあと、私は、エピダウロスに行き、エピダウロス古代大劇場で、自分の発する声が、自分の耳に、分厚い反響音として力強く響くことに大いに驚きながら、古代演劇について語りました。自分の生の声が、純粋に劇場の構造の見事さによって、エコーとして自分に強く返ってくるあの驚異的経験を、私は忘れることが出来ません。劇場は、古代ギリシアにおいて、屋根のない野外劇場であるにも拘わらず、見事に発話者に正確に力強く音が跳ね返ってくる、音響学的に高度な構造を達成していたのです。

ギリシアの後、フランスに戻った私は、ヴェルサイユ宮殿の庭園の中の、勢いよく水が出ている噴水彫刻の前で、古典時代のバロック・オペラが、噴水彫刻と同じような意味をもっていたことを語り、また、ヴェルサイユ宮殿内部の18世紀に建設されたオペラハウスの中で、ロココ・オペラの内的で人間的な親密さについて語りました。金属の格子で普段は覆われ、観劇の時にそのきらびやかな格子が開かれる国王のためのボックス席の中から眺めた、彩色木材のオペラハウスは、ヴェルサイユ宮殿という強烈な権威主義の建築の中にあって、たおやかで人間的な壮麗さに満ちており、木製であるがゆえにそれ自体楽器のようである、あの類い希なオペラハウスの中で、私は17世紀と18世紀の大きな違いに思いを致していました。

そののち私は、今日ガルニエ宮と呼ばれている、19世紀に建設されたガルニエ設計のパリ・オペラ座の中の、舞台に一番近い、舞台と直角に接続しながら面している、フランス大統領のボックス席に座りながら、馬蹄形のオペラハウスの構造の意味について詳しく語りました。他の観客に自分を見せるための席という、日本には存在していない席は、満場の観客からの強烈な視線を全身に浴びる、権力の快楽を、まざまざと私に実感させてくれるものでした。19世紀オペラの市民性と特権性を典型的に示している建築であるガルニエのオペラ座は、まさに19世紀の世界首都であったパリを代表する建築であり、オペラ芸術の占めている社会的地位の高さを物質としても示している

見事な建築芸術作品なのです。

　ガルニエ宮では、ミュージカルの《オペラ座の怪人》についても語りました。特別な許可を得て登ったパリ・オペラ座の屋根の一番高いところの屋上からの眺めは、パリの全景が眼下に広がる素晴らしい絶景でした。《オペラ座の怪人》の第1幕の終わりのような素敵なテラスではなく、ただの少し左右に傾斜した屋根なのですが、爽やかな風が身体を通り抜けてゆく中で、私は、快晴のパリの絶景の上に立って、《All I ask of you》「私があなたに求める全てのもの」のあのロマンテックなセレナーデについて語ったのです。

　この講義は、以上に述べた、ギリシア古典演劇、オペラ、ミュージカルだけではなく、基本的には、現代日本において上演されているほぼ全ての主な舞台芸術について講義します。即ち、歌舞伎・能・人形浄るり文楽などの日本の伝統芸能、商業劇場や小劇場などで演じられる、日本人劇作家や外国人劇作家の戯曲に基づく、日本人演出家や外国人演出家による現代演劇や古典演劇、更には、オペラ、バレエ、コンテンポラリーダンス、ミュージカルなどについて講義するのが、この講義です。
　これほど広い領域を、私一人で論じることが出来ないことは言うまでもないでしょう。私自身は、四半世紀以上に亘って、東京、パリ、ベルリン、ミュンヘン、ドレスデン、ウィーン、ヴェローナ、ロンドン、ニューヨークなどで見続け、聴き続けているオペラとミュージカルについて、美学的・芸術学的・歴史的な立場に基づきながら論じています。
　ドレスデンでは、戦後復興の国家的威信をかけて、当時存在していた東ドイツ国家が再建したゼンパー・オーパーの再建記念ワールド・プルミエを楽しみ、東京では、カルロス・クライバーの絶妙きわまる流麗な踊るような指揮を間近に見て楽しみ、ニューヨークでは、ゼッフィレッリ演出の豪華絢爛の極致と言うべき《トゥーランドット》を、広い舞台を見上げる、ほぼ最前列の席から楽しみ、ヴェローナでも、同じゼッフィレッリ演出の豪華で素晴らしい《トゥーランドット》を、月が煌煌と輝く夜空の下で、ほぼ最前列の席から楽しみましたが、基本的には、これらの作品について具体的に言及してはいません。しかしながら、これらの忘れることの出来ない舞台経験は、私の中に鮮やかに今も生きており、私の講義を支える根底の基盤となっています。
　また、ミュージカルに関して言えば、アンドリュー・ロイド＝ウェッバーの《オペラ座の怪人》や《サンセット・ブールヴァード》などを始めとする

多くのミュージカルをニューヨークのブロードウェイやロンドンのウエスト・エンドで、楽しんできました。この講義では《オペラ座の怪人》に力点を置いていますが、何度ブロードウェイで見ても、そのたびに新たな楽しみを与えてくれるこの作品こそ、舞台芸術の醍醐味を典型的に味あわせてくれる作品と言ってよいでしょう。基本的に同じ演出で、既に細部まで分かりきっている舞台を同じ劇場で見て、そのたびごとに劇的快楽を与えてくれることこそ、舞台芸術の魅力の根源の一つなのです。

　以下、講義の回の順番に申し上げますと、バレエに関しては、前講義の「舞台芸術への招待」と同様に、鈴木晶法政大学教授にご講義をお願いしました。鈴木教授は、今講義の「舞台芸術の魅力」においても、大変明快なご講義をしてくださいました。

　コンテンポラリーダンスに関しても、前講義と同様に、尼ヶ崎彬学習院女子大学教授にご講義をお願いしました。東京大学大学院時代の先輩である尼ヶ崎教授は、日本美学を大学院時代に専門となさっていましたが、その当時から実に視野の広い研究者でいらっしゃって、今回もまた、同じ講義を共に出来ることを大変光栄に思っております。

　世界と日本の現代演劇並びにシェイクスピアを中心とする世界古典演劇に関しても、前講義と同様に、森山直人京都造形芸術大学教授にご講義をお願いしました。放送大学には以前、渡邊守章副学長がいらっしゃいましたが、表象文化論・舞台芸術論の大家であられる渡邊守章先生と、現在京都造形芸術大学で同僚でいらっしゃる森山教授は、今回もまた、力のこもったご講義をしてくださいました。

　歌舞伎・能・人形浄るり文楽の日本の伝統芸能に関しては、古井戸秀夫東京大学教授に、ご講義をお願いしました。古井戸秀夫東京大学教授は、大変お忙しい中、極めて短期間の内に、日本の伝統芸能の息遣いが聞こえてくるような、素晴らしい玉稿をお書きくださいました。急なお願いにもかかわらず、快く、ご執筆・ご出演をお引き受け戴きました古井戸秀夫東京大学教授には、全く、感謝の言葉もございません。心より、厚く、御礼申し上げます。

　そして、私自身は、前講義と同様に、第1章のイントロダクションののち、オペラに関して第2章と第3章で語り、その後第7章でミュージカルについて語り、第14章でフランス古典主義演劇とディドロ演劇美学について語り、

第15章で古典ギリシア悲劇とアリストテレス演劇美学について語りました。

オペラと古典ギリシア演劇とミュージカルについては、この「まえがき」で述べた海外ロケを行いました。特に、「オペラの古典」の章で力説した、馬蹄形オペラハウス構造の意味についての、ガルニエ宮での現場の映像は、日本には全く存在していない馬蹄形のオペラハウスがもっている意味についての、貴重な映像と言えるのではないでしょうか。

そして、規則に縛られている演劇の典型とも思われがちなフランス古典主義演劇が、実は、古典ギリシア悲劇と同じ、演劇の根源に根ざした芸術であり、＜制約＞が＜自由＞に転化する芸術の根源的奇跡を示していることが、第14章で語られています。第14章ではまた、ディドロ演劇美学が、真正のスタニスラフスキー演劇理論と同じことを語っている演劇美学であり、「役になりきる」という低レベルの一般的思い込みの限界を鋭く指摘する、高度な演劇実践理論であることも語られています。

この印刷教材には、放送教材に収録されている、貴重なインタヴューは、一切、文字化されていません。どうぞ、インタヴューの貴重な発言を、放送大学のテレビでじっくりとお聞きになられてください。特に、第1回の、日本をまさに代表する演出家であった蜷川幸雄氏への、2度に亘るロングインタヴューは、舞台芸術の本質と魅力を、極めて的確に蜷川幸雄氏が語っている、素晴らしいインタヴューです。

尚、この講義において用いられている言葉・用語等について、ごく簡単に、申し上げておきますと、例えば、広義の「ダンス」は、広義の「舞踊」とほぼ同じものを意味しており、更に、広義の「舞踊」は、日本においては、「日舞」と「洋舞」に分かれ、「洋舞」は、更に、クラシックバレエやモダンバレエ、モダンダンス、コンテンポラリーダンスなどに分かれています。また、「日本の伝統芸能」という言葉は、まさに、日本の伝統芸能を、日本の内側から眺めた場合の言葉であり、同じものを、日本の外から、即ち、ヨーロッパなどから眺めた場合には、「日本の伝統演劇」といっても良いものです。尚、「人形浄るり文楽」という表記は、古井戸秀夫東京大学教授の御意向による表記です。更にまた、執筆者によって、例えば、芸術作品名を囲むカッコが、《》であったり、『』であったりしますが、あえて、統一はしませんでした。個々の執筆者によって、まさに「文は人なり」なので

あって、形式的な統一は、かえって、内容の自由闊達さを弱めてしまう危険性があるためです。学問において、一番重要なのは、学問の自由なのであり、形式的に形を整えることは、学問の自由よりもは、下位のことがらなのです。

　舞台芸術は、最も歴史的に古くから存在している芸術の一つであり、同時に、日々新たに、その場その場で、毎回、前回までとは異なるものとして、再創造される芸術です。舞台芸術は、最も古く、同時に、最も新しい芸術なのです。

　舞台芸術は、現場で、その場で、生の身体を、観客が見ることによって成立する芸術です。私は、かつて、6世野村万蔵の晩年の数年間の狂言を、ほぼ全て見続けていました。今は宝生能楽堂の名に復帰しており、かつては水道橋能楽堂と呼ばれていた能楽堂や、畳の敷き詰められた野村家の稽古舞台が、今も懐かしく思い起こされますが、或る時、水道橋能楽堂で見た6世野村万蔵の《木六駄》で、私は、実に至高の観劇経験をしました。この狂言には、太郎冠者が大雪の中、12頭の牛を追って峠の茶屋にたどり着くというシーンがあるのですが、その、万蔵が、降りしきる雪の中で勝手に動き回る牛を束ねるシーンで、現実には舞台に全く登場していない牛を、まざまざと本当に舞台上に見たのです。
　この至高の観劇経験は、同じ場面を、6世野村万蔵自身が演じた動画記録映像で見ても、全く、味わうことが出来ません。2次元の映写画面では、決して、牛は見えないのです。牛は、あの、能楽堂の中で、あの時、あの場で、6世野村万蔵と私とが、同じ場にいるときにのみ、私に見えるのです。
　これが、舞台芸術の真の醍醐味です。

　この「舞台芸術の魅力」の講義が、皆様にとって、このような、舞台芸術の醍醐味を味わうことへのいざないとなることを切に願っております。

2016年10月7日
第1回バイロイト祝祭において《ニーベルングの指環》が上演されてから140年のちに

　　　　　　　　　　　　　　　　　　　　　　　　　　青山昌文

目次

まえがき　青山　昌文　3

1　舞台芸術の魅力　｜青山　昌文　15
　——その原理的・歴史的根源——

1．「舞台芸術」　15
2．絵画との違い　16
3．その日その日の微妙な調整　16
4．「作り手」と「受けて」　17
5．一体性　18
6．人と人のつながり　19
7．人と神とのつながり　21
8．「山羊の歌」　21
9．悲劇の誕生　22
10．ディオニュソスのオルギア　22
11．テスピス　24
12．大ディオニューシア祭　25
13．国家性　26
14．市民の参加　26
15．民主主義　27
16．芸術と宗教・政治　28
17．舞台芸術の今日的意義　29

2 オペラの古典　　｜青山　昌文　33
　　──社会との深い関わり──
　　1．オペラの誕生　33
　　2．宮廷文化の一部としてのオペラ　35
　　3．《金のリンゴ》　36
　　4．《魔法の島の快楽》　37
　　5．18世紀ロココの人間的な親密さ　38
　　6．19世紀オペラのブルジョワ性　40
　　7．馬蹄形の構造　43
　　8．中心存在としての観客　45
　　9．視線の交わり　46
　　10．＜一体性＞の「場」としてのオペラハウス　48

3 オペラの現在　　｜青山　昌文　52
　　──ヴァーグナーの現代性──
　　1．ヴァーグナーによる徹底的破壊　53
　　2．オペラにおける芸術鑑賞の誕生　54
　　3．ドイツ・ロマン派の芸術崇拝　57
　　4．総合芸術としてのオペラ　60
　　5．ヴァーグナーのオペラの現代における演出　63

4 バレエの古典　　｜鈴木　晶　70
　　1．バレエと日本　70
　　2．宮廷バレエ　71
　　3．18世紀バレエ　74
　　4．ロマンティック・バレエ　76
　　5．クラシック・バレエ　79

5 バレエの現在　　　｜ 鈴木　晶　86
1．バレエの大衆化　86
2．バレエ・リュス　87
3．20世紀バレエの3つの流れ　91
4．形式主義バレエ　92
5．モダンバレエ　94
6．演劇的バレエ　95
7．21世紀のバレエ　97

6 ダンスの現在　　　｜ 尼ヶ崎　彬　100
——モダンダンスからコンテンポラリー・ダンスへ——
1．「芸術」となったダンス　100
2．モダンダンス　102
3．コンテンポラリー・ダンス　106

7 ミュージカル　　　｜ 青山　昌文　114
——その社会性と人間性——
1．ミュージカルの歴史を飾る代表作　115
2．ミュージカルの社会性　117
3．《オペラ座の怪人》の興行成績　117
4．アンドリュー・ロイド=ウェッバー　118
5．《オペラ座の怪人》の制作スタッフ　119
6．《オペラ座の怪人》の主役の出演者　121
7．《オペラ座の怪人》のストーリー　123
8．原作との違い　125
9．拒絶される存在との愛　126
10．拒絶される存在への、あたたかいまなざし　126
11．《オペラ座の怪人》の根源的魅力　127
12．ミュージカルとオペラの違い　128

8 世界の現代演劇　　　｜森山　直人　133
――演劇における「20世紀」の意味――
1．演劇の危機――「現代演劇」の時代　133
2．「芸術的前衛」たちの挑戦　135
3．〈なにもない空間〉と祝祭性　138
4．「ポストドラマ演劇」の地平　141

9 日本の現代演劇　　　｜森山　直人　145
――〈近代化〉の彼方に――
1．〈近代〉へ　145
2．〈近代〉への懐疑――1960年の演劇　148
3．〈ポスト近代化〉の地平　151
4．日本におけるポストドラマ演劇　154

10 日本の伝統芸能　　　｜古井戸秀夫　159
――歌舞伎――
1．歌舞伎の400年　159
2．江戸の大芝居　161
3．音楽劇と舞踊劇　163
4．若女形の系譜　167
5．立役と敵役　169

11 日本の伝統芸能　　　｜古井戸秀夫　173
――能――
1．複式夢幻能とシテ一人主義　173
2．能面と舞歌二曲　175
3．鬼と神　177
4．恋慕の鬼と修羅の鬼　179
5．狂女物と直面物　181
6．世阿弥の花と幽玄　183

12 日本の伝統芸能 　　　　　　　　　｜ 古井戸秀夫　187
　　──人形浄るり文楽──
　　1．三人遣いの人形　187
　　2．義太夫節の浄るり　190
　　3．近松門左衛門の浄るり観　194
　　4．義太夫節の三味線　197

13 世界の古典演劇 　　　　　　　　　｜ 森山　直人　200
　　──シェイクスピアは、なぜ「古典」なのか──
　　1．シェイクスピアが「古典」となるまで　200
　　2．ロマン主義の時代　203
　　3．ヤン・コットとピーター・ブルックの解釈　205
　　4．ハイナー・ミュラーの『ハムレットマシーン』　208

14 世界の古典演劇 　　　　　　　　　｜ 青山　昌文　214
　　──フランス古典主義とディドロ演劇美学──
　　1．古典主義演劇理論　215
　　2．ラシーヌの《フェードル》　218
　　3．古典主義演劇理論と《フェードル》の完全一致　219
　　4．ギリシア悲劇における＜3つの《単一統一性》の
　　　規則＞　221
　　5．ディドロの演劇美学──市民劇の提唱──　224
　　6．ディドロの演劇実践美学──「役になりきる」ことを超える
　　　演劇美学──　229

15 世界の古典演劇　　　　青山　昌文　237
―――ギリシア悲劇とアリストテレス演劇美学―――

1. 悲劇の定義　238
2. 時の《単一統一性》　239
3.「あわれみ」（同情）と「おそれ」（恐怖）　240
4. 最も見事な悲劇の構成　241
5. ペリペテイアとアナグノーリシス　243
6. カタルシスについての諸説　244
7.「浄化」としてのカタルシス　245
8. 救済と解放　247
9. 芸術の普遍性と哲学性　247
10.「一切」を全て語らない芸術　249
11. 普遍的本質のミーメーシス　250
12.《オイディプス王》　251
13. 舞台芸術の魅力　254

索引　259

1 舞台芸術の魅力
——その原理的・歴史的根源——

青山　昌文

　「今日はオペラに行く」と考えるだけで、心がわくわくする、そんな経験を、皆さんはしたことがないでしょうか。あるいはまた、「今日は、あの役者が出るので、早く歌舞伎を見に行きたくてしょうがない」と思ったことはないでしょうか。現代の日本では、歌舞伎・人形浄瑠璃・能・狂言などの伝統演劇、商業劇場や小劇場などで演じられる現代演劇や古典演劇、更には、オペラ、バレエ、ダンス、ミュージカルなどが、盛んに上演されており、その種類の多さは、世界でも有数です。ここには、実は、異なる時代や文化圏に生まれたものが平和的に共存するという、大いに日本的な特徴[注1]が表れているのですが、先ずは、これらを一括する概念としての、「舞台芸術」という言葉・概念について語ってゆくことにしましょう。

1 「舞台芸術」

　「舞台芸術」という言葉は、ほぼ英語の performing arts にあたる言葉です。そして、「舞台」は、いわゆる普通の劇場の舞台だけではなく、より広い、或る「空間」、或る「場」という意味を、根底にもっています。上に挙げた、歌舞伎・人形浄瑠璃・能・狂言などの伝統演劇、商業劇場や小劇場などで演じられる現代演劇や古典演劇、更には、オペラ、バレエ、ダンス、ミュージカルなどは、全て、或る「空間」、或る「場」に、演じ、歌い、踊る人と、それを見、聴く人が、同時にいて、初めて成り立つ芸術なのです。「演じ、歌い、踊る人」と「見、聴く人」と「場」の三者が全て、同時に、そろって、「舞台芸術」は初めて成り立つのであって、それらのうちの一つでも欠けたら、「舞台芸術」は成立

しません。これが、「舞台芸術」という芸術の、一番の特質です。

2 絵画との違い

　このことを、美術の中の一ジャンルである絵画と比較して、見てみましょう。或る絵画作品は、もちろん、或る画家が、あるとき、描いて生まれるものです。生み出される途中では、画家＝作り手と、描く場があれば良く、生み出された後では、作品が置かれている場と、それを鑑賞する人＝受け手がいれば良いのであって、生み出される途中では、鑑賞する人＝受け手がその場にいる必要はなく、生み出された後では、画家＝作り手がその場にいる必要はありません。

　更に言えば、或る絵画作品は、生み出された後では、画家＝作り手がいないだけではなく、鑑賞する人＝受け手がその場にいなくても、だからといって、その作品が存在しなくなるわけではありません。作り手も受け手もいなくとも、絵画作品は、その作品自体が、壊れたりしない限り、ずっとそこに存在し続けるのであり、その美を自らの内に保ったまま、いつか現れる未来の鑑賞する人＝受け手を、待っているのです[注2]。

　これに対して、舞台芸術は、全く違います。舞台芸術では、作り手と、受け手が、同じ場に、同時にいることが、絶対的に必要なのです。

3 その日その日の微妙な調整

　なぜなのでしょうか。それは、ごく簡単に言ってしまえば、先ず第一に、作り手が、受け手を必要としているからです。具体的には、例えば、舞台に立っている役者は、観客の反応を見て、その日の役作りを微妙に調整しているからです。「今日のお客は、昨日のお客に比べて、ちょっと緊張しているな。恐らく、今日の天気の影響もあるかもしれない。それなら、ちょっとリラックスするように、ひとひねり加えて次の体の動きを昨日と変えてやってみよう」と、舞台に立って或る役柄を演じながら、役者は、同時に瞬時に観察し判断して、その日にふさわしい

自分の動きを調整しているのです。(このようなレベルに達していないで、観客の方を見ないでただ自分の役柄に一生懸命没入して、その役柄に「なりきってしまっている」役者がいるとするならば、それは、単なる素人の役者か、修業の足りない並の大根役者です。) この、観客との関係における、その日その日の微妙な調整は、単に、いわゆる狭い意味における演劇だけではなく、オペラやバレエなどでも、毎日、行われているのであって、これこそが、舞台芸術の、他の芸術にはない、根本的な特質にほかならないのです。

4 「作り手」と「受け手」

　この意味で、実は、「作り手」と「受け手」という二分法は、正確には、ふさわしくはありません。「受け手」は、上の意味においては、「作り手」を通して、いわば「作り手」と共に、舞台芸術作品の創造に参加しているのです。今日の「受け手」がどういう気分でいるのか、今日の「受け手」が誰なのか、などということが、上の意味においては、その日の作品を確かに決定づけているのです。

　もちろん、絵画においても、誰が注文したのか、ということは、その絵画作品にとって、根本的に重要なことです。レオナルド・ダ・ヴィンチは、《岩窟の聖母》の注文を、ミラノの無原罪懐胎信心会から受けましたが、出来上がった作品の受け取りを信心会から拒否されて、仕方なく、ほとんど同一ではあっても、信心会の注文にもっと適った、もう一つの《岩窟の聖母》の制作を行わざるを得ませんでした。(尚、このことは、別に、当時の画家への不当な弾圧などでは全くありません。画家の地位が低い時代に生まれて、自由に作品を作れなかったレオナルドがかわいそう、などという同情をもつことは、全く場違いな誤解に基づいているのです。少なくとも、18世紀までは、芸術家と職人の区別自体が実はなかったのであって、レオナルドも、ミケランジェロも、ラファエロも、全員、注文を受けて、芸術作品を作っているのです。注文を受け

て作るのが職人であるのに対して、自ら自由に自己表現して作品を作るのが、芸術家である、等という、今日では当たり前に流布している考えは、19世紀以降になって、近代主観主義者が、初めて言い出したに過ぎない、近代主観主義的考えに過ぎません。レオナルドは、契約に違反した作品を作ったために、もう一度、契約に沿った作品を作らざるを得なかった、だけなのです。）

　このように、絵画においても、誰が注文したのか、ということは、その絵画作品にとって、根本的に重要なことなのですが、しかし、絵画作品は、いったん制作されて完成すれば、それ以後、（破壊されたりされなければ）そのまま、そのものとしてあり続けます。

5　一体性

　それに対して、舞台芸術作品は、同じ劇場で同じ出し物で同じ役者・歌手が出演していても、毎日、微妙に、しかし確実に違うのであって、それは、一つには、上に述べたように、毎日、お客が違うからです。

　私はかつて、満月が煌々とアテネの夜を照らしている、或る夏の夜に、アテネのアクロポリスのふもとにある、古代以来の由緒ある野外劇場であるヘロデス・アッティコス音楽堂（現代ギリシア語ではイロド・アッティコス音楽堂）で、ルドルフ・ヌレエフが踊った《ライモンダ》を見ましたが、その日は、ギリシアの政界の大立て者が多数最前列に観客として来ていました。ヌレエフは、もちろん、そのような観客がいない時でも実に素晴らしいバレエを踊るのですが、その日は、特に絶妙に素晴らしく、彼のところだけが、地球の重力が無いとしか思えない、真になめらかな、空中浮遊としか言いようのない、素晴らしいバレエでした。

　あの日のヌレエフのバレエが、他の日の彼のバレエと違ったのが、単に政界の大立て者が多数最前列に観客として来ていたからであったとは私は思いません。それとは別の理由もあったのは間違いありませんが、

いずれにしても、あの日のヌレエフのバレエは、他の日の彼のバレエとは異なっていたのです。そしてその異なりの原因の大きな一つの要素は、あの日の観客であったのです。

　これが、「舞台は生き物である」と言われることの、一つの大きな原因です。舞台芸術作品は、その日その日によって、毎日、微妙に、そして確実に、違うのであって、それは、一つには、上に述べた意味で、毎日違う「受け手」が、「作り手」を通して、いわば「作り手」と共に、舞台芸術作品の創造に参加しているからなのです。

　そして、この意味において、「作り手」と「受け手」は、同時に、同じ一つの「場」にいて、一体なのです。舞台芸術においては、「作り手」と「受け手」は、一体となっているのです。この、＜同時全体一体性＞こそが、舞台芸術の独特の魅力の根源の一つなのです。

6　人と人のつながり

　「今日は、あの役者が出るので、早く歌舞伎を見に行きたくてしょうがない」と私は、冒頭で述べました。これは、一観客が、或る役者に対して一方的に抱いている親近感と言って良いものですが、上に述べたように、実は、役者もまた、観客を見て演技を調整している点で、観客の方を向いているのですから、役者と観客、一般的に言って、「作り手」と「受け手」は、双方向的に、まなざしを交わしあっているのです。

　そして、また、或る「場」、即ち、この場合、或る劇場に、或る特定の時間、集まって、役者の演技を見ている観客たち同士の間にも、言うまでもなく、双方向的に、まなざしは交わされているのです。

　「あの人は、ちょっと、（オペラの１階正面前方の席にいる）私たちの中では、場違いなラフすぎる格好だわ」と、或る観客が、自分たちの中にぽつんといる汚れたＴシャツ姿の若者に向ける、ちょっとした不満の視線は、おごり高ぶった高慢な差別の視線と言うよりもは、或る「場」を共有して、その時の、その「場」を、同席の他の観客と共に楽

しみたい―観客が感じる、当然の、ちょっとした不満の表れと考えるべきものなのです。

　或る特別な時間を、或る特別な「場」で、観客が共に楽しむ、という、楽しみは、まさにオペラなどの舞台芸術の大きな楽しみなのであって、その特別な時間のために、その人が出来るおめかしをすることは、その特別な「場」を共に盛り上げるための最低限の当然の為すべきことなのであって、それを為さないで来場する人に対して、ちょっとした不満を覚えることは、何ら高慢なことではありません。

　もちろん、Tシャツ姿の人が、オペラに行くべきではない、などと言うことを、私は述べているのではありません。周りがその人に出来るおめかしを十分にしている人たちがいるような席に、その「場」にふさわしくない格好で入り込むことが、その「場」の、特別な、盛り上がった雰囲気を壊してしまうことであり、それは、その特別な、盛り上がった雰囲気を楽しみたい人に対して、害を為している行為である、ということを述べているのです[注3]。

　この特別な、盛り上がった雰囲気は、その「場」を共有している観客同士が作り上げるものであって、まさに、そこにおいては、観客たち同士の間に、双方向的に、まなざしは交わされているのです。そして、そのまなざしは、差別と排除のまなざしである時も、時にはあるかもしれませんが、しかし、根本的には、共に、或る特別な時間を楽しむことにおいて、一体的でありたいという、共感と友愛を求めるまなざしなのです。

　このように、「作り手」と「受け手」の間においてだけではなく、「受け手」同士の間においても、まなざしは交わされているのであって、この意味で、二重に、舞台芸術は、人と人のつながりが、或る特定の「場」において、或る特別な時間に、成立している芸術なのです。このことは、現代社会という、人と人のつながりが希薄な社会において、舞台芸術という芸術がもっている、素晴らしい特性と言ってよいでしょ

う。
　人は、人とのつながりを、舞台芸術の「場」において、その都度、確かに、感じ取り、確かめ合っているのであり、それが、舞台芸術の魅力の根源の一つなのです。

7　人と神とのつながり

　そして、舞台芸術は、人と人とのつながりだけではなく、実は、人と神とのつながりの「場」でもあったのです。と言うよりも、歴史的に見て、舞台芸術は、人と神とのつながりの中から生まれたものであったのです。以下、しばらく、この点を見て行くことにしましょう。

8　「山羊の歌」

　歌舞伎・人形浄瑠璃・能・狂言などの伝統演劇、商業劇場や小劇場などで演じられる現代演劇や古典演劇、更には、オペラ、バレエ、ダンス、ミュージカルなどのうちで、歴史的に最も古いものは、ダンス的な要素を含んだギリシア悲劇でした。そのギリシア悲劇は、どのようにして生まれたものだったのでしょうか。
　「悲劇」とは、ギリシア語の τραγῳδία に由来する西洋近代語──英語ならば tragedy ──の訳語です。τραγῳδία は語源的には、τράγος（山羊）と ᾠδή（歌）からなっており、「山羊の歌」という意味のギリシア語です。なぜ、「山羊の歌」が、「悲劇」を意味していたのでしょうか。これについては、紀元前3世紀末の或るエピグラムに、

　　「このわたしはテスピス、村人のために新しい楽しみを考えだし、
　　　悲劇（山羊の歌？）を最初に編み出した者。
　　　いまだに賞品には山羊と、アッティカのイチジクを盛った籠の与えられていた、
　　　あの蕪雑なコロスがバッコスに率きつれられていた時のこと。」[注4]

とあるように、競演で優勝した悲劇詩人に山羊が賞品として与えられたからであるという説や、悲劇のコロス（合唱隊）が山羊の姿をして登場したからであるという説などがあります[注5]。

9　悲劇の誕生

　このχορός「コロス（合唱隊）」は、大変重要な存在です。ギリシア悲劇は、コロス（合唱隊）の歌から始まったと推定されており[注6]、テスピスが、俳優という存在を史上初めて生み出す——テスピスが自分で俳優となったのです——までは、俳優はいなかったのです。

　このコロス（合唱隊）の元となる歌い手と山羊に関して、ニルソンは、次のように述べています。

「ディオニューソスのオルギアの祭りで山羊の姿をした神が殺された。その信奉者は、殺された動物の毛皮を身に着けた上で、殺された神のことで悲しみの歌を始めた。歌をうたう者たちは山羊皮を着ていて、山羊（トラゴイ）そのものであったがゆえに、この歌はトラゴーディアーとなった。ディオニューソス崇拝における死者の哀悼、そして英雄崇拝におけるそれとは、一つに溶け合って、悲劇という名でわたしたちに知られている新しいジャンルを生み出した。ディオニューソス崇拝からは模倣的な要素が、英雄崇拝からは形式と素材の大部分とがそこには取り入れられたのである。」[注7]

　この「オルギア」とは、「狂乱と興奮をともなう宗教儀礼」[注8]のことで、ギリシア悲劇は、この狂乱と興奮のディオニュソス[注9]崇拝の中から生まれたのでした。

10　ディオニュソスのオルギア

　このディオニュソス崇拝のオルギアに関して、岡道男は、次のように述べています。

「ディオニュソス（英語ではバッカス）は、ぶどうの栽培とぶどう酒の

醸造を人間に教えたといわれ、植物の生長と豊穣を司る神、さらに音楽、文学の神として崇拝された。ギリシア人は、音楽や文学は霊感（これはぶどう酒の酔いに似る）から生まれると考えた。霊感を受けるというのは、神が人間に乗り移った一種の狂気の状態であり、それはすぐれた文学を生み出すこともあれば、動物を引き裂いて生肉を食べるという荒々しい行為に駆り立てることもある。それは言いかえれば人間が神になった状態である。ディオニュソスはこのような狂気を引き起こす神として崇められ、恐れられた。（・・・）ディオニュソスに仕える女たちは、マイナデス、またはバッカイとよばれ、鹿の毛皮を身につける。ディオニュソスによって狂乱状態に陥ったマイナデスは、鹿やそのほかの動物をつかまえて引き裂き、その生肉を食べる。つまり彼女たちは鹿であるディオニュソスを殺して食べ、その毛皮を身にまとうことによって、ディオニュソスと一体化する。」[注10]

　この「霊感」とは、英語で言えば inspiration の訳語ですが、その inspiration の元々のギリシア語は、ἐνθουσιασμός であって、これは、語源的には ἐν（の内に）と Θεός（神）に由来していて、「神が人間の内に入り込むこと」であり、それによって、「神が、素晴らしい芸術作品を人間に吹き込み、授けること」を意味するのです。（このことは、或る面では、逆に、人間が神の領域の内に入り込むことでもあり、人間が神になった状態でもあるのです。）この霊感は、それ自体、極めて大事な芸術学的概念ですが[注11]、ここで注目すべき点は、このような、神と一体化する、狂乱と興奮のディオニュソス崇拝の中から、ギリシア悲劇が生まれた、という点です。

　ギリシア悲劇は、人間と神との一体化の中から生まれた芸術なのです。

　ヨーロッパにおける舞台芸術の歴史的根源は、人と神との、宗教的・霊感的つながりのうちにあったのです。

　これが、舞台芸術の魅力の根源のもう一つのものです。

人は、かつて、ギリシアにおいて、舞台芸術の「場」で、自分を超え、人間の水準を超える、より大きな存在との、確実な、つながりの内にある自分を、見出していたのであり、その大いなる存在と一体化するという、類い希な超越的経験の高みに向かって上昇していたのです。

そして、人は、現代においても、或る特別な瞬間においては、或る特別な舞台芸術の「場」においては、遙かな古代に由来する、自分を超え、人間の水準を超える、より大きな存在との、かすかな、しかし、確実な、つながりの内にある自分を、再び見出しうるのであり、その大いなる存在と一体化するという、類い希な超越的経験の高みに向かって上昇しうるのです。

11 テスピス

上に引用したエピグラムには、テスピスが「悲劇を最初に編み出した」と書かれています。これは、どういう意味においてなのでしょうか。

ギリシア悲劇は、人間が神と一体化する、狂乱と興奮のディオニュソス崇拝から生み出されたものであり、そのディオニュソス崇拝の歌い手たちに由来するコロス（合唱隊）を直接の起源としているのですが、テスピスは、アテネにおける悲劇の競演の最初の優勝者だったのです。このことを、丹下和彦は次のように述べています。

「（紀元）前534／3年、時のアテーナイの独裁者ペイシストラトスが大ディオニューシア祭に悲劇の競演を創設し、そしてその年にテスピスが優勝した（・・・）。ペイシストラトスのこの行為は、悲劇の上演が国家の公式行事としてはっきり認知されたことを示している。そして国家的行事としての悲劇の上演はテスピスをもって始まる（・・・）。」注12

テスピスは、単に、俳優という存在を、歴史上初めて生み出しただけではなく、国家の公式行事として、悲劇を上演した、初めての人であったのです。

そしてこの、国家の公式行事としての、公（おおやけ）性、公共性、国家性もまた、ギリシア悲劇の、最大の注目すべき特質の一つなのです。以下、この点を、丹下和彦の論文に基づいて、やや詳しく見て行くことにしましょう。

12 大ディオニューシア祭

　先にも述べられているように、ディオニュソスは、ぶどうの栽培とぶどう酒の醸造を人間に教えた、植物の生長と豊穣を司る神であり、さらに音楽や文学の神でもありました。このディオニュソス神の祭礼は、年に4回あり、その中で「最も大きくまた最も華やかなもの（であり、）外国からの使節、祭礼を見物するため、海外からの客も数多く来訪した（、）インターナショナルな祭礼」[注13]であったのが、大ディオニューシア祭です。当時のアテネ市民にとって、「この祭礼に参加することは神聖な義務でもあり、誇らしい社会的義務」[注14]でもあったのですが、まさにこの大ディオニューシア祭において行われたのが、悲劇の競演であったのです[注15]。

　祭礼は、前夜祭を含んで7日間に亘って行われ、前夜祭では、集まった市民たちに、その年の、作者、俳優、コロス（合唱隊）、コレーゴス（諸費用を負担する富裕な市民で、制作プロデューサーの役割を果たしていました）が紹介されました。翌日の祭礼初日には、ディテュラムボス（ディオニュソス神讃歌を淵源とする合唱叙情詩）の競演が行われ、第2日には、喜劇5編が上演されました。そして、第3日から第5日にかけての3日間に、3人の悲劇詩人による悲劇の競演が行われたのです。その競演は、1人が1日に悲劇3編とサテュロス劇（ディオニュソスに仕える、半人半獣の、好色で酒好きな、山野に住む精霊であるサテュロスたちがコロス（合唱隊）を形成する、猥雑で滑稽な劇[注16]）1編を上演し、それが3日間続く、というものでした。そしてその後、最終日の第6日に、市民の集会が開かれ、その年に競演された悲劇作品の

審査と賞品の授与が行われたのです注17。

13　国家性

　悲劇詩人（作者）は、3人に絞られるまでに予選によるあらかじめの選考がありました。そしてその選考に当たったのは、その時のアルコーン・エポーニュモス（筆頭執政官）だったのです。悲劇の競演が行われる大ディオニューシア祭は、外国からの使節もやって来る、一大国家行事であり、悲劇詩人の予選の選考は、国家を代表する政治家の長（現代日本で言えば首相）の重要な仕事であったのです。アルコーンはまた、3人の詩人にそれぞれコロス（合唱隊）を割り当て、コレーゴスを、財力のある富裕な市民の中から任命することもしました。コレーゴスは、12人から15人に及ぶコロス（合唱隊）の衣装代、約4週間に亘るコロス（合唱隊）のトレーニングの全費用などの他にも、小道具や舞台装置の費用、更には首尾良く優勝した時の祝宴の費用までも負担し、その負担金の総額は莫大な金額に達しましたが、俳優に関する諸費用は、コレーゴスではなく、国家が税金で負担しました。また、観劇の入場料もありましたが、それを払うことの出来ない貧窮者には、国庫からテオーリカという観劇手当が出ました。（入場は無料だったという説もあり、テオーリカは、観劇のために仕事を休まざるを得ない貧窮者にたいして国庫から出される休業補償金だったとも言われています。）注18

14　市民の参加

　このように、ギリシア悲劇は、極めて、国家的な、公（おおやけ）の、公共的な性格を根本においてもっていたのです。

　初めは、市民たちが集まる広場であるアゴラで、イクリアと呼ばれる仮設スタンドの観客席の前で上演されていた悲劇は、のちにアクロポリスのふもとのディオニュソス神の神域に作られた常設の劇場であるディオニュソス劇場で上演されるようになって行きます。ディオニュソス劇

場は、時代を経るにつれて拡張されてゆき、紀元前4世紀末には、14,000人から17,000人を収容する大劇場となりました。この大劇場に、女性や子ども、更には奴隷たちも含めて、極めて多くの市民たちが、演劇を見るために、1年に1度、1週間もの間、通い続けたのです[注19]。

　劇場は、もちろん、野外劇場でした。演劇は、当然、昼に行われたのです。現在の暦で3月下旬頃の、海も穏やかになった春の日差しのもと、午前7時に劇場は開門され、午前8時から上演が始まりました。3本の悲劇の始まりをなす第1作品から最後のサテュロス劇までは、合計でおよそ6時間から7時間がかかったようで、集まった15,000人前後の極めて大勢の市民たちは、持参のお弁当や場内の売り子が販売している飲食物を飲んだり食べたりしながら、朝から午後までの長い時間を、観劇していたのです。このような「観劇中の飲食、下手な役者への野次、ブーイング、贔屓役者への拍手、掛け声など、劇場は相当猥雑な様相を呈していた」[注20]と思われますが、このような観劇の有様こそが、演劇が、そして、悲劇が、しっかりと市民たちに根付き、市民たちに愛されていたことを示しているのです。

　ギリシア悲劇は、極めて国家性・公（おおやけ）性、公共性が強い芸術ですが、しかし、決して、国家が強制的に無理矢理市民たちを駆り集めて、国家の威信を披瀝するために強行されたようなもの――スターリン時代のソ連で開催されたマスゲームのような国家行事――ではありません。そのようなものではなくして、ギリシア悲劇は、市民が率先して参加し、市民がその開催を心待ちにしている、市民に愛され、根付いている、国家的な、公の、祝祭であったのです。

15　民主主義

　久保正彰が見事に述べているように、ギリシア悲劇の歴史の中の最も重要な出来事は、「紀元前400年代のギリシアの都市国家アテーナイにおける民主主義の台頭・確立と、国をあげての演劇活動」[注21]であったの

であり、「前後のいずれの時代や社会と比べてみても、演劇がこの時代のアテーナイにおけるほどに、市民各階層の大多数の者を巻き込んだ積極的な社会的営為となった例を、他に見出すことはできないだろう」[注22]と言って良いのです。まさに、「この頃アテーナイ人の市民としてのアイデンティティは、当時快速を誇った三段櫓船の漕手たること、そして悲劇・喜劇などの合唱隊のメンバーであること、その二つにあった」[注23]と言われているように、演劇は、古代民主主義国家アテネの市民に心から愛された芸術であったのです。

　「ギリシア悲劇は、ペリクレースの黄金時代の到来と共に最盛期を迎え」[注24]、「ペリクレースの版図が瓦壊するとき、ギリシア悲劇もその『上演世話人』（コレーゴス）制度も、生気を失ってしまう」[注25]のであって、まさに「ギリシア悲劇という芸術は、アテーナイの民主主義の申し子」[注26]であったのです。

16　芸術と宗教・政治

　以上に見てきたように、舞台芸術の歴史的に最も古いものであるギリシア悲劇は、徹底的に、国家的・公的・民主主義的・政治的であり、また、神との一体化に由来する超越的・宗教的なものでした。

　このことは、現代の私たちから見れば、芸術としての純粋性に欠ける、ギリシア悲劇の欠点と思われるかもしれません。私たちは、今日、芸術というものは、他の何物にも奉仕しない、芸術自身のためにあるものであり、芸術の中から、芸術以外のもの——政治的・宗教的・歴史的・社会的なものなど——を外に捨て去ってしまえばしまうほど、その芸術は、芸術そのものとなり、純粋な芸術となる、というイメージを、抱いています。このイメージは、あまりに強く、現代の人々に広まっていて、人々は、このようなものとして、芸術の全歴史を見てしまっていることが多いのですが、実は、このような芸術のイメージは、単に、19世紀になってから、この地球上に出現したイメージに過ぎないのです。

このような芸術のイメージは、19世紀のドイツ人のうちの一派が、それまでの古典的芸術の世界に反抗して、自分たちの言う自分たちの正当性を押し出した時に、考えついたものに過ぎないのです。

そのような思いつきが言い出される前までは、芸術とは、政治的なもの・宗教的なもの・歴史的なもの・社会的なもの・哲学的なものなどを、含めば含むほど、それだけますます、芸術として、素晴らしい、と考えられていました。人々は、芸術家も、芸術を鑑賞する人も、即ち、芸術の「作り手」も「受け手」も、芸術とは、豊かなものであり、芸術のうちに、政治的・宗教的・歴史的・社会的・哲学的なものが存在している芸術こそが、本当の芸術として、素晴らしいものであると考え、その考えに立って、芸術を創造し、芸術を鑑賞していたのです。

17　舞台芸術の今日的意義

舞台芸術は、初めに述べたように、「作り手」と、「受け手」が、同じ場に、同時にいることが、絶対的に必要な芸術です。舞台芸術は、「作り手」と「受け手」の間に、人と人とのつながりが、まぎれもなく存在している芸術であり、また、「受け手」同士の間にも、人と人とのつながりが、まぎれもなく存在している芸術なのです。そしてまた、舞台芸術は、人と神とのつながり、人と超越的なるものとのつながりをも、その歴史的始めにおいてもっていた芸術であり、その宗教的・超越的性格は、現代においても、可能性としては、十分に存在しうるものなのです。

人と人とのつながりは、根本的意味において、政治的なものであり、社会的なものです。ギリシア悲劇は、このことを、典型的に示している芸術であって、民主主義こそが、ギリシア悲劇の傑作を生み出した政治思想であり、政治体制であったのであって、国家的規模での民主主義的で公共的な＜人と人とのつながり＞こそが、舞台芸術の傑作を生み出したのです。

それゆえ、舞台芸術は、現代において、19世紀的・近代的・純粋芸術主義が陥っている限界を突破して、芸術に、その本来的な豊かさを再び回復させる力をもっていると言うことが出来るでしょう。

人は、舞台芸術を見に行き、聴きに行くことによって、様々な＜つながり＞を経験し、実感し、共感し、他の多くの様々な意味における存在と一体となりうるのです。この類い希な幸福感こそが、舞台芸術の魅力の根源の一つなのです。

研究課題

1．舞台芸術と絵画などの他の芸術との違いについて、考えてみましょう。
2．舞台芸術における、様々な＜つながり＞について、考えてみましょう。
3．舞台芸術と、近代的な純粋芸術主義との関係について、考えてみましょう。

参考文献

岡道男著『ぶどう酒色の海——西洋古典小論集——』（岩波書店、2005年）
丹下和彦著『ギリシア悲劇』（中公新書）（中央公論新社、2008年）
丹下和彦著『ギリシア悲劇ノート』（白水社、2009年）
中村善也著『ギリシア悲劇入門』（岩波新書）（岩波書店、1974年）
松平千秋・久保正彰・岡道男編『ギリシア悲劇全集』別巻（岩波書店、1992年）

》注

注1）この点に関する卓見が、加藤周一の雑種文化論的な日本文化論です。
注2）この私の記述は、カント以降の、近代主観主義の立場ではなく、プラトン以来の古典的な実在論の立場によるものです。鑑賞する人＝受け手が、作品の成立自体を左右できると思い込んだり、作品の価値を自分の感情で決めてしまったりするようなことは、古典的なヨーロッパの美学では、全く考えられない、傲慢な自己中心的な態度なのです。

注3）繰り返しますが、私は、着飾っていない人や経済的弱者を差別しているのではありません。私が言っていることは、「場」にふさわしいか、ふさわしくないか、ということであって、例えば、19世紀パリの劇場の天井桟敷には、タキシード姿の方がふさわしくなく、タキシード姿の人が、周りの庶民でおそろしく演劇好きの人たちに害を与えている、ということを述べているのです。

注4）橋本隆夫著「ギリシア悲劇の宗教的起源」（松平千秋・久保正彰・岡道男編『ギリシア悲劇全集』別巻所収、岩波書店、1992年）177頁。（訳文の一部を変更してあります。）

注5）岡道男著『ぶどう酒色の海――西洋古典小論集――』（岩波書店、2005年）82頁。

注6）同上書、89頁。

注7）橋本隆夫著「ギリシア悲劇の宗教的起源」（松平千秋・久保正彰・岡道男編『ギリシア悲劇全集』別巻所収、岩波書店、1992年）の、202-203頁の橋本隆夫氏の訳です。

注8）橋本隆夫著「ギリシア悲劇の宗教的起源」（松平千秋・久保正彰・岡道男編『ギリシア悲劇全集』別巻所収、岩波書店、1992年）188頁。

注9）引用文中では、「ディオニューソス」と表記されており、もちろん、この方が古典ギリシア語に即しているのですが、日本においては、古典ギリシア語の固有名詞の母音の長音を省く慣例があり、しかもこの慣例は、個々のギリシア語の語彙によっても異なっているのです。例えば、「アリストテレス」は、古典ギリシア語では「アリストテレース」が正確な発音ですが、「アリストテレス」と表記する方が通例になっているのです。ここでも、「ディオニュソス」と、通例に従って表記することとします。以下、同様の例がありますが、そのたびごとに、この種の注記はしないこととします。

注10）岡道男著『ぶどう酒色の海――西洋古典小論集――』（岩波書店、2005年）80-81頁。

注11）この霊感の芸術論については、私の著書、青山昌文著『西洋芸術の歴史と理論』（放送大学教育振興会、2016年）の第2章「プラトン美学」を参照してください。また、プラトン美学自体については、今道友信著「美学の源流としてのプラトン」（今道友信編『美学史研究叢書』第1輯、東京大学文学部美学芸術学研究室、1970年、5-38頁）を参照してください。

注12）丹下和彦著「上演形式、劇場、扮装、仮面」（松平千秋・久保正彰・岡道男編『ギリシア悲劇全集』別巻所収、岩波書店、1992年）310頁。

注13）丹下和彦、同上書、296頁。
注14）同上書、同頁。
注15）同上書、同頁。
注16）久保田忠利著「ギリシア悲劇用語解説」（松平千秋・久保正彰・岡道男編『ギリシア悲劇全集』別巻所収、岩波書店、1992年）50頁。
注17）この段落は、全て、丹下和彦著「上演形式、劇場、扮装、仮面」（松平千秋・久保正彰・岡道男編『ギリシア悲劇全集』別巻所収、岩波書店、1992年）の296-297頁に拠っています。
注18）この段落は、全て、丹下和彦著「上演形式、劇場、扮装、仮面」（松平千秋・久保正彰・岡道男編『ギリシア悲劇全集』別巻所収、岩波書店、1992年）の298-323頁に拠っています。
注19）この段落は、全て、丹下和彦著「上演形式、劇場、扮装、仮面」（松平千秋・久保正彰・岡道男編『ギリシア悲劇全集』別巻所収、岩波書店、1992年）の310-324頁に拠っています。
注20）丹下和彦著「上演形式、劇場、扮装、仮面」（松平千秋・久保正彰・岡道男編『ギリシア悲劇全集』別巻所収、岩波書店、1992年）304頁。（この段落のこの引用までの記述も、この丹下和彦の論文に拠っています。）
注21）久保正彰著「ギリシア悲劇とその時代」（松平千秋・久保正彰・岡道男編『ギリシア悲劇全集』別巻所収、岩波書店、1992年）4頁。
注22）同上書、同頁。
注23）同上書、4-5頁。
注24）同上書、15頁。
注25）同上書、同頁。
注26）同上書、同頁。

2 オペラの古典
──社会との深い関わり──

青山　昌文

　「オペラ」、この言葉は、贅沢・豪華・華やかさ・ステイタス等の、イメージを強くもっています。オペラは、一部の人に熱狂的に愛され、また、そうでない人々からは、苦言を呈され、非難されてもきました。実際、オペラほど、その上演にお金のかかる舞台芸術は、他になく、そもそも、舞台芸術に限らず、全ての芸術の中で、オペラほど、その実現に莫大な資金を必要とする芸術は、他にないのです。

　それ程までにお金のかかる芸術でありながら、なぜ、オペラは、今日に至るまで、上演され続け、愛され続けているのでしょうか。人は、なぜ、オペラハウスに通い続けるのでしょうか。

　本章では、これらの問いへの答えを求めて、オペラの歴史を振り返りながら、オペラが、かつて、そうであったもの、の本質を考えることにします。

1　オペラの誕生

　オペラは、16世紀末に、イタリアのフィレンツェに生まれました。史上初のまとまったオペラと考えられるペーリ作曲の《ダフネ》は、楽譜の断片しか残されていませんが、フィレンツェのヤーコポ・コルシ伯爵の邸宅で、少数の観客の前で上演されて、大成功を収めたと言われています[注1]。また、全曲の楽譜が全て現存する最古のオペラは、同じくペーリ作曲の《エウリディーチェ》で、これは、1600年10月6日に、フランス国王アンリ4世とメディチ家の令嬢マリーア（ルーヴル美術館にあるルーベンスの24枚の大作連作《マリー・ド・メディシスの生涯》のマリーです）の結婚を祝して、フィレンツェのピッティ宮殿内で、少数

の選ばれた人々を前にして上演されました[注2]。

　最初期のオペラは、《ダフネ》や《エウリディーチェ》というタイトル・内容が示しているように、ギリシア神話に基づくものであり、フィレンツェの上層階級の人たちは、イタリア・ルネサンス期を代表するルネサンス新プラトン主義哲学者マルシーリオ・フィチーノ以来の学芸研究の歴史の上に立って、新しい音楽劇を生み出したのです[注3]。そして、このオペラの生成は、戸口幸策が鋭く指摘しているように、「例えば民衆の音楽実践の中にあった、なんらかの形をした音楽劇が洗練されてひとつの舞台芸術になったのではなく、16世紀イタリアの文芸復興の一般的思潮の中で、文化や音楽を愛好する貴族や、彼らと関係をもったエリートの文学者や音楽家たちが、古代ギリシャの悲劇を復興させようとする意図をもって、ないしはそのような意図を高く掲げて、音楽劇の創造と新しい音楽の形の追求を結びつけようとした、まったく知的な関心から産み出されたもの」[注4]であり、「そしてまた、そのような理念や運動の成果が日の目を見るためには、何よりも大貴族の支持と支援が必要であり、オペラはまず宮廷文化として実を結んだ」[注5]のでした。

　オペラは、その誕生の時点から、上層階級の支持と支援の下に、上層エリートたちが生み出したものであり、宮廷文化として生み出されたものであったのです。

　但し、付言しておくならば、この「宮廷」は、国王の宮廷に限るものではありません。もちろん、最大の宮廷として、諸国の国王の宮廷が存在しているわけですが、国王以外にも、大貴族や名門貴族などの高位の貴族の宮廷がヨーロッパ中に存在していたのであり、そもそも、オペラの始まりの宮廷も、上に述べたように、コルシ伯爵の邸宅であり、貴族となったメディチ家の邸宅ピッティ宮殿であったのです。

　この、オペラが、この意味での宮廷文化として生み出されたものであったということは、オペラを考える上で、極めて大事です。初めに私が述べた、オペラのもっている贅沢・豪華・華やかさ・ステイタス等の

イメージは、今に始まったものではなく、そもそもの始まりからのイメージだったのであり、オペラの本質をなすイメージだったのです。オペラは、国王や高位貴族の楽しみであったのであり、それゆえに、当然、贅沢であり、豪華であり、華やかであり、ステイタスのあるものだったのです。

2　宮廷文化の一部としてのオペラ

その後もオペラは、ずっと、18世紀まで、即ち、宮廷が存続していた最後まで、一部の例外を除いて、基本的に、宮廷文化の一部でした。

例外の中の最大のものは、ヴェネツィアです。王国ではなく、大商人を中心とする共和国であったヴェネツィアでは、貴族、即ち、商業資本家が出資して運営し、入場料収入で利益を挙げようとするオペラハウスが造られ、1637年に開設された新サン・カッシアーノ劇場は、史上初の、オペラ公演の入場料で経営利益を挙げるオペラハウスでした[注6]。マントヴァの宮廷で《オルフェーオ》を初演したモンテヴェルディは、最晩年の二つの、オペラ史上に名高いオペラ《ウリッセの帰還》(「ウリッセ」とは、ギリシア神話のオデュッセウスのイタリア語名であり、このモンテヴェルディのオペラは、ホメロスの『オデュッセイア』を基にしているのです)と《ポッペーアの戴冠》(「ポッペーア」とは、古代ローマの皇帝ネロが恋をした相手の女性の名前で、古代ローマの歴史家タキトゥスの『年代記』等が、このオペラの基になっています)を、ヴェネツィアのオペラハウスのために書きましたから、宮廷だけではなく、市民共和国もまた、オペラの歴史に大きな役割を果たしたわけです[注7]。(他の大きな例外は、ヴェネツィアと同様に商人の都市であり海港都市であった、ハンザ同盟の自由都市ハンブルクです[注8]。)

しかし、これらの例外を除けば、オペラは、まさに、宮廷文化の華でした。　さて、その宮廷の華としてのオペラは、どのようなものであったのでしょうか。そのことを極めて良く表しているのが、チェスティの

驚異的なオペラ《金のリンゴ》です。このオペラは、17世紀バロック・オペラの特質を典型的に表していますので、次に少し詳しく見てみることにしましょう。

3 《金のリンゴ》

　1649年に《オロンテーア》をヴェネツィアのサンティ・アポストリ劇場で上演して、一躍ヴェネツィア・オペラ界の寵児となったチェスティは、もともと、1666年に、ウィーンの神聖ローマ皇帝レーオポルト1世とスペインの皇女マルガリータの婚礼の祝典劇として、制作を、ウィーンの宮廷から依頼されていた《金のリンゴ》を、1668年に、マルガリータ皇妃の誕生日の祝いとして、ウィーン宮廷劇場で上演しました[注9]。

　このオペラは、なんと、上演に8時間を要する長大なオペラであり、1668年7月12日に、まず、プロローグと第1幕・第2幕が上演され、14日に、第3幕・第4幕・第5幕が上演されました。プロローグと5幕66景からなるこのオペラは、24回も場面転換があり、独唱する登場人物だけで、オリュンポスの神々をはじめとして、49人もいたのです。それぞれの幕には、必ずバレエが入っており、最後の幕では、三つのバレエが同時に踊られました。また、大がかりな機械仕掛けが、神々の天上からの降下の場面などに多用されてもいたのです[注10]。

　筋立ては、言うまでもなく、ギリシア神話のパリスの審判に基づくものですが、オペラの最後で、ゼウスは、世界で最も美しい女に与えられる金のリンゴを、美の女神アフロディーテーにではなく、なんと、マルガリータ皇妃に与えるのです[注11]。

　2日間全8時間を要するこのオペラでは、岡田暁生が指摘しているように、「世界一の美女に与えられる『金の林檎』がかろうじて全体の物語に細い糸を通しているのみで、はっきりした筋はな」[注12]く、このオペラは、「冥界、神々の宴、風の洞窟、アテネ兵士の陣営、魔物が住む沼地、アテネの神殿などのスペクタクル的な場面が次々に交代するだけ

のレビュー」注13と言って良いものなのです。

　この《金のリンゴ》は、17世紀バロック・オペラの本質を、典型的に示しています。岡田暁生も述べているように、17世紀バロック時代において、オペラは、「近代的な意味での『劇（ドラマ）』ではなく、花火大会や宴会や乗馬や舞踏会と同種の宮廷祝典の一形式であり、王侯はそれを婚礼儀式や他国の貴族の歓迎の際に国威誇示の手段として用いた」注14のであり、オペラは、「歌と踊りと舞台美術による壮麗な饗宴」注15であり、「王侯のための豪華な祝典スペクタクル」注16だったのです。

4　《魔法の島の快楽》

　このバロック・オペラの本質は、フランスにおいても同様でした。フランス・バロック・オペラの創始者リュリ注17の、演劇とバレエと音楽が一体となった、いかにもフランス的な舞台芸術＜コメディ・バレエ＞注18の一つに、《エリスの公女》があります（「いかにもフランス的」と記述した訳は、フランスのオペラには、必ず、バレエが入っており、このバレエの存在が、フランス・オペラの特徴をなしているからです）。これは、1664年に、ヴェルサイユ宮殿の庭園で催された、有名な国家的一大スペクタクル《魔法の島の快楽》の一部をなす舞台芸術作品であり、この《エリスの公女》にも、上述の諸性格は、見事に貫徹されているのです。騎馬パレードに始まり、リュリの音楽にのって、ディアーヌたちに扮した踊り手たちが、巧妙な機械仕掛けによって、庭園の木立の上を飛ぶように現れ、バレエが次々に繰り広げられる第一日目の次に、《エリスの公女》が第二日目の出し物として、歌と踊りを含む六つの幕間狂言を伴う田園劇の雰囲気のなかでリュリの音楽にのって展開され、第三日目は、庭園内の池から三頭の鯨が現れ、更に巨人やこびとが飛び出して踊り始め、怪物や悪魔と騎士たちの激しい闘いがバレエ仕立てで展開され、最後には騎士の首領ロジェ（国王ルイ14世が扮しています）が、魔女の魔法を解いて、魔女の宮殿が花火によって灰となる、

この長大な一大スペクタクルの一部が、《エリスの公女》なのです注19。

この＜コメディ・バレエ＞は、見事に、のちのフランス・バロック・オペラの本質を先取りしているのであって、フランスにおいても、オペラは、「花火大会や宴会や乗馬や舞踏会と同種の宮廷祝典の一形式であり」、「歌と踊りと舞台美術による壮麗な饗宴」であり、「王侯のための豪華な祝典スペクタクル」であったのです。

5　18世紀ロココの人間的な親密さ

18世紀ロココ時代になっても、基本的に、この、オペラの、「歌と踊りと舞台美術による壮麗な饗宴」性は変わりません。オペラは、相変わらず、基本的には、主として、王侯貴族のための豪華なスペクタクルであり、「花火大会や宴会や乗馬や舞踏会と同種の宮廷祝典の一形式」でした。

しかしながら、バロックとロココ、17世紀と18世紀は、実は、相当、異なる面ももっていました。それは、バロックが、王の権威を誇示する権威主義的政治性を根本においてもっていたのに対して、ロココが、自由で軽やかな、人間的な親密さを根本においてもっていた、ということです。

この、バロックとロココの、根本的な対立は、フランス・ヴェルサイユの宮殿の内部に、実は存在しています。17世紀にルイ14世が作らせた宮殿部分は、まさに、バロックそのものの、王の権威を誇示する権威主義的政治性を根本において強烈にもっているのですが、ルイ15世が、18世紀に、ロココ時代に作らせた宮廷オペラハウスの方は、自由で軽やかな、人間的な親密さを根本においてもっているのです。財政的制約ももちろんあったのですが、この宮廷オペラハウスは、大理石ではなく、木材で出来ているのであって、それゆえに、オペラハウス自体が、いわば大きな一つの楽器となって、絶妙な、柔らかい、たおやかな響きをもっ

ているのであり、それは、まさに、軽やかな、人間的な親密さのある、居心地の良い、建築空間となっているのです。そして、この、材質が木材であるということのほかにも、建築空間のたたずまいの全体が、まさに、国王という権威の中心のオペラハウスであるにも拘わらず、権威主義からはほど遠い、ロココ的な、親密さをおびているのです。実に、驚くべきことですが、ロココ建築の、自由で軽やかな、人間的な親密さが、最も典型的に権威主義的なバロック建築の直中に、直ぐそばに、ひっそりと、たたずんでいるのです。

さて、このような、ロココ的本質が、最も良く現れている音楽こそ、モーツァルトのオペラです。モーツァルトのオペラは、18世紀において少しずつ力をつけてきた市民階級の人々に愛されただけではなく、そのオペラの中で笑われている対象であることの多い王侯貴族階級の人々にも、愛されたのです。それ程までに、ロココ時代においては、王侯貴族階級の人々においてもまた、ロココ的な人間的な親密さが本質的なものとなっていたのです。

オペラの具体的なジャンルの変遷においても、このバロックからロココへの変化は、現れています。オペラは、18世紀に入ると、メタスタージオの改革によって、実質的に「オペラ・セリア」と「オペラ・ブッファ」に分離されるのですが、「オペラ・セリア」（「真面目な、本格的なオペラ」という意味です）が、従来のバロック時代のオペラの本流の流れを汲んで、ギリシア神話の神々や古代の英雄たちを主人公とし、カストラート（思春期に入る前に睾丸の外科手術を施して、人工的に変声をしないようにした男性のソプラノあるいはアルト歌手）を主役とすることが多いのに対して、「オペラ・ブッファ」（「陽気な、喜劇的なオペラ」という意味です）では、古代の神話的人物などではなく、同時代の普通の人々（庶民）が主人公となり、それゆえ、人間業とは思えない、神話的超人的な高音を操るカストラートではなく、バリトンやバスやメ

ゾ・ソプラノといった実際の人間の声に近い多様な声域の歌手が登場するようになったのです[注20]。

　そして、この、「『等身大の生きた人間』を舞台にのせた」[注21]オペラ・ブッファによって、「オペラ芸術は時代を超えて訴える力を獲得した」[注22]のであり、そのオペラ・ブッファの最も深い作曲家こそ、モーツァルトだったのです。岡田暁生が的確に指摘しているように、モーツァルトによって、オペラは、本質的に、人間化され、自然そのものの「生きた」人間模様が描き出されるようになり、人間のエロス的本質も隠されることなく露わにされ、それによって、時代も民族も階級も超えた普遍性を獲得するに至ったのでした[注23]。まさに、彼が言うように、18世紀末の宮廷生活の消滅と共に、馬上試合や宮廷祝宴や噴水のスペクタクルなどと同様に消滅することなく、他の馬上試合などが消滅した後も、オペラが、19世紀に向かって生き延びることができたのは、この、時代を超越して人々に訴えかける普遍性をもった、モーツァルトを頂点とするオペラ・ブッファの力に拠るのです[注24]。

6　19世紀オペラのブルジョワ性

　革命の時代を、上述のような普遍性によって生き延びたオペラは、19世紀という、王侯貴族ではなく、市民が力をもつ時代において、どのように変わっていったのでしょうか。王侯貴族ならば、莫大なオペラの経費を気前よく、あるいは、義務的に払ってくれたわけですが、一人一人が小さな金持ちであることが多く、散財することに幸福感ではなく、罪悪感を感じる市民たちに、いかにして、オペラは、自らを支えてくれることを期待しえたのでしょうか。

　その答えは、フランス・オペラの在り方にあります。パリのオペラ座こそ、19世紀の市民の時代のオペラの在り方をリードする存在であったのであり、その新たな在り方とは、「グランド・オペラ」（le grand opéra）と呼ばれるものでした。

「グランド・オペラ」は、基本的には、バレエの場面の連続を含む、4幕ないし5幕からなる作品が典型であり、火事や地震、なだれ、難破あるいは噴火などのために、様々な機械仕掛けを用い、壮麗な最後の場面でクライマックスを迎えるオペラです。そこでは、三次元的な舞台装置、精巧で派手な照明効果などの凝った舞台機械装置が使用され、合唱が、行進や騒動、戦争、祝祭などを表すために、重要なものでした。しばしば、独唱に取って代わって、二重唱が歌われ、生き生きとした精巧な舞台背景の中で醸し出される、宗教的対立や王家の衝突、相対立しあう国民、突発する革命などの劇的な場面が、グランド・オペラには登場するのです。その物語は、誤解や、暴露される秘密、裏切られた愛情、それに、愛と義務との、また、個人の思想と政治的な宿命との、葛藤なども含んでいるのです。グランド・オペラの具体的作品としては、抑圧された少数者をめぐる作品として、アレヴィの《ユダヤの女》や、マイヤーベーアの《ユグノー教徒》などがあります。基本的に、私的な劇的事件は、歴史的な出来事を説明する役割をもち、個人と社会との深刻な対立を含む、特有のクライマックスを伴っているのです。この問題に関わる作品としては、革命に関して、オーベールの《ポルティチの口のきけない女》、ロッシーニの《ウィリアム・テル》、宗教的な大虐殺に関して、マイヤーベーアの《ユグノー教徒》、宗教的な抑圧に関して、マイヤーベーアの《予言者》、政治的な陰謀に関して、アレヴィの《キプロス島の女王》、軍事的敗北に関して、ロッシーニの《コリントの包囲》などがあります[注25]。

　ほかにも、グランド・オペラを代表する作品として、マイヤーベーアの《悪魔ロベール》などがありますが、グランド・オペラは、まさに、神話などではなく、現実の歴史的な題材をテーマとして、華麗な場面を次から次へと展開させ、考えられる限り壮大な見せ場を作ったのです。そして、そこでは、多少とも当時の状況と関連のある宗教上の対立や階級間の対立などの、容赦のない力によって引き裂かれ、多くの場合、死

に至る男女の愛のドラマが繰り広げられたのです[注26]。

　まさに、このようなオペラこそ、革命後に主役として社会に現れてきた、壮麗さを好む新興ブルジョワの観客にふさわしいものでした[注27]。新興ブルジョワは、かつての王侯貴族がもっていたような、ギリシア神話などの古典的教養はそれほどもってはいませんでした。

　そして、そのこと以上に大事なことは、新興ブルジョワは、フランス革命とその後の激しい混乱をくぐり抜けてきた人々であって、彼らにとっては、ギリシア神話などではなく、様々な厳しい歴史的現実こそが非常に身近なものであったということです[注28]。彼らが、オペラ・セリア的な神話的なオペラではなく、自分たちに分かる、自分たちにまさにふさわしい現代的な題材のオペラで、ただ目の前の事件の展開を、そのまま見ていさえすれば、それだけで楽しめる、壮大ではあるが分かりやすいオペラを好んだのは、まさに当然のことだったのです。

　そして、19世紀には、このような「成金ブルジョワ（・・・）が大量にオペラ劇場に流れ込み始めた」[注29]のでした。「浅ましくも尊大で、そのくせ教養人面をしたがる彼らにとって、オペラ座に通うことは知的ブランド品の一つだった」[注30]のです。かつての王侯貴族に代わって、新興ブルジョワは、自分が時代の成功者であるということを、自分自身でも確認し、他人にも確認させるための、目に見える知的ブランドとして、自分自身でも心から楽しめる知的ブランドとして、パリのオペラ座の予約席を熱心に買い求めたのです。一人一人は、かつての王侯貴族よりも少ない金額のチケットを購入するのですが、このような新興ブルジョワが、大勢、常に、他の新興ブルジョワと競うようにして、オペラ座にやって来てくれれば、オペラハウスは消滅せずにすむこととなります。これが、王侯貴族が去っていってしまったあとの、19世紀の、オペラハウスの生き残り戦略でした。そのための、考え抜かれた方法が、グランド・オペラという、徹底的に、効果的で、刺激的で、分かりやすい、オペラの在り方だったのです。

そして、ナポレオン3世によって設計コンクールが実施され、提出された171の設計案の中から、選考委員会によって全員一致で選ばれた、当時全く無名であったシャルル・ガルニエの案に基づくパリの新オペラ座こそ、このような新興ブルジョワが、是非とも、通いたくなる、あこがれのオペラハウスだったのでした。今日、ガルニエ宮と呼ばれている、あのオペラハウスこそ、時代の空気を存分に吸い込んで、まさに、新興ブルジョワの聖地となる条件を完全に満たしているオペラハウスであったのであり、それゆえに、ナポレオン3世夫妻の熱烈な支持を受けていた高名な建築家ヴィオレ=ル=デュックの案をあっさりと押しのけて、選考委員会によって全員一致で選ばれたのです。

7　馬蹄形の構造

　この、ガルニエの、新時代にふさわしいオペラハウスは、多くの点で、革新的であり、当時として最先端の技術を駆使した建築でした。例えば、クロークルーム、化粧室、手洗などの施設を、当時の1870年代には普通見られないほど豊富に備えており、更に、合理的な換気装置、医務室、書籍売場、図書室、花屋などのほか、最も近代的な改革である電動式エレヴェーターなどの設備ももっていたのです[注31]。

　それにも拘わらず、このパリの新オペラ座は、極めて基本的な、或る一点において、極めて、伝統的なオペラハウスなのです。その一点とは、客席の空間が、馬蹄形である、という点です。

　馬蹄形の観客席は、17世紀前半に定型化しており、1671年にローマに建設された第二次テアトロ・トル・ディ・ノーナによって、馬蹄形の形が完成してからは、この後2世紀にわたってほとんどの劇場がこの形式を踏襲することになりました[注32]。

　この、馬蹄形の意味は、一体どういうところにあるのでしょうか。

　今日の普通の考えからすれば、馬蹄形の形は、極めて不合理に見えます。馬蹄形の観客席の両端は、舞台に直に接しており、舞台に最も近い

のですが、しかし、舞台を見ることは、極めて困難なのです。その観客席に座る人は、相当身を前に乗り出して、アクロバット的に空中に身を出さなければ、舞台の奥はおろか、舞台の中頃でさえも、見ることが出来ないのです。また、そこから少し離れた観客席の人であっても、まだ、舞台に対して90度以上別方向に体が向いているために、かなり、舞台を見ることが難しいのです。かなり、舞台から離れた場所の観客席に座る人にして初めて、90度以内の角度で舞台に向かうので、少しは舞台を見るのが楽になります。結局、完全に舞台に対して相対していて、正面から舞台の方向を向いているのは、舞台から一番遠い、真ん中の観客席の人だけなのです。

　現在では、一番良い、高価な席は、1階正面中央の、舞台にほど近い1階席（平戸間席）です。確かに、1階の、馬蹄観客席（ボックス席）に囲まれた広場部分は、もしそこに椅子を置くならば、完全に正面向きに、楽に真正面から、しかも近くから、舞台を見ることが出来るわけですが、19世紀までは、基本的には、実に驚くべきことですが、1階の馬蹄形のボックス席に囲まれた広場部分には、椅子も無く、1階の平戸間は、お金のない人や使用人たちが、立って我慢して舞台を見る、最下等の場所だったのです注33。

　どうして、このような、現在から見て、極めて不合理な構造が、2世紀にも亘って、ヨーロッパ中のオペラハウスの形となったのでしょうか。どうして、舞台を見るのに最適な場所が、最もステイタスの低い場所であり、舞台を見るのが極めて困難な場所、あるいは舞台から最も遠い場所が、最上等の場所なのでしょうか。

　その答えは、極めて簡単です。19世紀までは、舞台は、劇場の中心ではなかったのです。確かに、舞台は、物理的な空間としては、劇場の真ん中にありました。しかし、意味空間としては、舞台は、決して中心ではなかったのです。中心は、観客だったのです。

8　中心存在としての観客

　この点に関連して、馬蹄形の観客席について、ティドワースは、次のように述べています。

「(馬蹄形のオペラハウスが歴史的に長く存在した理由の) 一つには、社会の圧力であったと考えられる。17世紀から18世紀にかけて、観客が劇場にやって来た理由は観劇であると同時に他の観客に注目されたいためでもあった。もしも座席がどれも同じ方向を向いていたら、誰ひとりとして他の観客を見ることができなかったのである。劇場の両脇の座席がなくなるのはワグナーのバイロイトからである。これ以上の考察は集団心理学の領域であろう。典型的な古い形式の劇場では、たとえ、観客の全員が舞台をきちんと見ることができなくても、一体感をもつことができた。ところが（全座席が真っ直ぐ前を向いている劇場では）観客は孤独感にとらわれる。このことは映画館で時々行われる実演を見れば体験することができる。」注34

　まさにヴァーグナーから、オペラの現代が始まるわけですが、この点は、次章で語ることとして、ここで注目すべきことは、＜観客が感じる一体感＞であり、オペラハウスが、「観劇」という目的のほかに、「他の観客に注目されたいため」という目的のための場所であった、ということです。

　全員が、舞台の方という同一方向を向いていたのでは、確かに、ほかの人を見ることはできません。全員が、舞台の方という同一方向を向いていたのでは、舞台で上演されている芸術と、観客一人一人が、それぞれ個別に孤独に直結していることになり、まさにこれが、ヴァーグナー以降のオペラの普通の在り方になって行くわけですが、馬蹄形のオペラハウスでは、実は、舞台で上演されている芸術ではなくして、観客同士が、主役であり、中心なのです。

　観客は、自分を他の観客に見せたいがために、そして同時に、自分も他の観客を見たいがために、オペラハウスにやって来るのであって、そ

の目的に完全に適っているのが、馬蹄形の観客席なのです。自分を他の観客に見せる最高の場所こそ、舞台に直に接しており、舞台に最も近い、馬蹄形の両端の観客席──なにしろそこは、舞台と連続している、舞台の直ぐ隣の席ですから、舞台を見る人は、自動的に、その席の人をも見ることになるのです──であり、また、舞台から最も遠い真ん中の観客席──そこは、馬蹄形の左右対称の中心であり、全ての馬蹄形客席（ボックス席）からよく見える場所なのです──なのです。

9　視線の交わり

　馬蹄形のオペラハウスは、まさに、人々の複数の視線が全面的に交わりあう「場」なのであり、その＜まなざし＞の圧力が、力強く、そこに集まっている人々の＜一体性＞を形成している「場」なのです。
　この視線の圧力について、岡田暁生は次のように述べています。
「オペラ劇場の客席構造（その基本はバロック時代に確立された）は、それがもともと社交を目的とする空間だったことをはっきり示している。まず最も高貴な人物のための席は2階中央の貴賓席である（現代では政治家などがここに座る）。だがここがすべての座席で最も高価なのは、それが最も舞台をよく見ることの出来る座席だからではない。むしろ貴賓席は、そこから劇場中の観客を睥睨し、かつ彼らの視線を一身に浴びることが出来る位置にあるからこそ、そこに国王が座ったのである。つまり貴賓席はオペラ劇場の『もう一つの舞台』なのだ。それは純然たる鑑賞目的の座席ではない。自らも役者の一人として満場の観客の視線に身を晒す覚悟のある人間だけが、ここに座る資格があるのである。」注35
　ここでは2階中央の貴賓席（舞台から最も遠い、馬蹄形の真ん中の観客席）について語られていますが、まさに、舞台から最も遠い、馬蹄形の左右対称の中心の真ん中の観客席は、劇場中の観客を睥睨でき、また、馬蹄形客席に座っている人々全員の視線を一身に浴びることが出来

る席なのです。

　また、2階の馬蹄形客席について、岡田暁生は次のように述べています。

「貴賓席の次に高価な座席は（・・・）2階のボックス席であった。近代演劇／演奏会に慣れた現代の観客には、これは意外に思えるかもしれない。なぜなら客席の側面にあるボックス席からは、舞台を正面から見渡すことが出来ないのだから。（・・・）しかしオペラ劇場の構造を規定しているのは『鑑賞』ではなく『社交』である。かつての貴族たちはめいめいが自分のボックス席を所有しており、そこを一種の自宅の別室のように使っていた。豪華に着飾った彼らは、客席の人々から自分に向けられる視線を意識しつつ、そこでお喋りや食事やトランプに興じ、時には同じ階にある貴賓席の国王と目で挨拶を交わし、その合間に舞台の歌に耳を傾けたのだろう。国王の貴賓席と同じ階にあり、舞台と貴賓席のどちらも眺めることが出来、かつ優雅な社交を楽しむ自分を劇場中の客に『見せる』ことが出来る位置にあるからこそ、2階ボックス席には国王に次いで高貴な人々が座ったのである。」注36

　18世紀までの、国王がいた時代には、まさに、国王の貴賓席と同じ階の2階の馬蹄形客席（ボックス席）が、このような理由によって、2階中央の貴賓席に次ぐステイタスの高い席でした。

　しかし、「舞台と貴賓席のどちらも眺めることが出来、かつ優雅な社交を楽しむ自分を劇場中の客に『見せる』ことが出来る位置にある」席は、もちろん、2階に限りません。基本的には、全ての、馬蹄形客席（ボックス席）が、そのような機能をもっていたのであり、馬蹄形は、このような、社交のために、必然的で合理的な構造であったのです。

　（そしてまた、舞台で上演されている芸術は、先にも述べたように、馬蹄形オペラハウスにおいては、決して中心ではなかったのであり、観客は、他の「客席の人々から自分に向けられる視線を意識しつつ」「お喋りや食事やトランプに興じ、時には」他の観客「と目で挨拶を交わ

し、その合間に」だけ、舞台で上演されている芸術を見、聴いていたのです。ヴァーグナー以前の舞台芸術は、このような在り方をしていたのであって、それは、現代の私たちからは、想像も出来ない在り方であったのです。この点については、直ぐ次の第3章でも述べてゆきます。)

10 ＜一体性＞の「場」としてのオペラハウス

　馬蹄形のオペラハウスは、そこに集まる人々が、互いに自分を見せ合い、自分もまた、他の人々を見る「場」であったのであり、そのような、圧倒的な多数の＜まなざし＞が交わることによって、＜一体性＞が、感覚的に、感じ取れる「場」であったのです。

　この、＜まなざし＞の交わる一体性は、もちろん、国王のいた17・18世紀に限られたものではありません。馬蹄形構造自体がもつ、構造的必然性が、このような、＜互いに自分を見せ合い、自分もまた、他の人々を見る＞ことを、もたらしているのであり、19世紀においても、このことに何の変わりもなかったのです。

　17・18世紀の王侯貴族だけでなく、19世紀の、新興ブルジョワもまた、自分が時代の成功者であるということを、自分が高いステイタスの階層に属しているということを、自分自身でも感覚的にも実感として確認し、また、他人にもそのことを感覚的にも実感として確認させるために、そしてまた、そのような成功者・上層階級の人たちが集まる、仲間としての一体感を、感覚的にも実感して、自分の幸福な現在の人生を、心から楽しむためにも、この＜まなざし＞の交わる一体性の「場」である、馬蹄形の形をしたオペラハウスにやって来たのです。

　オペラとは、このような、幸福な一体感を、感覚的にも実感できる「場」を提供してきた舞台芸術なのです。

　これが、オペラが、今日に至るまで、上演され続け、愛され続けていることの、歴史的な理由です。この、＜まなざし＞の交わる、幸福な、一体性の「場」に、人は、オペラの誕生以来、通い続けているのです。

研究課題

1．オペラが、まず宮廷文化として実を結んだことの歴史的原因と結果について考えてみましょう。
2．グランド・オペラの果たした歴史的役割について考えてみましょう。
3．馬蹄形の構造のもっている意味について考えてみましょう。

参考文献

アントニー・ギシュフォード編、三浦淳史・中河原理訳『グランド・オペラ』（音楽の友社、1975年）
S・ティドワース著、白川宣力・石川敏男訳『劇場』（早稲田大学出版部、1989年）
岡田暁生著『オペラの運命』（中公新書）（中央公論新社、2001年）
柴田南雄・遠山一行総監修『ニューグローヴ世界音楽大事典』（講談社、1993-1995年）
ジョン・ウォラック、ユアン・ウエスト編、大崎滋生・西原稔監訳『オックスフォード　オペラ大事典』（平凡社、1996年）
竹原正三著『パリ・オペラ座』（芸術現代社、1994年）
戸口幸策著『オペラの誕生』（東京書籍、1995年）
ミッシェル・サラザン著、木村博江訳『パリ・オペラ座──夢の聖堂の秘密──』（音楽の友社、1989年）

≫ 注

注1）戸口幸策著『オペラの誕生』（東京書籍、1995年）50-51頁。
注2）同上書、51-53頁。
注3）同上書、47-49頁。
注4）同上書、56頁。
注5）同上書、同頁。
注6）同上書、85-88頁。
注7）同上書、88-92頁。
注8）同上書、193頁。

注 9) 同上書、98 – 101頁。
注10) 同上書、101 – 102頁。
注11) 同上書、101頁。
注12) 岡田暁生著『オペラの運命』（中公新書）（中央公論新社、2001年） 9 頁。
注13) 同上書、同頁。
注14) 同上書、10頁。
注15) 同上書、 8 頁。
注16) 同上書、同頁。
注17) 彼はフィレンツェ生まれのイタリア人でしたが、フランスに帰化して、フランス人となったのです。
注18) これは、オペラの前史をフランスにおいてなしているものです。これらの3者の中では、演劇よりも、圧倒的に、バレエ音楽の方が優位を占めていました。
注19) 《魔法の島の快楽》についての、日本語のまとまった記述がある、藤井康生著『フランス・バロック演劇研究』（平凡社、1995年）の313 – 316頁に拠っています。但し、この書物の『エリード姫』は間違いで、正しくは、《エリスの公女》です。
注20) 岡田暁生著『オペラの運命』（中公新書）（中央公論新社、2001年）49 – 50頁。
注21) 同上書、46頁。
注22) 同上書、同頁。
注23) 同上書、52 – 71頁。
注24) 同上書、42頁。
注25) ジョン・ウォラック、ユアン・ウエスト編、大崎滋生・西原稔監訳『オックスフォード　オペラ大事典』（平凡社、1996年）の項目「グランド・オペラ」に拠ります。
注26) 柴田南雄・遠山一行総監修『ニューグローヴ世界音楽大事典』（講談社、1993 – 1995年）の項目「オペラ」に拠ります。
注27) ジョン・ウォラック、ユアン・ウエスト編、大崎滋生・西原稔監訳『オックスフォード　オペラ大事典』（平凡社、1996年）の項目「グランド・オペラ」に拠ります。
注28) 柴田南雄・遠山一行総監修『ニューグローヴ世界音楽大事典』（講談社、1993 – 1995年）の項目「オペラ」に拠ります。
注29) 岡田暁生著『オペラの運命』（中公新書）（中央公論新社、2001年）94頁。

注30）同上書、95頁。
注31）S・ティドワース著、白川宣力・石川敏男訳『劇場』（早稲田大学出版部、1989年）231–233頁。
注32）同上書、89–99頁。
注33）例外的に、平戸間に椅子が置かれていたオペラハウスも確かに存在していましたが、しかし、そうであっても、平戸間は、最もステイタスの低い場所であることに変わりはなかったのです。
注34）ティドワース著、白川宣力・石川敏男訳『劇場』（早稲田大学出版部、1989年）99–100頁。
注35）岡田暁生著『オペラの運命』（中公新書）（中央公論新社、2001年）29–31頁。
注36）同上書、31–32頁。

3 | オペラの現在
── ヴァーグナーの現代性──

青山　昌文

　前章では、オペラの誕生から、17世紀の《金のリンゴ》などのバロック・オペラ、18世紀のモーツァルトのロココ的オペラ、19世紀のグランド・オペラなどについて考えたあと、オペラハウスの馬蹄形の意味の本質について考えました。

　本章では、この19世紀までのオペラの流れを、根本的な次元で変化させ、現在までに至るオペラの新しい在り方の源となったヴァーグナーのオペラについて考察し、そののちに、《ニーベルングの指環》の現代的な演出について、日本の新国立劇場のために新制作された、いわゆる＜トーキョーリング＞も含めて、少しだけ考えてゆきたいと思います。

　そもそも、オペラは舞台芸術であるがゆえに、日々、その都度、上演されるたびに、それは、現代における、現代人の歌手、現代人のダンサー、現代人の音楽家による上演であり、その意味では、完全に、現代劇なのです。現代人の歌手は、自動車や飛行機に乗り、現代の食物を食べて、現代の新聞やテレビを見、現代の特有の様々な悩みなどに囲まれて、生きているのであって、それは、否応なしに、絶対的に、必然的に、上演時の歌に現れてくるのです。どんなに、いわゆる古典的な演出で、いかにも中世らしい衣装を着ていても、彼／彼女の歌は、彼／彼女の身体から生み出されるがゆえに、そしてその彼／彼女の身体は、今述べた意味において、まさに、現代に生きている身体であるがゆえに、否応なしに、絶対的に、必然的に、彼／彼女の歌は、現代的であるほかないのです。この意味においては、全ての舞台芸術は、古典的な出し物のオペラを含んで、現代的芸術です。私たちは、タイムマシンに乗ることが出来ない限り、絶対的に、古典劇を、その時代の古典劇そのものを、

見ることはできません。この意味において、「オペラの現在」において採り上げるべきオペラは、別に、いわゆる、現代オペラ――ベルクの《ヴォツェック》はまだしも、プスールの《あなたのファウスト》やカーゲルの《国立劇場》などの作品――である必要はないのです。＜トーキョーリング＞は、この意味において、完全に、現代における現代的オペラなのです。

1　ヴァーグナーによる徹底的破壊

　ヴァーグナーは、前章で述べた馬蹄形オペラハウスの、まさに伝統的なオペラ的快楽の本質である、＜まなざし＞の交わる、幸福な、一体性を、完璧に破壊してしまいました。彼が、自分のオペラ作品の上演のためだけに新たに建設したバイロイト祝祭劇場――世界の音楽史上、ヴァーグナー以外に、このような自分専用の大劇場を作ってしまった（より正確に言えば、内閣の反対を押し切って資金援助を決定したルートヴィヒ２世バイエルン国王に作ってもらった[注1]）音楽家は、一人もいません――には、中心点として観客全員の視線を浴びる貴賓席も無く、側面にはボックス席も全く無く（一番後ろにはボックス席がありますが[注2]、このボックス席は、他の誰からも見られない最後列にあり、また、そのボックス席に座る人も、ただ――舞台を除けば――他人の後ろ姿だけしか見ることはできないのです）、そもそも馬蹄形構造自体も無く、幕間に人々が集まる大フォワイエも無く、レストランもバーも無く、正面大階段も無く、上演中に客席用照明も無かったのです[注3]。これは、ヴァーグナーに資金が無かったからでは全く無く、ヴァーグナーの狙いが、これらのものを全て無くすることだったから、無いのです。

　なぜ、ヴァーグナーは、これらの、それまで、まさに、オペラの楽しみの中心であったものを、徹底的に破壊しようとしたのでしょうか。

　それは、ヴァーグナーが、他の観客などにではなく、自分の作り出すオペラ作品だけに、人々の意識を完全に向けさせようとしたからであ

り、自分の作り出すオペラに、人を、完全に、没入させようとしたからです。

　ヴァーグナー以前においては、既に見てきたように、オペラハウスの中心は、観客でした。前章で述べたように、舞台で上演されている芸術は、馬蹄形オペラハウスにおいては、決して中心ではなかったのであり、観客は、他の「客席の人々から自分に向けられる視線を意識しつつ」「お喋りや食事やトランプに興じ、時には」他の観客「と目で挨拶を交わし、その合間に」だけ、舞台で上演されている芸術を見、聴いていたのです。このような社交的楽しみを味わうために、オペラハウス内部においては、上演中、ずっと、照明がついていました。煌々と明るく、シャンデリアは、輝き続け、客席は、他の観客の姿が良く見えるように、また、自分の姿が他の観客によく見えるように、また、良く新聞や雑誌が読めるように、また、料理を美味しく食べ、ワインの色の微妙な違いがよく分かるように、オペラが演じられ、歌が歌われている間中ずっと、極めて明るいままだったのです。人々は、お喋りをしながら、食事をしながら、ワインを飲みながら、時々、面白いシーンがあればオペラを見、贔屓の歌手がアリアを歌えば、オペラを聴いていたのです。

　これらの全ては、ヴァーグナーから見れば、まことに我慢のならない悪習でした。彼は、自分の作品に、人が、じっと耳を傾け、一心不乱に自分の作品を、見続けることをめざしたのです。そのために、馬蹄形構造自体を捨て去り、側面のボックス席を廃止し、照明を消して、上演中は劇場内を暗くしたのでした注4。彼は、人が、一人一人、別々に、静かに、直に、自分の作品だけに直接向き合うことをめざして、座席を、全て、舞台に正面向きに相対する方向に設置したのです。

2　オペラにおける芸術鑑賞の誕生

　このバイロイト祝祭劇場は、まさに、それまでの常識を根底から覆す、前代未聞の驚異的な構造の劇場だったのです。そして、ヴァーグ

ナーは、この、自分の理想の劇場が出来る前も、出来る限り、このような座席配置を求めました。その典型的な事例が、1869年に、ルートヴィヒ2世の強い希望によって、ヴァーグナーの反対の意向を押し切って、ミュンヘン宮廷オペラハウスで初演された《ラインの黄金》の観客席です[注5]。岡田暁生が述べているように、この時、ヴァーグナーは「500人の招待客をすべて平戸間に座らせた」[注6]のです。ボックス席がちゃんとあるのに、そのボックス席を意図的に空にしてです[注7]。「これはオペラ鑑賞から社交娯楽性を完全に排除したことを意味する」[注8]ことでした。前章で述べたように、平戸間は、もしそこに椅子を置くならば、その席は、完全に正面向きに、楽に真正面から、しかも近くから、舞台を見ることが出来る席なのですが、伝統的に、ヴァーグナー以前においては、平戸間は、お金のない人や使用人たちが、立って我慢して舞台を見る、最下等の場所だったのであって、このヴァーグナーの取った行為は、その日ミュンヘン宮廷オペラハウスに招待された、全員、高いステイタスを誇る招待客に対して、はなはだしく、非礼な行為でした。それまでは、「オペラ劇場はあくまで社交の場であって、平戸間でまんじりともせず、(・・・)舞台を見るなど、卑しい者のすることとされていた」[注9]のです。この常識に逆らって、ヴァーグナーは、「ボックスを空にすることで、劇場を純然たる作品鑑賞の場にしようとした」[注10]わけで、これは、オペラの歴史において、初めての、画期的な、芸術鑑賞の誕生だったのです。

　オペラは、ヴァーグナーによって、高いステイタスを誇る観客であっても、じっくりと、全面的に、オペラの方を向いて、本格的に味わうだけの意味のある芸術となっていったのであり、オペラは、高いステイタスを誇る観客の方が、礼儀正しく、居住まいを正して、接するべき程にも、極めて高いステイタスをもつような芸術になっていったのです。

　このようなオペラへの接し方は、それまでの、お喋りをしながら、ワ

インを飲みながら、周りの観客を見ながら、時々、オペラを見、聴く、という態度に比べるならば、確かに、崇拝的な姿勢の面をもっています。実際、いわゆる、ヴァグネリアン（ヴァーグナー主義者）は、熱烈に、ヴァーグナーを崇拝し、ヴァーグナーのオペラを崇拝し、「バイロイト詣で」をしました。

　しかし、のちに詳しく見てゆく、ヴァーグナーより以前の、例えば、ベートーヴェンの交響曲などに聴き入る一部の（全ての、ではありません）ドイツ人聴衆と、礼儀正しく、居住まいを正して、ヴァーグナーのオペラを見、聴く、人たちのうちの多くの（全ての、ではありません）人たちとの間には、微妙な違いもまた、存在しているのです。基本的には、確かに、両者共に、崇拝的であるのですが、その崇拝的姿勢の向かう対象の違い、即ち、交響曲には言葉が無く、オペラには言葉がある、という違いが、この微妙な違いの原因になっているのです。この、言葉の有る無しの違いが、交響曲などに聴き入る、一部の（全ての、ではありません）人の心の在り方と、ヴァーグナーのオペラに、礼儀正しく、居住まいを正して、接する人のうちの多くの（全ての、ではありません）人の心の在り方との間に、或る微妙な違いを生み出すこととなっているのです。

　このことを明らかにするために、まず、ベートーヴェンの交響曲などに聴き入る一部のドイツ人聴衆の心の在り方の、特殊性について、述べてゆくことにしましょう。その心の在り方は、一言で言えば、まさに、＜現実を否定して、内面的に、芸術を崇拝する＞というものです。

　そもそも、このような特殊な崇拝に限らず、一般的な意味での芸術崇拝について言えば、クラシック音楽に対して、居住まいを正して、一心不乱に、聴き入る、という崇拝的姿勢は、今日の日本では、クラシック音楽の聴き方として、あまりにも当たり前のものとなっており、それが、クラシックを聴く正しい聴き方であると、思われていることが多い

のですが、実は、このようなクラシック音楽に対する崇拝的態度は、世界中、どこでも、そうであるわけではないのです。決してそのようなことは無かったのであって、実は、このような芸術崇拝的態度は、初めは、ただ単に、ドイツにのみ、起こったことだったのです。

3　ドイツ・ロマン派の芸術崇拝

　このような芸術崇拝的態度は、まさに音楽先進国のイタリア——オペラを生み出し、また、ヨーロッパ中に、指揮者や演奏家などを極めて大勢送り出していたイタリア——にも、フランスにも、無かったものであり、特殊に、ドイツ的なものに過ぎなかったのです。現代の私たち日本人は、今も述べたように、あまりにも、このような芸術崇拝を、当たり前のものとして、受け入れてしまっており、それが、あたかも、芸術（特にクラシック音楽）に対する、本当の、正しい、唯一の、聴き方であるかのように、思い込んでいるわけですが、そのような、私たちの抱いている芸術崇拝的態度は、実は、単に、ドイツ人の芸術史家が作り上げた自己宣伝的なイメージを、明治の開国以来素朴に疑うことなく信じ込んできた結果なのです。

　岡田暁生が鋭く指摘しているように、「全神経を集中して粛々と聴くべき『芸術』と、まずは楽しみを目的とする『娯楽』とに音楽史がかなりはっきり分離しはじめるのは、19世紀以来のこと」[注11]でした。そして、「演奏会で静かに傾聴すべき、真面目な芸術音楽（・・・）が発展したのは、もっぱらドイツ語圏」[注12]だけだったのです。「われわれが抱く『クラシック＝ムズカシイ音楽』のイメージは、実は『ドイツのクラシック』のみに当てはまるもの」[注13]なのです。「そしてこの『偉大なるドイツ芸術音楽』を代表するジャンルが、交響曲であり、弦楽四重奏曲であり、ピアノ・ソナタ、つまりベートーヴェンが金字塔を打ち立てた諸ジャンルに他ならない」[注14]というわけです。

　どうして、「偉大なるドイツ芸術音楽」（とドイツ人が自分で考えてい

る音楽）を代表するジャンルが、交響曲であり、弦楽四重奏曲であり、ピアノ・ソナタなのでしょうか。その理由は、実に、単純なことでした。それは、言葉が無い器楽音楽だからです。（まさに、この点で、オペラとも、ヴァーグナーの音楽とも、完全に違うものです。）

　どうして、声楽ではなく、ピアノやヴァイオリンなどの楽器だけによって演奏される器楽音楽が、「偉大なるドイツ芸術音楽」（とドイツ人が自分で考えている音楽）を代表することになったのでしょうか。その理由は、言葉があれば、必ず、意味をもち、その意味は、当然、この私たちの生きている世界との関わりを必ずもっており、そして、「偉大なるドイツ芸術音楽」と自分たちの音楽を自分でもちあげていた人たちは、その、世界の様々な現実と、関わりたくなかったからです。彼らにとって、世界の現実は、自分で変えようと願っても変えることが出来ないものでした。国王をギロチンにかけて処刑したフランス——そのことが良かったのか悪かったのかはさておき、新しい勢力の人々が、古い勢力の人々を倒して、新しい時代に向かって、社会が実際に動いていったフランス——とは全く異なって、ドイツでは、依然として、専制君主が支配する昔からの社会体制が強固に維持されていたがゆえに、ドイツの知識人は、自分たちのいる社会を、変えようと願っても、変えることが出来なかったのです。彼らにとって、自由なのは、自分の心の中だけだったのです。彼らは、「内面性」をもちだすほか、ほかに仕方がなかったのです。彼らは、「内面性」の内に閉じこもることしか出来なかったのです。そして、この、（フランスから見れば）閉塞的とも言える状況の中で、そのような状況におかれた知識人の中から、発想を逆転させ転倒させて、世界の現実の方が、つまらないものであって、芸術は、そのようなつまらないものを超えて、世界の現実を超えるべきである、ということを、声高に主張する一部の人々が出現してきたのです。その人々が、ドイツ・ロマン派の詩人たちでした。

　この現象の美学的な面を、岡田暁生は、次のように述べています。

「19世紀に入って、とりわけドイツ・ロマン派の詩人たちの間で、純粋器楽曲崇拝(カルト)とでもいうべきものが生じはじめる。彼らは芸術の中にあらゆる現実＝具象を超えたものを求めてやまなかった。これが俗にドイツ・ロマン派の『無限の憧れ』と呼ばれるものである（ありていにいえばそれは現実逃避なのだが）。（・・・）諸芸術の中でただ音楽だけが、それも器楽曲だけが、具象界を超越することができる。その漠たる抽象性のゆえに無限に想像力の翼をはばたかせることができるのだ。（・・・）ドイツ・ロマン派の詩人たちにとっては、器楽曲こそが『究極の詩(ポエジー)（芸術）』に他ならなかった。まさに概念を欠く純粋な響きであるがゆえに、器楽曲こそありとあらゆる現実を超越した芸術だと、彼らは考えはじめたのである。」注15

　世界を変えることが出来なかった人たちが、世界を拒否し、世界を否定して、世界と繋がっている言葉を拒否し、言葉のない、自由に自分の「内面性」の内に遊ぶことの出来る、器楽を、世界を超えるものとして、称揚し、崇拝し始めたのです。これが、19世紀において、ドイツで起こったことでした。

　（ここから、世界表現であるミーメーシスを否定して、自己の内面の表現、即ち、自己表現こそが、芸術のあるべき姿だ、という、近代の、あの、ありふれた、自己表現の美学も生まれてゆくことになるのです注16。）

　交響曲などのクラシック音楽に、じっと耳を傾け、一心不乱に、居住まいを正して、聴き入る、「ほとんど擬似宗教的な構えは、ドイツ・ロマン派によって作り出されたもの」注17なのです。

　（これに対して、姿勢の外形的な面だけ見れば、自己の「内面性」に閉じこもって、ドイツ・ロマン派的な意識をもっている、交響曲などのクラシック音楽の一部の聴衆と同じように、礼儀正しく、居住まいを正している、ヴァーグナーのオペラに注意を集中する観客の多くは、別に、自己の「内面性」に閉じこもっているわけではありません。のちに

見てゆくように、ヴァーグナーのオペラ自体が、そのような、「内面性」に閉じこもるドイツ・ロマン派的な純粋芸術主義を根本的に超えているのであって、世界との深い関わりをもっているのであり、ヴァーグナーのオペラの観客の多くもまた、世界との深い関わりの内において、ヴァーグナーのオペラを見、聴いているのです。)

4　総合芸術としてのオペラ

　このように、器楽音楽崇拝は、単に、ドイツ・ロマン派によって作り出されたものであり、ドイツ的限界のゆえに、転倒的に、声高に主張されはじめたものに過ぎないのですが、ここで、注意しなければならないことは、そのドイツ・ロマン派の主張は、器楽の、言葉の無さに基づくものであった、ということです。

　これに対して、オペラは、言うまでもなく、言葉のあるものです。

　（ここで少し、付言するならば、クラシック音楽を代表するものは、交響曲などの器楽であり、ベートーヴェンこそが「楽聖」であるという、明治開国以来の日本人の一般的常識は、上に述べたドイツ・ロマン派一派に由来する近代ドイツ人芸術史家の自己宣伝的な説を受け入れた結果のものですが、ヨーロッパ全体からすれば、古典的教養のヨーロッパからすれば、まさに、オペラこそが、クラシック音楽を代表するものなのです。オペラこそが、交響曲やピアノ・ソナタなどよりも、遙かに、クラシック音楽を代表するものなのです。この点は、音楽の受容の歴史の興味深い一点と言えるでしょう。確かに、現実問題として、日本の学校で教えた音楽教師たちは、たとえ理想的ではない音であるにせよ、ともかくも、レコードなどで交響曲やピアノ・ソナタなどを聴くことは出来ても、明治・大正・昭和の大部分を通じて、ヨーロッパのオペラハウスに、オペラを聴きに行くことは、ごく一部の極めて恵まれた人たちを除いて、全く出来なかったのであり、オペラの何たるかが分からなかったのも、無理はないのですが、それにしても、この、オペラ抜き

の、器楽崇拝、ベートーヴェン崇拝は、世界的に見れば、極めてドイツ的で特殊な限定された態度であったにも拘わらず、日本において、クラシック音楽についての常識となってしまったのでした。)

　オペラは、言うまでもなく、言葉のあるものであって、歌手が歌う人間の声が、意味のある言葉を歌う音楽です。

　そして、それだけでなく、ヴァーグナーは、自分のオペラが、声楽を含む音楽だけではなく、詩や舞踊をも含むものである、とも考えていました。いわゆる「総合芸術」の理念です。ヴァーグナーは、古代ギリシア悲劇を芸術のあるべき理想の姿と考えていました。ヴァーグナーによれば、そしてまた、実際に、私たちが、第1章で見てきたように、古代ギリシア悲劇は、詩と舞踊と音楽が、ドラマにおいて一体的となっていた演劇であり、古代アテネの人々が、それによって都市国家市民としての一体性を政治的・社会的にも実感できる演劇でした。ヴァーグナーは、まさに、このような、社会的にも意義深い、文学や演劇や舞踊や美術と一体的となった音楽としてのオペラを、総合芸術としてのオペラを、理想の芸術と考えていたのであり注18、このような芸術を、実際に、バイロイトにおいて、実現しようとしていたのです。

　このようなヴァーグナーにとって、当時の有名な音楽批評家ハンスリックが唱えた、あまりにも、近代的な、あまりにも、近代主観主義的で、今やありふれたものとなってしまっている、純粋芸術主義は、全くの馬鹿げた誤りでした。

　このハンスリックの主張について、岡田暁生は、次のように述べています。

「(ハンスリックの『音楽美について』の中の)『音楽の内容とは鳴り響きつつ運動する形式である』という彼の言葉は、あまりにも有名である。『音楽は音だけでできた絶対的な小宇宙であるべきであり、文学的なものはそこから徹底的に排除されなければならない』というわけだ。

『ベートーヴェンの第5交響曲は、運命に打ち勝つ英雄を表現している』といった（考え方）を、ハンスリックは徹底的に否定する。（・・・）『この音楽は何を表現しているのか？』という問い自体が無意味であって、音楽とは音楽以外の何物でもありえず（つまり絶対的であり）、音楽の内容とは音楽（音楽の構造）である。言語に可能な表現領域を徹底的に切り離すことでこそ、音楽は『絶対的に』なる。これがハンスリックの考え方だった。」[注19]

　このような考え方は、今では、学校教育で教えていることもあって、むしろ、多くの日本人には、当たり前の、本当の、正しい、音楽についての考え方として、一般的に広まっています。しかし、この、ハンスリックの主張は、先ほど見たドイツ・ロマン派の流れに乗った、単なる、近代的な、純粋主義に過ぎないものなのです。世界を変えることが出来なかった人たちが、世界を拒否し、世界を否定して、世界と繋がっている言葉を拒否し、言葉のない、自由に自分の「内面性」の内に遊ぶことの出来る、器楽を、世界を超えるものとして、称揚し、崇拝した態度が、この、ハンスリックの、言語を敵視し、文学を拒否して、音楽の自律性を声高に主張する、近代純粋芸術主義の基となっているのです。

　ヴァーグナーは、このような主張を繰り返していたハンスリックを、徹底的に批判します。ヴァーグナーは、理論的著作において、このハンスリックの、世界をかたくなに拒否する純粋芸術主義を、徹底的に批判しただけではなく、いかにもプロの芸術家らしく、面白いことに、自らの作品の中においても、《ニュルンベルクのマイスタージンガー》の中で、このハンスリックを、魂を欠いた狭量な反芸術の象徴としての衒学的なベックメッサーのモデルにしたのでした。（この《ニュルンベルクのマイスタージンガー》の台本朗読会に意図的に招待されたハンスリックは、自分が徹底的に揶揄されていることに気づき、次第に腹を立て、ついには部屋から出て行ってしまいました。[注20])

このようなハンスリックの主張は、芸術の自律性を声高に主張する、いわゆる「絶対音楽」の主張ですが、実は、この、いかにもハンスリック的な「絶対音楽」という言葉は、ヴァーグナーが生み出した言葉でした。ヴァーグナーは、ベートーヴェンの《第９交響曲》演奏会の曲目解説の中で、最後に声楽が登場することに関連して、「絶対音楽の限界を超えている」と述べたのです注21。ヴァーグナーは、ハンスリック的な、音楽の自律性を声高に主張する、近代純粋芸術主義そのものである「絶対音楽」の主張を、心から、軽蔑していました。そのような主張は、舞踊や詩やドラマという、音楽の起源でもあり、音楽に生命力を与えるものでもあるものから、音楽を切り離す注22蛮行であり、音楽から力を奪ってしまう、音楽への蛮行なのです。

　ヴァーグナーのオペラは、近代を超え、近代主観主義の限界を超え、近代純粋芸術主義を超え、音楽の自律性を声高に主張する「絶対音楽」の主張を超えている芸術なのです。
　ヴァーグナーのオペラは、古代ギリシア悲劇の在り方を理想とし、社会的意義をも踏まえた、諸芸術が一体的に共生し協働する、総合芸術なのであり、世界を変える力をもつ、世界との深い関わりをもっている、芸術なのです。

5　ヴァーグナーのオペラの現代における演出
　このようにして、本質的に近代を超えているヴァーグナー・オペラは、極めて、現代的、今日的な意義をもっているオペラであり、それゆえに、今日、極めて多くの、現代的な演出が、ヴァーグナー・オペラに対して、なされているのです。
　ここでは、それらの、いずれ劣らぬ様々な現代的演出の中から、戦後における最も高名な演出である、バイロイト音楽祭創立百年記念の1976年から、1980年までの５年間に亘って、バイロイト祝祭劇場で上演され

た、パトリス・シェローの《ニーベルングの指環》の演出について、少しだけ、見てゆくことにしましょう。

　この《ニーベルングの指環》は、極めて明快かつ斬新なものでした。その斬新さは、《ラインの黄金》の第一場が、「巨大な発電所ダムとなり、そのブリッジの上をラインの乙女が売春婦たちの姿で走り廻り、ダムの技師長アルベリヒが水中すべり台のように流れ水にのってあらわれると、乙女のひとりがスカートの中に彼の頭をかくす」[注23]という演出にも、良く現れています。もちろん、ヴァーグナー自身は、このような演出をしたことはないのですが、そうであるからと言って、このようなシェローの演出が、奇をてらった、ヴァーグナー・オペラにふさわしくない、ただの奇抜なものであったわけではありません。この演出を考えたシェローは、次のように述べているのです。

　「舞台にあるものはダムかもしれないが（《ラインの黄金》第一場）、何かまるで違うものであってもいいのだ。これは、河を現出させるために構築した不気味な演劇の機械仕掛けであると同時に、今日エネルギーを産み出しているものの寓意的な形象でもある。このダムはおそらく神話的存在、現代の神話なのだ。演出家の務めは、人間が自己を再認識し、死の不安や運命や恐怖を読み取ることができるような寓意的イメージを創造することにある。ワーグナーが《指環》で行ったのはまさにこのことにほかならなかった。（・・・）ワーグナーの《指環》を舞台にかけるのは、ワーグナーのメッセージに耳を傾けるある種の必要性が感じられるからである。」[注24]

　ここにおいて明らかであるように、シェローは、ヴァーグナーのメッセージに耳を傾けて、ヴァーグナーの作品の内に込められているメッセージを読み解き、ヴァーグナーが、1970年代に演出するならば、このように演出したであろうと思われる演出の一つの可能性を提示しているのです。1970年代の現代においては、牧歌的な田園の中のライン河ではなく、巨大で威圧的な産業文明の寓意として、巨大な発電所ダムを

「場」とする方が、ヴァーグナーの目指しているものの表現としてよりふさわしいからこそ、彼は、巨大な発電所ダムを「場」として登場させているのです。人は、絶対的に、自分の生きている時代を生きているのであって、自分の生きている時代が、巨大で威圧的な産業文明の時代であり、その中で、死の不安や運命や恐怖を感じながら、現代人として生きているのであるがゆえに、1970年代の演出としては、まさに、巨大な発電所ダムこそが、死の不安や運命や恐怖などをテーマとしている《ニーベルングの指環》の世界にふさわしいのです。

　演出とは、このように、芸術作品の内に込められている本質的な意味、作者がその作品においてなんとしても伝えたかったメッセージを、作者が生きていた時代・社会と違う時代・社会に生きている演出家が、新しい時代・社会にふさわしい舞台において、新しい形で、再現することなのです。そのように現代的に新しく表現されたその作品は、そのもっている本質的な意味・メッセージを、その新しい時代・社会の人々に、かつて、作者自身が伝えたのと、同じくらいに強烈に、力強く、訴えかけることができるのです。

　舞台芸術は、まさに、このようにして、時代時代において、常に新しく再生する芸術なのです。

　このことは、2001年から毎年一作のペースで上演され、日本の新国立劇場のために、新制作された、キース・ウォーナーの《ニーベルングの指環》においても、もちろん、当てはまることです。

　この、＜トーキョーリング＞と名付けられたキース・ウォーナー演出《ニーベルングの指環》の《ラインの黄金》の第一場では、映画の試写室で、様々なパズル模様や難解そうな数式が次々と軽快に映し出される映画のようなものを見る観客席の背もたれから、水泳プールで水遊びをしているかのような水着を着ているラインの乙女がひょっこりと姿を現します。これなどは、東日本大震災以前の東京の、まさにカタカナで「トーキョー」と発音するのがふさわしいような、ポップさと軽さ、あ

らゆるものが自由に同居しているかのような、ポストモダン的状況が、かなりよく表現されていると言ってよいでしょう。また、映画は、このシーンのあとにも、いろいろと出てくる道具（映写機など）などによっても明らかなように、＜トーキョーリング＞の基本モティーフであり、現代における映像の優位性（現実よりもテレビに映される映像の方がはるかに力をもっている、現代社会の特性）が、かなりよく暗示されていると言えるでしょう。

更に、《ヴァルキューレ》の第3幕の、極めて有名な＜ヴァルキューレの騎行＞は、元々は、もちろん、戦場で死んだ戦士を、死後、英雄として、栄光に包まれて死後の世を送る場であるヴァルハルに送り届けるヴァルキューレたちが、死んだ英雄を乗せながら、馬に乗って、天空を駆け回るシーンであり、斬新なシェロー演出でも、本物の生きた馬が舞台に出てくるのですが、なんと、＜トーキョーリング＞では、まさに、病院の患者を乗せるストレッチャーを、看護師の服装をしたヴァルキューレたちが、荒々しく動かし回り、全く馬は出てこないのです。音楽は、まさに、あの、勇壮と言うべき＜ヴァルキューレの騎行＞の音楽が高らかに鳴り響いているのですが、舞台の上では、青白い、全身におしろいの粉を塗りたくった、半裸の痩せた若者が乗せられたストレッチャーが、右に左に動き回るのです。そして、動きが止まった、ストレッチャーからは、その生気の全く感じられない、半裸の痩せた青白い若者が、実に静かに、弱々しく立ち上がり、一歩一歩、たどたどしく、奥の方に立ち去ってゆくのです。

これは、一体、何を表現しているのでしょうか。それは、現代では、戦争は、そして、戦争における戦死者は、かつてそう言われていたような、英雄的な戦争でもなく、誇らしい英雄でもなく、ただ単に、惨めなものであり、戦争における戦死は、ただ単に、青白い、虚ろな死である、という、現代の現実を、見事に表現しているのです。

＜トーキョーリング＞は、このようにして、東日本大震災以前の時代

のポップな現実と、現代の厳しい現実を、同時に、見事に、表現しているのです。

　オペラは、それが、100年以上前に作曲されたものであっても、時代時代において、常に新しく再生する芸術なのです。
　オペラは、古典が、同時に、現代の芸術でもある、古くて新しい、生命力に満ちた舞台芸術なのです。

研究課題

1．ヴァーグナーによる、オペラの破壊と創造について考えてみましょう。
2．「絶対音楽」という、近代的な考え方の限界について考えてみましょう。
3．演出というものが、舞台芸術においてもっている、重要な意味について考えてみましょう。

参考文献

アントニー・ギシュフォード編、三浦淳史・中河原理訳『グランド・オペラ』(音楽の友社、1975年)
S・ティドワース著、白川宣力・石川敏男訳『劇場』(早稲田大学出版部、1989年)
岡田暁生著『オペラの運命』(中公新書)(中央公論新社、2001年)
岡田暁生著『西洋音楽史』(中公新書)(中央公論新社、2005年)
三光長治著『エルザの夢』(法政大学出版局、1987年)
バリー・ミリントン監修、三宅幸夫・山崎太郎日本語版監修『ヴァーグナー大事典』(平凡社、1999年)
フィリップ・ゴドフロワ著、三宅幸夫監訳、村上伸子訳『ワーグナー』(「知の再発見」双書)(創元社、1999年)
吉田秀和・渡辺護著『バイロイト音楽祭　ニーベルングの指環』(音楽の友社、1984年)

ディートリッヒ・マック編、宇野道義・檜山哲彦共訳『ニーベルングの指環　その演出と解釈』（音楽の友社、1987年）

》》注

注1）フィリップ・ゴドフロワ著、三宅幸夫監訳、村上伸子訳『ワーグナー』（「知の再発見」双書）（創元社、1999年）92頁。
注2）アントニー・ギシュフォード編、三浦淳史・中河原理訳『グランド・オペラ』（音楽の友社、1975年）150頁。
注3）S・ティドワース著、白川宣力・石川敏男訳『劇場』（早稲田大学出版部、1989年）252-253頁。
注4）クリスティアン・ビエ、クリストフ・トリオー著、佐伯隆幸日本語版監修『演劇学の教科書』（国書刊行会、2009年）217頁。
注5）このような経緯で上演されましたから、ヴァーグナー自身は、この公演を、非公式公演とし、「初演」とは認めませんでした。
注6）岡田暁生著『オペラの運命』（中公新書）（中央公論新社、2001年）187頁。
注7）同上書、同頁。
注8）同上書、同頁。
注9）同上書、同頁。
注10）同上書、188頁。
注11）岡田暁生著『西洋音楽史』（中公新書）（中央公論新社、2005年）159頁。
注12）同上書、同頁。
注13）同上書、同頁。
注14）同上書、同頁。
注15）同上書、160-161頁。
注16）この点については、私の著書、青山昌文著『西洋芸術の歴史と理論』（放送大学教育振興会、2016年）を御覧下さい。
注17）岡田暁生著『西洋音楽史』（中公新書）（中央公論新社、2005年）、162頁。
注18）バリー・ミリントン監修、三宅幸夫・山崎太郎日本語版監修『ヴァーグナー大事典』（平凡社、1999年）310頁。
注19）岡田暁生著『西洋音楽史』（中公新書）（中央公論新社、2005年）、165頁。
注20）バリー・ミリントン監修、三宅幸夫・山崎太郎日本語版監修『ヴァーグナー大事典』（平凡社、1999年）71頁。

注21）同上書、309頁。

注22）同上書、同頁。

注23）渡辺護著「バイロイト六つの『リング』」（吉田秀和・渡辺護著『バイロイト音楽祭　ニーベルングの指環』（音楽の友社、1984年））67－68頁。

注24）パトリス・シェロー著「寓意と舞台効果」（ディートリッヒ・マック編、宇野道義・檜山哲彦共訳『ニーベルングの指環　その演出と解釈』（音楽の友社、1987年））183頁。

4 バレエの古典

鈴木　晶

1　バレエと日本

　日本は「バレエ大国」だと言われます。実際、海外の有名バレエ団が次々に日本を訪れ、私たちはいながらにして世界のトップクラスのバレエを観ることができますし[注1]、わが国では約40万人がバレエを習っています[注2]。

　しかしいうまでもなくバレエは日本古来の伝統芸能ではなく、1912年（明治45年）に、帝国劇場の舞踊教師として招聘されたジョヴァンニ・ヴィットリオ・ローシーによって紹介されました。1916年（大正5年）に朝日新聞に連載された夏目漱石の小説『明暗』にも「トーダンス」という言葉が出てきます[注3]。だがローシーは弟子を育成することができず、バレエはわが国に定着しませんでした。日本にバレエを根付かせたのは1920年（大正9年）に来日したエレーナ・パヴロワ（日本ではエリアナ・パブロバと表記）で、彼女の弟子たちが戦後になってわが国のバレエ界をリードすることになります[注4]。

　戦前はバレエよりもむしろモダンダンスのほうが盛んでしたが、終戦後、まだ東京のあちこちが焼け野原だった1946年（昭和21年）に帝国劇場で『白鳥の湖』全幕が日本で初めて上演され、大成功をおさめました（2ヶ月間毎日上演されました）[注5]。それ以来、日本のバレエは着実に発展を続け、ついにはバレエ大国となったわけです。

　上記のような史実を知らなくとも、バレエを観さえすれば、日本古来のものでないことが容易に見てとれます。日本の伝統舞踊は上半身、とくに手の動きに重きがおかれていますが、それに対してバレエは脚の舞踊です。また日本の伝統舞踊においては膝を曲げて重心を低くします

が^{注6}、バレエは、爪先立ちや跳躍を見ればわかるように上昇志向の強い舞踊です。

2　宮廷バレエ

　さて、上に述べたように100年くらい前にわが国に紹介されたバレエは、いつどこで生まれたのでしょうか。この問いに答えるのは容易ではありません。ある日突然生まれたわけではないからです。そこでバレエ史研究の分野では、バレエという言葉が文献にあらわれたときをバレエの誕生と見なすことにしています。それがいつのことかといえば15世紀です。日本でいえば室町時代です。場所はどこかといえば北イタリアです。よく「バレエはイタリアで生まれ、フランスで育ち、ロシアで完成された」と言われますが、この言葉は間違っていません。

　1460年頃に北イタリアのフェラーラで書かれたドメニコ・ダ・ピアチェンツァ著『舞踊振付教本』が最古の舞踊教本といわれており、ドメニコの弟子グリエルモ・エブレオ（ユダヤ人のグリエルモ）も1463年に教本を記していますが、そのなかにバレエの語源である balletto という言葉が出てきます。

　英語の ball には「球、野球」という意味と「舞踏会、ダンスパーティ」という意味がありますが、その語源はイタリア語の ballo で、その指小形が balletto です。これは宴会の余興を指しました。ルネサンス時代、ヨーロッパでは貿易が盛んになり、裕福な商人がたくさん生まれましたが、彼らはおいしいものを食べ、高い酒を飲み、余興にもふんだんにお金をかけました。そうした宴会からバレエは生まれたのです。

　そのバレエはイタリアからフランスに伝えられ、フランスの宮廷でめざましい発展を遂げます。これを宮廷バレエ（仏 ballet de cour）と呼んでいます。当時、芸術文化はイタリアのほうがフランスよりも高度に発展していましたから、フランスは「文明化」のためにイタリアの芸術文化を必死に取り入れました。バレエもそのひとつだったわけです。こ

のように、宴会の余興としてのバレエが最初に発達したのはイタリアでしたが、イタリアは国家統一が遅れ、後々まで都市国家がいわば群雄割拠していました注7。それに対してフランスはイタリアよりも早く国家が統一され、したがって財政豊かで大きな宮廷が生まれました。そのため、宮廷バレエの時代にはフランスがバレエの中心となります。

　ただし当時バレエと呼ばれたものは、現在私たちが見ているバレエとはずいぶん違ったものでした。現在、バレエは舞踊の一ジャンルを指しますが、当時はまだそうではありませんでした。音楽・演劇・朗読、舞踊からなるヴァラエティ・ショーのようなものをバレエと呼んでいたのでした。記録の残っている最古のバレエは、1581年にフランスの宮廷で上演された『王妃のバレエ・コミック』注8という作品で、その上演には5時間以上かかったらしく、芝居あり、歌あり、音楽演奏ありといった多彩なものでした。

　舞踊には、盆踊りやディスコ・ダンスのように自分たちで踊るダンスと、劇場やスタジオで見るダンスとがあり、後者を劇場舞踊（theatrical dance）と呼びますが、宮廷バレエで踊ったのはプロのダンサーではなく、宮廷人たち、つまりアマチュアでした。当時、音楽家はすでに職業化していましたし、詩人の地位も確立していましたが、ダンスに関してはまだプロはおらず、踊り手はすべてアマチュアだったのです。ただし、舞踊教師あるいは舞踊師範という職業はありました。彼らがダンスを教え、ダンスを振り付け、当時のダンスを記録したのでした。しだいにダンサーも職業化していきますが、多くの宮廷バレエでは最後に宮廷人がみんなで踊ったものでした。宮廷バレエはまだ劇場舞踊ではなく、踊り手と観客がまだ未分化だったのです。

　フランスの絶対王制の絶頂期、それは「太陽王」と呼ばれたルイ14世の時代ですが、ルイ王は子どもの頃からバレエに出演していました。王様自身がバレエ・ダンサーだったわけです。この時代、つまりルイ王が盛んにバレエに出演していた頃が宮廷バレエの黄金時代です。ルイがバ

レエ・ダンサーでもあったことは、どの世界史の教科書を見ても書いてありませんが、バレエは今でいう「趣味」だったわけではありません。彼の統治と深く関係していました。彼は幼い頃からダンサーとしての頭角を現し、13歳のときに公式に舞台デビューします。成人してからも週に何度も舞台に立っていました。イタリアで生まれた宴会の余興としてのバレエは以前から、たとえばその館の主人を讃えるといった象徴的意味を付与されていましたが、ルイ14世の頃のバレエもまた国王を礼讃することが目的でした。ルイは『夜のバレエ』（1653）以降しばしばアポロの役を踊りましたが、それはみずからアポロ＝太陽を演じることで王の威光を示すという、いわばイメージ戦略だったのです。

　ルイの舞踊教師だったのがピエール・ボーシャンですが、彼はバレエの有名な５つの基本ポジションの発案者としても知られています[注9]。この基本５ポジションをみればわかるように、バレエの基本原理は「開脚」です。これをバレエ用語ではアン・ドゥオール（仏 en dehors）といいます[注10]。どうして脚を外側へ開くようになったのかといいますと、私たちはふつうに立ったとき、両足と両方の爪先を結んだ線が正三角形になるように、つまり60度くらい開いています。重たい頭を支えるためにはそれが都合がいいからです。しかしこれだと、ふつうの人は脚を、前にはかなり上げられますが、横や後ろの方向にはほとんど上げられません。ところが子どもの頃から意識的に脚を開いていると（そのためには足先だけでなく、脚の付け根、つまり股関節を開かなくてはなりませんが）、脚が横や後ろへも高く上がるようになります。これによって脚の表現力が格段に増すわけです。バレエは子どもの頃に始めなくてはならない、というのはそういう理由があるからです。バレエは脚のダンスですから、脚の表現力が何よりも重要なのです。そうした基本原理が、ルイ14世の時代に確立しました。

　ボーシャンの弟子ラウール＝オージェ・フイエは1700年に『コレグラフィ』という本を出版しました。コレグラフィというのはフイエの造語

で、舞踊記譜法のことです[注11]。彼は記号を用いて、基本姿勢や当時流行したダンスの演目を記録しています。そのおかげで、私たちは当時のダンスをほぼ正確に復元することができます。

3　18世紀バレエ

　ルイ14世は1670年、32歳のときに突然バレエから引退します。その後、宮廷バレエは急速に衰え、バレエは宮廷から劇場へと場所を移動します。それとともに、貴族たちではなく、プロのダンサーたちが踊るようになります。そうなると、容易に想像がつくように、テクニックも格段に進歩していきます。

　当時、フランスの音楽界に君臨していたのはジャン＝バティスト・リュリでした。彼はイタリア生まれで、もとはバレエ・ダンサーでしたが、作曲家としての才能を開花させました。ルイは1669年にピエール・ペランという人物に勅許状を与え、王立オペラ音楽詩歌アカデミーの創立を許可しましたが（これがパリ・オペラ座のルーツです）、ペランは1年ほどで経営に行き詰まり、経営権をリュリに売却しました。リュリは1671年にあらためてルイ王から王立音楽アカデミーの設立を許可する勅許状を授けられました。そのアカデミー、つまりオペラ座でリュリはもっぱら自分の作曲したオペラを上演しました。フランス・オペラ史へのリュリの貢献はひじょうに大きなもので、抒情的悲劇というフランス・オペラの基礎となる形式を確立しましたが、バレエとの関連でいうと、オペラ＝バレエという形式の基礎を築きました。これはその名の通り、オペラとバレエの混合です。その後、アンドレ・カンプラがこの形式を発展させ、さらにジャン・フィリップ・ラモーによってこの形式は完成されました。

　その一方でバレエをオペラの支配から独立させようという運動も起こりました。オペラ＝バレエにおいて、メインはあくまでオペラであり、オペラが物語を進行させます。その合間合間にバレエが挿入されていた

のです。それに反抗し、最初にバレエを独立させようとしたのはイギリスのジョン・ウィーヴァーで、彼の『マルスとウェヌスの恋』(1717)、『オルフェオとエウリディーチェ』(1718)、『パリスの審判』(1733) はいずれも、ダンスとパントマイムだけ物語を語る作品でした。ここに、バレエはオペラからの独立を果たしたのです。そのウィーヴァーの影響を受けて、大陸でもバレエ独立の試みが次々になされました。その代表者はジャン=ジョルジュ・ノヴェールで、彼はヨーロッパ各地を転々としながら、オペラを排除した、ダンスとパントマイムだけからなる物語的作品を数多く創作したほか、自分の主張をまとめた『バレエと舞踊についての手紙』(1760) を出版したことでも知られています。この本はバレエ史上最も重要な理論書のひとつとされています。

　彼らが考えた新しいバレエを、いまではバレエ・ダクシオン（演劇的バレエ）と呼んでいます。これはバレエの一大革命でした。オペラから独立した、あるいはオペラを排除したということは、「言語」を排除し、身体表現だけで物語を語ろうとしたということです。ここにバレエは非言語舞台芸術となったわけです。その点から考えると、現在私たちが見ているようなバレエはこの頃に生まれたという言い方も可能です。

　ただしこの改革によって、オペラ=バレエという形式が姿を消したわけではありません。それどころかフランスでは、オペラにはかならずバレエを入れるという伝統が確立し、外国のオペラもフランスで上演する際にはバレエを入れなくてはなりませんでした。ふつうのバレエ史はたいていこのことに触れていませんが、バレエ・ダンサーたちにしてみれば、オペラの中のバレエもまた重要な仕事であり、オペラの中のバレエもバレエ史の一部を構成しているのです。

　さて、ノヴェールが創作した膨大な数の作品のうち、ひとつも後世には残っていません。これはおそらく、物語を語るために、ダンスが少なく、説明的なパントマイム（ジェスチャー）が多すぎたために、観客が退屈してしまったためでしょう。言葉に比べると、ダンスは何かを叙述

したり説明したりするのが苦手です。オペラならばかなり詳しい物語でも観客に説明できるのに、バレエにはそれができません。手話を知らない人が手話を見てもあまり理解できないのと同じことです。

しかし、繰り返しますが、バレエがひとつのジャンルとして独立したことは歴史上の大きな転換点でした。

じつは18世紀のバレエについてはまだわからないことがたくさんあります。19世紀のバレエは、現在私たちが見ているようなバレエにひじょうに似ていたようですが、18世紀のバレエはずいぶん違っていたらしいです。両者の間にはかなり大きな断絶があるのです。どうしてそれほど大きな変化が起きたのかについて、21世紀に入ってから、世界中で18世紀バレエの研究が盛んにすすめられていますが、まだ全貌は明らかになりません。

4　ロマンティック・バレエ

ノヴェールたちの唱えたバレエ・ダクシオンが現代のバレエのルーツかというと、そうも言い切れません。19世紀初頭にまた少し違うバレエが生まれ、そちらのほうがずっと現代のバレエに近いからです。それが証拠に、現在上演されているバレエのなかでいちばん古い作品は19世紀初めのバレエであり、それ以前の作品はまったく上演されることがありません。すべて廃れてしまったのです。

その19世紀初頭に生まれたバレエをロマンティック・バレエと呼んでいます。これは現代的な意味でのロマンティックなバレエという意味ではなく、ロマン主義時代のバレエという意味です。

まず、この時代に技術面で大きな変化がありました。19世紀初頭、誰がどこで始めたのかはわかっていませんが、女性ダンサーが「爪先で立つ」というテクニックが生まれました。これは観客の喝采を浴びたため、急速に広まり、またたくまにすべての女性バレエ・ダンサーがこのテクニックをやるようになりました注12。今日、バレエと聞いて女性が

爪先で立つことを連想する方が多いのではないかと思います。実際、この爪先で立つというテクニックは他のどんなダンスにも見られない、バレエ独特のものです。それまでバレエ・ダンサーたちは女性も男性もヒールのある靴をはいていましたが、19世紀に入ると、爪先立ちの発明に伴って、女性は爪先で立つために靴の爪先部分に詰め物をしたトウシューズを履くようになり、男性も高度なテクニックの必要性から、ヒールのないバレエ・シューズをはくようになります。

　この爪先で立つテクニックをポアント技法（シュル・レ・ポアント）といいます。これは大変自然に反したものです。どうしてそんなに痛い思いをしてまで爪先で立つのかといえば、それは「美しい」からです。どうして自然に反したものが美しく見えるかは、人間のもつ特殊性によるのでしょう。人間は自然そのままを美しいと思う動物ではないのです。自然そのままが美しいのなら、誰も服を着ないでしょうし、女性も化粧をしないでしょう。

　技巧面からいうと、このポアント技法によって、バレエは現在のバレエのようになりました。言い換えると、現在私たちが見ているようなバレエが生まれたのです。

　さて18世紀末から19世紀前半にかけて、ロマン主義がヨーロッパを席巻しました。ロマン主義は、絵画や音楽や文学、哲学、さらには現実の政治にも浸透しました。バレエもまた、このロマン主義運動の一翼を担ったのです。当時、ロマンティック・バレエは音楽・文学など他のジャンルと非常に近いものでした。

　ロマン主義というのは、それまでの古典主義と対立するものです。古典主義とロマン主義の対立点をごく簡単に整理すると、次のようになります。

　古典主義が規範を重視するのに対し、ロマン主義は自由を重んじます。とくに個人の自由です。またロマン主義は民族の違いに着目し、そこからエクゾティスム、つまり異国趣味とかオリエンタリズム、つまり

東洋への憧憬が生まれます。古典主義は古代を理想とし、人間社会は下降してきたと考えますが、ロマン主義は反対に、人間は進化してきたのだと考え、歴史という概念が生まれます。また、古典主義が理性や判断力を重んじるのに対し、ロマン主義は、それまで古典主義が「あてにならない」ものとしてきた感性や情熱や想像力に重きを置きます。さらにロマン主義は夢の中にも真実があるのではないかと考えます。美的な面では、古典主義が安定した左右対称を好むのに対し、ロマン主義はダイナミックなものを好みます。

　バレエにおいて、具体的に、ロマン主義のどのような特質があらわれたかといいますと、まず題材や物語が、それまではもっぱらギリシア＝ローマ神話だったのですが、もっと身近な世界に変わります。ただしロマン主義の後にあらわれるリアリズムとは違って、ロマン主義には、夢や神秘の世界を重んじることにもあらわれているように、現実逃避願望があり、超自然的な異界への憧れがあります。そのために、バレエには頻繁に妖精が登場するようになります。

　ロマンティック・バレエのなかで最初の大ヒット作になったのが、1832年にパリ・オペラ座で初演されたバレエ『ラ・シルフィード』ですが、シルフィードというのはずばり妖精です。主人公の男性は農民で、同じ村の若い娘と婚約しているのですが、彼の前にあらわれた妖精に恋をしてしまい、婚約者を捨てて、妖精を追って、森の中へと去ってしまいます。ここには明らかに、産業革命によって急速に変化していく社会からの逃避願望が見られます。

　またロマンティック・バレエのもうひとつの最も顕著な特徴はエクゾティスム、つまり異国趣味です。ロマンティック・バレエの中心地はフランスのパリでしたが、当時パリで上演されたバレエの中で、パリを舞台にしたものはまったくありません。すべて、スペインとか、スコットランドとか、ドイツとか、東欧など、「ここから遠い」場所を舞台にしています。

また、主人公が必ず女性であることも、ロマンティック・バレエの特徴です。17世紀前後の宮廷バレエの時代、最初は踊るのは男性のみでした。上演の場が宮廷から劇場に移っても、最初は男性が舞台の中心にいたのですが、18世紀になって、プロの女性ダンサーたちが活躍するようになります。そしてロマンティック・バレエの時代になると、舞台の中心は女性によって占められるようになります。

　今日、一般の方々がバレエと聞いてまず連想するのは、男性ではなく女性が踊る姿ではないでしょうか。このイメージは、ロマンティック・バレエの時代に作られたのです。

　ロマンティック・バレエの時代に、バレエは隆盛を極め、たくさんのバレエが創作されましたが、残念なことに、現在まで途切れることなく上演されてきたのは『ジゼル』（1841年初演）ひとつだけです。時代を超えて愛され続けるほどの傑作が少なかったということもありますが、それよりも、これは19世紀のバレエ全般にいえることですが、バレエには音楽における楽譜に相当するものがなかったからです。ダンスはほとんど後世に残らないのです。先に、舞踊譜というものがあると述べましたが、舞踊譜はダンスが単純だった時代には有効だったのですが、複雑化すると、記録することができなくなりました。舞踊譜を書くには膨大な時間がかかるからです。舞踊史が文学史・美術史・音楽史に比べて遅れているのはひとえにそのためです。舞踊史の悲しい宿命というべきでありましょう。

5　クラシック・バレエ

　さて19世紀も半ばを過ぎると、似たような作品ばかりが上演されていたため、観客も飽きてしまいました。観客層も変わりました。以前は富豪や貴族が中心だったのですが、しだいに新興ブルジョワジー、つまりいわゆる市民階級が主流になり、観客の趣味が変わってきます。ロマンティック・バレエには悲劇が多かったのですが、観客はしだいにもっと

気楽に見られるコミックな作品を求めるようになります。有閑階級は劇場にいくのがいわば仕事ですが、市民たちは一日中せっせと働いた後に、息抜きとして劇場に行くので、深刻なものは見たくないのです。

　また、新たな観客にとって（その大半は男性だったのですが）、女性のダンスを観ることが目的になり、作品の質はどうでもよくなります。そうなると、芸術愛好家たちはバレエを見に行かなくなり、女性の美しいダンス、さらにいえば女性の肉体を鑑賞しに行く観客が多勢を占めるようになります。そのようにして19世紀後半にはロマンティック・バレエはすっかり衰えてしまい、19世紀末から20世紀初頭の頃にはかなり低俗な見世物のようなものになってしまいました。西欧でバレエ芸術が復活するのは20世紀になってからのことです（このことについては、第5回の冒頭でもう一度触れます）。

　しかし、東方の国ロシアでは事情が異なっていました。ロシアは、西欧に追いつくための文化振興策のひとつとして、バレエの振興に力を入れます。いわばロシアにとって、バレエは国興しのひとつだったのですが、そのおかげで19世紀後半、西欧でバレエが堕落し衰退していった頃、ロシアのバレエは技術的にも芸術的にも水準がどんどん上がっていきました。『ドン・キホーテ』（1869）、『白鳥の湖』（1870）、『眠れる森の美女』（1890）、『くるみ割り人形』（1892）といった、現代においていちばんポピュラーなバレエはどれもロシアで生まれた作品です。

　この19世紀後半にロシアで発展したバレエを、今日ではクラシック・バレエと呼んでいます。それは先に触れたロマンティック・バレエとははっきりと違うからです。どこが違うのでしょうか。

　先にも触れたように、バレエは舞踊の要素と演劇の要素が合体してできています。強いて日本語に訳すなら、舞踊劇ということになるでしょうか。しかしこの舞踊の要素と演劇の要素というのは水と油のような関係にあります。ですからバレエという形式はけっして安定していません。つまり、ダンスと演劇とあやういバランスの上に成立しているので

す。バレエ・ダクシオンでは演劇的要素を重んじるあまり、舞踊のほうが疎かになりました。ロマンティック・バレエではダンスと演劇とがなんとか溶け合って、作品をつくりあげていましたが、クラシック・バレエでは、作品をもっと安定させるために、ダンスの部分と演劇的な部分を切り離してしまいました。ストーリーはマイムによって進行します。これが演劇的な部分です。いっぽうダンスの部分はストーリーの進行に大きく影響を与えることはありません。ある程度、ストーリーから独立しているわけです。

　どうしてそうしたかというと、ダンスは本来何かを意味しているものではありません。ダンスが何かを意味しようとすると、マイムに近くなってしまいます。それでは面白くないので、ダンスからマイム的な要素を取り除いて、純粋ダンスといいますか、より舞踊的なものをつくりあげたわけです。言い換えると、ダンスから、何かを伝えるという重荷を取り去ることによって、ダンスのもつ表現力をもっとのびのびと発揮させることができるようになったのです。ロマンティック・バレエにおける舞踊的要素をさらに拡大させたといってもいいでしょう。

　これをクラシック様式と言いますが、この様式を作り上げたのがマリウス・プティパ（1818-1910）という、バレエ史上最も重要な振付家です。彼はもともとフランス人ですが、29歳のときにロシアにいき、以後50年以上にわたって、ロシアのバレエの発展に尽力しました。彼がクラシック・バレエというものを作り上げたのです。

　首を傾げる方もあると思います。一般には、いわゆる現代バレエではない、19世紀の古典バレエをすべてクラシック・バレエと呼んでいるからです。しかし、いま述べたように、19世紀前半にフランスで盛んだったロマンティック・バレエと、19世紀後半にロシアで生まれたクラシック・バレエは根本的に異なっているので、バレエ史の分野は後者のみをクラシック・バレエと呼んでいます。

　さて技術面でも、19世紀前半と比べると、バレエのテクニックはかな

り進化していました。ポアント技法、つまり爪先立ちで踊るテクニックも、19世紀前半にはまだ靴の先が柔らかかったので、爪先で立っている時間は短かったし、見るからに不安定でした。そのため、妖精がふんわりと浮遊するイメージにぴったりだったのですが、19世紀後半になると、靴の先もかなり硬くなり、爪先で立っていられる時間も長くなり、安定して、力強いステップを見せることが可能になりました。また、19世紀前半には、男女がペアで踊る場合、ふたりは同じ振りで踊るのがふつうでしたが、19世紀後半になると男性の踊りはより男性らしく、女性の踊りはより女性らしくなり、それによってデュエットもはるかにヴァリエーションに富んだものになりました。

　それがいちばん顕著にあらわれているのが「パ・ド・ドゥ」です。元来は「男女がペアになって踊る」という意味ですが、クラシック・バレエにおいて、ひとつの決まった形式として完成されました。アントレ（入場）に続く最初の部分がアダージョ。ここでは男性が一歩下がって、女性を支え、女性の魅力を際立たせます。次が男性ヴァリアシオン。ヴァリアシオンというのはソロのことです。続いて女性ヴァリアシオン。最後がコーダ。この部分では男女それぞれがスーパーテクニックを披露し、派手に終わります。

　女性ダンサーの衣装も、ロマンティック・バレエの時代にはスカートの丈が長かったのですが、クラシック・バレエになると短くなります。女性バレエ・ダンサーの衣装をチュチュといい、これはボディース（胴体部分）とパンツとスカートが一体となった物ですが、スカートの丈の長いものをロマンティック・チュチュ、短い物をクラシック・チュチュと呼んでいます。

　先ほど、19世紀前半にはロマン主義がヨーロッパを席巻したといいました。世紀後半になると、たとえば文学はリアリズム全盛時代になり、各国で大長編小説が書かれるようになります。絵画でもリアリズム、写実主義が優勢になります。音楽でも、大規模なオペラや大がかりな交響

曲が作られるようになります。ところがバレエの場合は、先ほども触れたように、リアリズムは得意ではありませんでした。言語を使わずに複雑なストーリーを語ることは難しいからです。それでもロマンティック・バレエではダンスと演劇とは危ういバランスを保っていましたが、クラシック・バレエになるとダンスと演劇が分離しました。その際、重きを置かれたのはダンスのほうで、ストーリーはいわばダンスを見せるための口実のようなものになりました。したがって、ストーリーは、大げさにいえば「どうでもいい」ものになります。つまり、物語はあまり重要視されなくなりました。そのため、ロマン主義時代にはバレエは他のジャンルの芸術と歩みを同じくしていましたが、クラシック・バレエの時代には、他のジャンルから離れて、孤立していきます。ストーリーだけをとってみると、オペラに比べてかなり子どもっぽいので、そのためにバレエはオペラよりも幼稚だと考えている人が今でも大勢います。

　しかし、それはバレエのストーリーだけをみているからであって、繰り返しますが、バレエにおいてはストーリーよりもダンスの部分が重要なのです。それならば、ストーリーなんて捨ててしまって、ストーリーのない、ダンスだけのバレエを作ったらよさそうなものですが、19世紀の人にはストーリーのないバレエというのは考えられないのでした。このストーリーのないバレエというのは20世紀になって実現することになります。

　クラシック・バレエが作られていた時代から100年以上がたちました。しかし、みなさんもご存じのように、現在ほとんどのバレエ団が上演しているのは依然として19世紀のクラシック・バレエです。これは、オペラでも、またクラシック音楽でも同じです。バレエも、オペラと同様、いわば19世紀にいったん完成を見た芸術だということができます。しかし、そこで成長が止まってしまったわけではありません。20世紀に入ってから、まったく新しいバレエが次々につくられ、バレエ芸術はさらなる進化を遂げることになるのです。

研究課題

1．バレエがどのように生まれたのかについて考えてみましょう。
2．17世紀から18世紀にかけて、バレエがどのように発展していったのかについて考えてみましょう。
3．ロマンティック・バレエとクラシック・バレエの違いを整理してみましょう。

参考文献

日本語で読める文献に限定します。

クレイン、マックレル著、鈴木晶監訳『バレエ　ダンス事典』(平凡社、2010年)
鈴木晶編著『バレエとダンスの歴史』(平凡社、2013年)
薄井憲二著『バレエ　誕生から現代までの歴史』(音楽之友社、1999年)
鈴木晶著『バレエ誕生』(新書館、2002年)
鈴木晶著『オペラ座の迷宮』(新書館、2012年)
シリル・ボーモント著、佐藤和哉訳『ジゼルという名のバレエ』(新書館、1992年)
森田稔著『永遠の「白鳥の湖」　チャイコフスキーとバレエ音楽』(新書館、1999年)
赤尾雄人著『これがロシア・バレエだ！』(新書館、2010年)

》注

注１）残念ながらほとんどの来日公演は東京、大阪などの大都市でしか催されませんし、テレビでもめったに放映されません。
注２）昭和音楽大学舞台芸術センター、バレエ研究所『バレエ教育現場との連携による日本におけるバレエ教育システムに関する研究』(文部科学省私立大学戦略的研究基盤形成支援事業)、2013年。
注３）バレエという呼称が定着するのはずっと後のことで、最初はトーダンスとか爪先舞踊と呼ばれていました。
注４）エレーナ・パヴロワについては、川島京子著『日本バレエの母　エリアナ・パブロバ』(早稲田大学出版部、2012年)という大変優れた研究書があります。
注５）数あるバレエのなかでも日本では『白鳥の湖』が群を抜いて人気があるの

は、このときの成功がいまだに日本人の心に深く刻まれているからではないかと思われます。

注6）これは水田農耕と関係があると考えられています。

注7）サルデーニャ王国のヴィットリオ・エマヌエレ２世がイタリア全土を統一して王国を樹立したのは1861年のことです。

注8）この「コミック」という語は「滑稽な、喜劇」という意味ではなく「演劇的」という意味です。

注9）下の図を参考にして下さい。

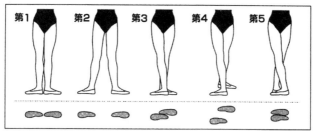

バレエの基本5ポジション

注10）日本のバレエ教室ではしばしば誤って「アンデオール」とか「アンディオール」と呼んでいます。

注11）コレグラフィ（英語ではコレオグラフィ）はその後も長いこと舞踊記譜法という意味で用いられていましたが、20世紀後半になって、モダンダンスの世界から始まったのですが、「振付」という意味で用いられるようになり、今はむしろそちらの意味で用いられています。したがって振付をする人はコレオグラファーと呼ばれます。いっぽう、舞踊を記号などで記録することをダンス・ノーテーションといいます。

注12）どうして男性は爪先で立たないのか。その理由は単純で、当時の観客が（たぶん現代の観客も）、男性の爪先立ちは美しくないと判断したからです。男性には爪先立ちができないわけではありません。

5　バレエの現在

鈴木　晶

1　バレエの大衆化

　19世紀後半にロシアでクラシック・バレエが生まれたが、その一方で、19世紀前半にフランスを中心に隆盛を極めた西欧のバレエは凋落の一途を辿った。古いバレエ史の教科書にはかならずそのように書かれていますが、最近の研究者たちは、19世紀後半から20世紀初頭にかけてのバレエ史を別の、もっと広い視野に立って見るようになってきました。以前のバレエ史家たちは、歌劇場のバレエの歴史だけを追いかけていたのです。

　19世紀後半、パリ・オペラ座を代表とするヨーロッパ各国の歌劇場のバレエはたしかに衰退していきましたが、バレエは別の場所で大いに繁栄することになりました。その別の場所とはいわゆるミュージックホールです。これは笑いとお色気を売り物にした大衆娯楽劇場です。最初にバレエが盛んに上演されるようになったミュージックホールはパリのフォリ・ベルジェールで、ここでは1870年代から盛んに大衆娯楽的なバレエが上演されるようになりましたが、90年代になるとカジノ・ド・パリとかオランピアといったパリの他の劇場でもバレエが盛んになり、さらにはロンドンやベルリンでも盛んにバレエが上演されました。20世紀に入ると、これがアメリカ大陸に渡り、1920年代に全盛期を迎えたブロードウェイ・ミュージカルにはバレエが盛んに取り入れられました。古いミュージカルというと、タップ・ダンスばかりだったと思われていますが、けっしてそうではありませんでした。1927年に最初のトーキー映画が製作されると、ハリウッドは盛んにミュージカル映画を作り始めますが、人材も作品もブロードウェイから借りてきました。したがって

1930年代のミュージカル映画を見ると、それ以前のブロードウェイ・ミュージカルがどんなものだったのかがわかるのですが、ミュージカル映画においてもバレエがかなり重要な割合を占めています。しかし40年代に入ると、しだいにバレエは姿を消していきます[注1]。

このように、1870年代のパリのミュージックホールから1930年代のハリウッドのミュージカル映画までの50－60年間が、大衆娯楽的バレエが流行した時代だったのです。いちばんわかりやすい例を挙げると、バレエにおいて舞台にずらりと並んだコール・ド・バレエ（群舞）は、大衆娯楽的バレエを通じて、いっせいにハイキック（前に高く脚を蹴り上げる）をするコーラス・ラインに姿を変えました。

しかしこの大衆娯楽的バレエの歴史は最近になってようやく研究が始まったばかりですし、舞台芸術としてのバレエ史の本流からはやや逸脱するので、ここではこれ以上触れません。

2　バレエ・リュス

20世紀初頭に、パリ・オペラ座に代表されるような歌劇場のバレエがどん底まで衰退していたことは事実です。

1909年、パリにロシアのバレエ団がやってきました。これが大変な話題を呼びました。パリの人びとは、バレエと言えば低俗な見せ物だと思っていましたから、ロシアからやってきたバレエをみて、仰天し、バレエがすばらしい芸術であることを再認識しました。このロシアのバレエ団によってバレエ・ブームが巻き起こったのです。もしこのときバレエが復権しなかったなら、今日、バレエ芸術はなくなっていたかも知れません。現在、世界中でバレエが盛んなのは、このバレエ団の成功のおかげなのです。

そのバレエ団の名前は「バレエ・リュス」。これはフランス語でロシア・バレエ団という意味で、団長はセルゲイ・ディアギレフ（1872－1929）という人です。彼はインプレッサリオ（興行師）です。いまのこ

とばでいえば、プロデューサーでしょうか。彼自身はダンサーでもなく振付家でも演出家でもありませんでしたが、子どもの頃からピアノの名手で、楽譜を読むこともできましたし、以前は美術評論家だったので、美術についての知識も豊かでした。

　「バレエ・リュス」という名前は、バレエの世界だけではなく、広く芸術全般においてよく耳にします。バレエ・リュスは、バレエのみならず、音楽、美術、ファッションなどにも大きな影響を与えた、20世紀最初の芸術革命だったのです。

　バレエ・リュスの第一の特徴は「総合舞台芸術」という考え方です。それまでバレエはあくまで踊りであって、美術と音楽は二の次でした。端的な例を挙げれば、クラシック・バレエの最高傑作とされる『眠れる森の美女』（1890）の美術を担当した人として、アンドレーエフ、ボチャーロフ、イワノフ、レボット、シシコフという5人の名前が残っていますが、いずれも美術史にはまったく登場しない人たちです。彼らは劇場のいわゆる大道具係なのです。19世紀には今日と違って、舞台美術はそうした大道具担当の職人たちが制作したのです。また、どうして5人もいるかというと、森を描く職人、城を描く職人、というふうに分業されていたからです。したがって美術全体を統括する人はいなかったのです。

　また、バレエ音楽はバレエ団の専属指揮者が作曲するものでした。たとえば『ドン・キホーテ』や『バヤデルカ』を作曲したのはミンクスという作曲家ですが、彼はふつうの音楽史には登場しません。彼はバレエの指揮者で、いわばバレエ音楽の職人だったのです。ほとんどのバレエはそうしたバレエ専門の作曲によって作曲されていました。唯一の例外はチャイコフスキーです。『白鳥の湖』（1877年初演）はチャイコフスキーが自主的に書いたものですが、『眠れる森の美女』（1890）と『くるみ割り人形』（1892）は、当時のマリインスキー劇場（19世紀末にはここが世界のバレエ界の頂点でした）の総支配人フセヴォロシスキーが、

バレエ芸術の質を高めるため、あえて職人的なバレエ音楽作曲家を排除し、一流の作曲家であったチャイコフスキーに音楽を依頼したのでした。

ディアギレフはバレエを、舞踊と美術と音楽が対等にコラボレートする総合舞台芸術と捉えました。そのため彼は、美術は一流の画家に、音楽は一流の作曲家に委嘱しました。

バレエ・リュスで美術を担当した画家には、パブロ・ピカソ、アンリ・マティス、ジョルジュ・ブラック、ホワン・ミロ、マックス・エルンスト、モーリス・ユトリロ、マリー・ローランサン、ジョルジュ・ルオーらがいます。またバレエ・リュスに楽曲を提供した作曲家には、クロード・ドビュッシー、リヒャルト・シュトラウス、モーリス・ラヴェル、エリック・サティ、セルゲイ・プロコフィエフらがいます。ストラヴィンスキーは20世紀を代表する偉大な作曲家のひとりですが、もとはバレエ・リュスのために書いた作品で世界的に有名になった作曲家です。たとえば『春の祭典』は、いわゆるクラシック音楽ファンの間ではもっぱら演奏会用の音楽として有名ですが、もとはバレエ曲です。

バレエ・リュスの第二の特徴は「新しいもの」の追求です。「私を驚かせてくれ」というのがディアギレフの口癖だったそうですが、古典をそのまま上演することはなく、つねに新作バレエを提供し続けました。古典の上演が活動の中心である現代の多くのバレエ団とはずいぶん違います。しかも、初期のバレエはひじょうにエキゾティックで、後期のバレエは実験的・前衛的でした。いずれも、当時の観客にとっては「今までも見たことがない」ものでしたし、今日の私たちが抱いているバレエのイメージからもずいぶん懸け離れています。初期作品ではエキゾティスム（異国趣味）を売り物にしていましたが、後期の作品は前衛的・実験的な色彩がますます強くなっています。。

バレエ・リュスの第三の特徴は、男性を舞台の中心に押し出したことです。

19世紀のバレエでは、女性、つまりバレリーナ注2がつねに舞台の中心を占めていました。男性はあくまでパートナーであり、脇役でした。とくに19世紀後半のフランスでは男性ダンサーは好まれず、いわば日本の宝塚歌劇のように、男役も女性が男装して演じることもありました。現在なお、バレエというとバレリーナがまず思い浮かびますが、この伝統は19世紀初頭に出来上がったものです。バレエ・リュスはその伝統をひっくり返し、男性を前面に出しました。その後、20世紀を通じて、いや21世紀の現在にいたるまで、世界中でいちばん頻繁に上演されるのは、オペラの場合と同じく、19世紀のバレエ、いわゆる古典バレエですから、いまだにバレリーナが中心ですが、20世紀以降の新しいバレエにおいてはしばしば男性が中心で活躍します。

　20世紀には、セルジュ・リファール、ルドルフ・ヌレエフ、ジョルジュ・ドン、ミハイル・バリシニコフなど、カリスマ的な優れた男性ダンサーが次から次へと出現しましたが、その第一号となったのが、ワスラフ・ニジンスキーです。バレエ・リュスの初期作品はすべてミハイル・フォーキン（1880-1942）が振り付けましたが、そのフォーキンの作品のほとんどで主役を演じたのがワスラフ・ニジンスキー（1889-1950）です。彼はバレエ・リュスの看板ダンサーだったのです。やがて団長のディアギレフに命じられ、振付も手がけるようになりますが、彼の作品はいずれも時代に先駆けた、きわめて前衛的・実験的な作品でした。

　『レ・シルフィード』『火の鳥』『ペトルーシュカ』『薔薇の精』など、フォーキンの作品は比較的クラシック・バレエに近いので、現在でもしばしば上演されますが、ニジンスキー以降の前衛的な作品は現在めったに上演されることはありません。というより、バレエ・リュスの多くの作品は失われてしまいました。それはバレエという枠を大胆にはみ出すほど前衛的だったからです。しかし、クラシック・バレエの破壊ともいうべきバレエ・リュスの試みがなかったとしたら、その後の20世紀バレ

エの発展はなかったでしょう。

3　20世紀バレエの3つの流れ

　バレエ・リュスはロシアのバレエ団ですが、ロシアでは一度も公演しませんでした。彼らが西欧で活動している最中にロシア革命が起きて、それ以後は西欧とロシアとの人の行き来が難しくなり、ディアギレフは西欧のアーティストたちとのコラボレーションに重きを置くようになります。しかし糖尿病を抱えていたディアギレフは1929年に急死してしまい、彼がワンマン経営していたバレエ・リュスは解散してしまいます。

　その結果、どういうことになったかというと、まず、バレエ・リュスはバレエ史上最高のバレエ団といわれるほど素晴らしいバレエ団でしたから、その遺産を継承したいと思う人びとも少なくなく、いわば後継バレエ団が生まれました。主に二つのバレエ団ができて、たがいにライバル関係にあったのですが、ダンサーが一方から他方に移籍したり、またバレエ団が名前を変えたりしたので、この両者の関係は大変複雑なため、まとめて「バレエ・リュス・ド・モンテカルロ」と呼んでいます。この二つのバレエ団はディアギレフのバレエ・リュスの後継者たらんとしてできたバレエ団ですから、バレエ・リュスのレパートリーを繰り返し上演する一方、新作も上演したのですが、傑作はほとんど生まれませんでした。しかしどちらのバレエ団も精力的に、ヨーロッパだけでなくアメリカやオーストラリアを巡演したため、バレエの普及という面では大変大きな功績を残しました。現在でも、アメリカでバレエ・リュスといったら、ふつうはこのバレエ・リュス・ド・モンテカルロを指すほどで、最初のバレエ・リュスのほうは「ディアギレフのバレエ・リュス」と呼ばれています。

　また、バレエ・リュスにいたダンサーたちはイギリス、フランス、アメリカなどに散っていき、それぞれの国にバレエを根付かせました。一時的にバレエ・リュスに参加したニネット・ド・ヴァロワはイギリスで

バレエ学校を開き、さらにバレエ団を結成しました。これが後のロイヤル・バレエです。バレエ・リュスの最後期の看板スターだったセルジュ・リファールはパリ・オペラ座バレエの芸術監督になり、当時は大変水準の低かったこのバレエ団を世界的なバレエ団へと育て上げました。後にも触れますが、ジョージ・バランシンはアメリカにわたり、アメリカにバレエを定着させます。

　バレエ・リュスが活動したのは1909年から29年です。その後、第二次世界大戦が終わるまでは、バレエ・リュスの影響が世界のバレエ界を覆っていた時代といえます。

　第二次大戦後、新しいバレエが次々に生まれます。

　その新しいバレエは大きく２つに分かれます。ひとつはストーリーのあるバレエ、もうひとつはストーリーのないバレエです。

　19世紀のバレエはほとんど例外なく、ストーリーがありました。ストーリーをとってしまおうという大胆なことを考えた人はいませんでした。19世紀の人びとにとっては、やはりストーリーのないバレエというのは考えられなかったのです。ところが20世紀に入ると、クラシック・バレエをさらに一歩進め、どうせ重要でないのならストーリーなんかとってしまえ、という人があらわれました。これによって、ストーリーのないバレエが20世紀バレエのひとつの大きな流れになったのです。

4　形式主義バレエ

　ストーリーのないバレエも、さらに大きく二つに分けることができます。ひとつは形式主義的なバレエです。

　ストーリーをとってしまったら、バレエは何を表現するのか。いやバレエは何かを表現するのではなく、体がつくりだす形と動きこそが重要なのだ、そういう考えにもとづいて作られたのが形式的主義的バレエです。これはバレエ・リュスにいた振付家ジョージ・バランシン（1904－1983）がうちたてたスタイルです。バランシンは、「バレエは眼で見る

音楽だ」と言っていますが、音楽に合わせた形と動き、それがバレエの本質なのだと彼は考えました。したがってそこには「意味」はありません。形式こそが問題なのです。

　バランシンの作品によって、観客は、クラシック・バレエもストーリーを剥ぎ取ってしまえばじつはかなり形式主義的な舞踊なのだということに気づかされたのでした。

　ジョージ・バランシンはジョージア系のロシア人で、革命後の食糧難の時代に西側に亡命し、ディアギレフに見出され、バレエ・リュスに参加しました。その後、アメリカからきたリンカーン・カースティンという青年に誘われてアメリカにわたり、カースティンと共同で、まずバレエ学校を創立し、その後、バレエ団を結成しました。それが後にニューヨーク・シティ・バレエになります。現在なお、このバレエ団のレパートリーの半分くらいはバランシンの作品です。

　またバランシンは「アメリカのバレエ」の創出者でもあります。19世紀バレエにまとわりついているヨーロッパ的なものを剥ぎ取って、抽象的な骨組みだけにし、それにアメリカ的な衣を着せることによって、アメリカ独特のバレエを生み出したのです。21世紀の現在でも、バランシンの作品は世界中で人気を保っています。

　ニジンスキーが辞めた後にバレエ・リュスに入り、ニジンスキーの後継者だったレオニード・マシーン（1895-1979）も、交響曲を用いて『予兆』『コレアルティウム』などのシンフォニック・バレエを作っており、このスタイルもバランシンの形式主義バレエとひじょうに似ていますが、バランシンのような純粋な形式主義とはちがって、テーマ性が強く、その意味では後に述べるモダンバレエにも通じるところがあります。

　もう少し現代に話をすすめると、アメリカ出身で、ドイツで現在も活躍しているウィリアム・フォーサイス（1949-　）は、いわばバランシンの後継者です。バランシンはある意味で、クラシック・バレエのテク

ニックを解体したのですが、その解体をさらにすすめたのがフォーサイスです。クラシック・バレエをひとつの文章だと考えると、バランシンはそれを一つ一つの単語に分解しました。そして単語ごとにはっきりと区切った文章を書いて見せたのです。フォーサイスはさらにその単語の、これまでにはなかったような組み合わせを考え出しました。そしてスピードを、たとえば2倍にして同じ文章を書くと、まったく違う効果があることを発見しました。単語の組み合わせがこれまでになかったようなものなので、彼のバレエは次の瞬間の動きを予想することができず、また全体が猛スピードで進行していきます。20世紀の終わり頃には、フォーサイスの探求もいわば行くところまで行き着き、行き詰まってしまった感がありますが、若い振付家たちに及ぼした影響力はひじょうに大きいものです。

　他にもストーリーのないバレエを創作する振付家たちは数多くいます。というより、ある意味で、現代の振付家たちにとって、ストーリーのないバレエを作ることは当たり前になってしまいました。しかし、ストーリーのない作品でも、ダンサーの動きがいわゆるクラシック・バレエそのものだとしたら、その作品は駄作といっていいでしょう。先に述べたように、形式主義バレエではダンサーの形と動きがすべてですから、そこに新しいものがなければなんの価値もないのです。

5　モダンバレエ

　ストーリーのないバレエの一方が上に述べてきた形式主義バレエですが、もうひとつは、形や動きそのものではなく、その形や動きによって何か大きなもの、つまり思想のようなものを表現するものです。これは一般にモダンバレエと呼ばれているものです。モダンバレエというのはいい加減な呼び方で、あまり有効な呼称ではありませんが、仮にそう呼んでおきます。その最初の重要な振付家がフランス出身のモーリス・ベジャール（1927-2007）です。彼は20世紀後半の最も重要な振付家とい

えます。

　ベジャールはフランスのマルセイユ出身で、第二次世界大戦後、長いことベルギーのブリュッセルを本拠地にして活躍し、1987年以降は本拠地をスイスのローザンヌに移しました。ダンスのスタイルとしては、ベジャールはモダンダンスの要素を取り入れました。モダンダンスというのは、バレエに対抗して、つまり反バレエとして、アメリカやドイツで発達した20世紀の新しいダンスで、脚の表現に重きを置くバレエとは対照的に、上半身の表現に重きが置かれます。ベジャールの作品を19世紀の古典バレエと比べてみると、上半身の表現の占める割合が格段に高くなっているのがわかります。ベジャールのほとんどの作品はいわゆるストーリーはありません。しかし、バランシンの作品のように「何も表現していない」というのではなく、個々のストーリーを超えた「大きな物語」を表現しています。大きな物語とは、愛、性、暴力、憎しみ、生と死など、言い換えると私たちの深層心理にかかわりのあるテーマです。

　その意味で、バランシンの形式主義バレエと、ベジャールのモダンバレエは、モダニズムの異なる二つの特徴をよくあらわしているといえます。モダニズムには、たとえば抽象絵画に典型的にあらわれているように、抽象志向があります。いっぽう、「大きな物語」を語ることもモダニズムの特徴であり、この「大きな物語」が崩壊した後の芸術表現をポストモダンと呼んでいるわけです。

　ベジャールの影響を受けた振付家は世界中に数多くいます。そのひとりが、チェコ出身で、長いことオランダを拠点にして活動してきたイリ・キリアン（1947－　）です。彼もまたベジャールと同様、クラシック・バレエにはなかった新しい動きを生み出しながら、独特の叙情性をもった作品を数多く作っています。

6　演劇的バレエ

　20世紀バレエのすべてがストーリーのないバレエだというわけではあ

りません。ストーリーをもった作品もまた数多く生まれました。それらを演劇的バレエ、劇バレエ、物語バレエ、ドラマティック・バレエなどと呼んでいます。その多くは演劇のバレエ化ですが、オリジナル・ストーリーの場合もあります。

　この種のバレエは最初にソ連時代のロシアで発達しました。独裁者スターリンがソ連を支配していた時代には政府による文化統制が厳しく、「社会主義リアリズム」が提唱され、抽象芸術がことごとく弾圧されたため、バレエにおいても「わかりやすい」バレエが推奨されたのです。社会主義をリアリズムの手法で礼讃するバレエも作られましたが、それらはほとんど駄作で、急速に忘れられて行きました。いっぽう、「わかりやすい」バレエの中から、『ロミオとジュリエット』という大傑作が生まれました。これは現在も世界中で愛されています。

　第二次大戦後、ボリショイ・バレエが初めてヨーロッパにツアーに出かけた際、ロシアの演劇的バレエをみた初めてイギリス人たちは、ロシアのバレエ団がシェイクスピアの劇をバレエにして上演するのを見て大いに刺激され、フレデリック・アシュトン、ジョン・クランコ、ケネス・マクミランといった振付家たちが、プーシキン、チェーホフといったロシアの文豪たちの作品をバレエ化するなどして、演劇的なバレエを大いに発展させました。現在もなお演劇的バレエは世界中で作られていますが、世界的にみて抜群の人気を誇るのはジョン・ノイマイヤー（1942－　）です。彼の『椿姫』は世界各国で上演されています。ただし、ノイマイヤーは演劇的バレエだけの振付家ではなく、ストーリーのないバレエもたくさん創っています。

　以上、形式主義バレエ、モダンバレエ、ドラマティック・バレエという３つの流れについて述べてきましたが、この３つがきれいに分かれるわけではありません。振付家も、優れていればいるほど、その創作の幅は広くなり、ひとりでさまざまな傾向の作品を創作します。

7　21世紀のバレエ

　バレエの現状をみまわしてみると、先に名前を挙げたような偉大な振付家たちの時代は終わり、マイナーな振付家たちが林立しているというのが現状といえましょう。マイナーだからといって、けっして二流というわけではありませんが、かつてのバランシン、ベジャールのように、世界を制覇するというか、一世を風靡するような振付家は、ノイマイヤーを除けばひとりもいませんし、近いうちに出てくることもあまり期待できません。

　ただ、先に触れたフォーサイスの先鋭で前衛的な探求が終わったように見えた後、ニュー・クラシック（新古典主義）と呼ばれる振付家たちの活躍が目につくようになってきました。ノイマイヤーの弟子であるジャン・クリストフ・マイヨー（1960－　）は、バレエ・ド・モンテカルロの芸術監督を長くつとめ、『眠れる森の美女』『白鳥の湖』『くるみ割り人形』『ロミオとジュリエット』といった古典作品を大胆に改訂した作品を上演してきました。以前、ボリショイ・バレエの芸術監督をつとめたアレクセイ・ラトマンスキー（1968－　）は、アメリカン・バレエ・シアターの常任振付家として、やはりクラシック・バレエを基本にしながら、それにひねりを加えて現代化した振付によって、毎年新作を発表しています。長らくニューヨーク・シティ・バレエ（NYCB）にいたクリスファー・ウィールドン（1973－　）は、そのNYCBをはじめ、イギリスのロイヤル・バレエなどに、ポップな、しかしひじょうにバレエ的な作品を提供しています。

　彼らに共通しているのは、クラシック・バレエを全否定して新しい動きに置き換えるのではなく、クラシック・バレエの動きを土台にして、それにひねりを加えることで現代化しようとしていることです。

　以上、20世紀から21世紀にかけてのバレエを大急ぎで振り返ってみましたが、ここでご紹介した新しいバレエが19世紀の古典バレエに取って代わったというわけではありません。それどころか、みなさんもご存じ

のように、現在多くのバレエ団が上演しているのは、オペラの場合と同じく、ほとんど19世紀の古典バレエです。

その一方で、20世紀に入ってから現在まで、上に述べてきたような新しいバレエが次々に生み出されていることも確かですが、これからのバレエはこうなる、といったような新しい明確な方向性はまだ見えません。

またその一方で、現代においては、モダンダンス、コンテンポラリーダンス、バレエの間に明確な境界線を引くことは難しくなっています。

じつはこれはバレエ・リュスの時代にすでに始まっていました。バレエ・リュスの作品をみた観客は「ええ？　これがバレエ？」と首を傾げたのでした。ニジンスキーの振り付けた『牧神の午後』や『春の祭典』にはクラシック・バレエの動きはひとつもありません。

現代では、多くの観客はそれがバレエなのかコンテンポラリー・ダンス（現代舞踊）と呼ばれるものなのか、そんなことは気にせずに舞台を楽しんでいるようです。

ただひとついえることは、他のジャンルのダンスにおいても、ダンサーの育成に関してはバレエ教育を取り入れているところが増えてきたということです。ミュージカルダンスやコンテンポラリーダンスのダンサーのなかにも、バレエ教育を受けた人が多く見られます。さらにはフィギュア・スケートのようなスポーツにもバレエ教育は取り入れられています。こうした傾向が見られるようになったのは、バレエの基本テクニックを身につけておくと、その後さまざまに応用がきくということがわかってきたからです。このことはバレエのもつ普遍性をよくあらわしていると思います。もちろん日本の伝統舞踊のようなタイプの舞踊とは相容れないことはいうまでもありません。

研究課題

1．20世紀初頭のヨーロッパにおけるバレエはどんな状態に置かれていたのか、考えてみましょう。
2．バレエ・リュスがどんなバレエ団だったのか、舞踊・音楽・美術、それぞれの面から考えてみましょう。
3．20世紀バレエの三つの流れと、それぞれを代表する振付家たちの特徴を整理してみましょう。

参考文献

　日本語文献に限定します。第4回の参考文献も参照して下さい。ここでは第4回の参考文献に挙がっていないものだけを挙げます。

鈴木晶著『踊る世紀』（新書館、1994年）
鈴木晶著『ニジンスキー　神の道化』（新書館、1998）
バーナード・テイパー著、長野由紀訳『バランシン伝』（新書館、1993）
鈴木晶著『バレリーナの肖像』（新書館、2008）
三浦雅士著『バレエの現代』（新書館、1995）
市川雅著『ダンスの20世紀』（新書館、1995）

>> 注

注1）ジェローム・ロビンズ振付の『ウエストサイド・ストーリー』（ブロードウェイ1957年、映画は1961年）以降、ミュージカルダンス化されたバレエという別の形でまたミュージカルの世界に戻ってきます。
注2）もとは「ダンサー」を意味するイタリア語ですが（男性の場合はバレリーノ）、19世紀末からロシアで、高位の女性バレエ・ダンサーを指す用語として使われるようになりました。したがって、バレエを習っている子どもや、バレエ団のいちばん下の位（コール・ド・バレエ、つまり群舞）をバレリーナとは呼びません。

6 ダンスの現在
―モダンダンスからコンテンポラリー・ダンスへ―

尼ヶ崎 彬

1 「芸術」となったダンス

　「芸術」という言葉があります。この言葉はみなさんにとってどういうイメージでしょうか。たぶん人間の生み出した文化の中でとくに高尚なものであるとか、小説や音楽や絵画などがそれに含まれるといったことでしょう。しかしまた、小説や音楽ならなんでも芸術かと言われれば、それは違うと答えるかもしれません。純粋な芸術作品と売れることだけを目的に作られる商品とは違うという考え方です。芸術の追求と商業主義とは相容れないというこの考えは、近代の芸術観の一つの特徴と言えるでしょう。

　じつは今私たちが使っているような意味での「芸術」という言葉が生れたのはそう古いことではありません。18世紀のヨーロッパです。日本にこの言葉が輸入され、定着するのは19世紀の終わり、つまり明治の中頃です。もちろんヨーロッパにも日本にも昔から詩歌も音楽も絵画もありました。けれどもそれらをひっくるめて「芸術」というジャンルとみなし、「芸術」は高尚な文化だとか、「芸術家」は尊敬すべきであるとかいう考えが生れたのは近代のことなのです。

　ここに新しい問題が生じます。「芸術」という新しい仲間に入れてもらえるものと入れてもらえないものはどうやって分けるのかということです。たとえばベートーベンの音楽は芸術だけれども民謡は芸術ではないとか、ダ・ビンチの絵は芸術だが広告のイラストは芸術ではないとか。芸術家と職人は違う、だから工芸品は芸術作品ではないとか。画家が自分の手で描いた絵は芸術作品だがそっくりに別人が描いた偽物やその写真を印刷した複製は芸術作品ではないとか、いろいろの区別が考え

出されます。これらの区別は今でも多くの人が受け入れています。つまり「芸術」についての「常識」となっています。

　ではダンスはどうでしょうか。じつは20世紀初めのころは、まだダンスは「芸術」の仲間として認められていなかったようです。イサドラ・ダンカンという20世紀初頭の舞踊家がいます。モダンダンスの母と言われている人です。彼女の自伝によれば、ドイツのミュンヘンにある「芸術家の家」という施設での公演計画が持ち上がった時、当時高名な画家であったシュトゥックから反対されました。その理由は「ダンスは芸術の殿堂にふさわしくない」というものでした。そのとき彼女はどうしたかというと、シュトゥックの家を訪ねてダンスの芸術性について4時間議論し、ついに公演を認めさせました[注1]。ダンスなど芸術ではないとするこのような扱いは当時けっして例外ではなかったようです。ダンカンはクラシック・バレエとはまったく違う新しいダンス形式を開発し、ヨーロッパでたいへん人気の高い舞踊家だったのですが、そのリサイタルではダンスを見せる前に、ダンスが芸術であることを主張する長いスピーチをしていたといいます。

　さいわい、やがてダンスは芸術として認められました。しかしこれはダンスの側からすれば、近代的な芸術についての基準を受け入れることでした。たとえば芸術であるダンスと芸術でないダンスという区別が必要になります。ニジンスキーのバレエやイサドラ・ダンカンのモダンダンスは芸術であるけれども、キャバレーのショーダンスや素人の盆踊りなどは芸術ではないというわけです。そして何よりも重要な基準となったのは、20世紀初めの芸術家たちが「芸術」の最重要の条件としていた「創造」があるかどうかでした。ダンスは「芸術」という身分を確保するために、他の芸術ジャンル同様「創造」つまり新しさを追い求めなければならなくなったのです。それも、従来の方法にちょっとした工夫を付け加えるといった程度のものではなく、従来の芸術のあり方を根元からひっくり返すようなものこそが真に創造的であると考えられました。

それは旧世代の芸術を全否定して芸術の様相を塗り替えてしまおうとする若者の挑戦という形をとるのが常でした。19世紀の終わりにチェホフという近代演劇の代表的劇作家が『かもめ』という新世代と旧世代の芸術家たちを比較する戯曲を書きましたが、そこで主人公の若い芸術家にこう言わせています。

「新しい形式が必要なんだ。それがないくらいならいっそ何もないほうがいい」

新しい形式を作らなければというこの強迫観念は、20世紀を通じて若い芸術家志望の青年たちを追い立て、苦しめることになります。別の言い方をすれば、これこそが芸術家志望の青年たちにとって、選ばれた者としての義務を自覚させ、貧しくとも芸術に挑戦し続ける意欲を高め、芸術家であることの誇りの根拠となったのでした。ダンスのジャンルでも、もし「芸術家」でありたいと思うなら、同じ生き方を選ばねばなりません。こうなると美しい容姿のダンサーがきれいな衣装を着て高く飛び上がったり素早く回ったりしているだけでは「芸術」とは言い難いということになります。モダンダンスという「芸術」はここから誕生します。

2 モダンダンス

モダンダンスの開拓者たちのなかでもっとも重要な人物はアメリカのマーサ・グラハムです。自分のカンパニーを旗揚げしたのが1926年ですから、イサドラ・ダンカンよりも一つあとの世代ということになります。その仕事は、欧米はもちろん日本のダンス界にもきわめて大きな影響を及ぼしました。というのも、グラハムは従来のダンスにちょっとした工夫を加えるといったことではなく、まさに「新しい形式」をダンスの世界にもたらしたからです。

グラハムの自伝『血の記憶』の中にこんな記述があります。

全米ツァーでシカゴへ行ったことがある。午後に美術館を訪れ、ある部屋に入った。そこで私は初めて近代絵画というものを見た。シャガールとマチスだ。私の中で何かがこれに反応した。さらに私は部屋の奥に美しい絵があるのを見つけた。当時抽象美術と呼ばれていたものだ。なんという画期的なアイデア。私は気を失いそうになった。というのも、そのとき私は知ったからだ。私の頭は狂ってはいなかったことを、そして私の他にも世界を、芸術を私と同じように見ている人がいるということを。作者はワシリー・カンディンスキーで、一筋の赤い線が画面を横切っていた。私は言った。「いつか私もやろう。こういうダンスを作ろう」と[注2]。

その絵の影響下にグラハムは『天使たちの遊び』（1948）という作品を作ります。それは男と女の出会いと別れを題材にしたもので、白い衣装の女性ダンサーが大人の愛を、黄色の衣装のダンサーが少女の愛を、そして赤い衣装のダンサーがエロティックな愛を表すというものでした。つまり一人の女性の内面を3人の女性ダンサーによって別々の角度から表したのです。そのダンスは、マスゲームのような意味のない形と動きではなく、はっきりと表現すべき意味をもっていました。現代の人々は抽象絵画というと無意味な図形のようなものを思い浮かべますが、じつは必ずしもそうではありません。初期のカンディンスキーの絵は何が描いているのかわかります。しかし旧世代の写実的絵画とは違い、現実の形や色を正確に再現しようとはせず、画家が心の中でこうあるべきだと思った形や色が描かれているのです。つまり写真のような現実の「再現」ではなく、画家の内面の「表現」なのです。カンディンスキーの絵画は「表現主義」と呼ばれていました。

グラハムは、ダンスとは人間の深い内面に形を与えて見えるようにするものだと考えていました。演劇は写実的な演技によって人間の行動を「再現」することができます。しかしダンスは写実的ではない仕方で人

間のもっと根源的な内面の動きを「表現」することができます。それは人間を突き動かしているけれども当人さえ意識していないような情動、つまり無意識の世界にあるものなのです。「無意識」などというと当時最新の精神科学であったフロイトの精神分析を連想されるかもしれません。じつはグラハムの父親は精神分析の医者でした。しかも、ふつうの精神科医は患者の言葉からその無意識を推し量るのですが、この人は患者の振舞いからその内面を知ろうとしました。無意識の内面はその人の動きに表れる。まさにこの父親の考えを芸術に適用したのがグラハムのダンスであったと言えます。

　この「表現」という新しいダンス思想は新しいダンスの形式を必要とします。それがモダンダンスでした。モダンダンスの新しい形式は、それ自体が目的なのではなくて、「表現」という目的を実現するための手段であったのです。

　しかもそれは時代の要求でもありました。時代が変化するとき芸術はそれに対応するために自分も変化して行かねばなりません。ではその変化はどのような要求に応えるものだったのでしょうか。グラハムの考えでは、20世紀の芸術は表面的な美しさを捨ててより本質的なもの、より真実なものを掴もうとしていたのです。それこそが彼女の考える近代芸術の方向でした。そしてまたダンスも近代芸術の一員だったのです。

> 近代絵画と建築に続いてダンスはその本質から装飾性を排し、うわべを小綺麗に仕上げることをやめた。ダンスはもはや〈かわいい〉ものではなく、もっとずっとリアルなものになろうとした[注3]。

　それまでダンスに観客が期待していたものは、かわいい女性が華やかな衣装をまとい優美な所作で女の魅力をふりまくことでした。けれどもグラハムは人々が期待する「美しく・かわいい」ダンスではなく「強く・リアルな」ダンスを作ろうとしたのです。

グラハムのダンスはそれ以前のクラシック・バレエなどと比べるとまったく新しい形式だと言えます。しかしまだ彼女の作品にはバレエと同じようにストーリーがあり、キャラクターつまり登場人物の設定がありました。主役を踊るダンサーは演劇と同じように設定された登場人物の内面を表現していたのです。
　しかし美術の世界では既に何も具体的な意味をもたない図形と色だけで画面を構成するタイプの抽象絵画が主流になってきていました。たとえば第二次大戦後のニューヨークに彗星のごとく登場し、その後の現代美術に大きな影響を与えたジャクソン・ポロックの絵画がそうです。彼は床の上にキャンバスを置き、その上を歩きながらペンキに浸した筆を振り回しました。筆から飛び散るペンキの軌跡が作品となるわけです。彼以前の抽象絵画もすでに人物とか風景といったテーマを表しているわけではありませんでしたが、その代わりに緻密なバランスとか構成とかがありました。抽象絵画に「構成（コンポジション）」というタイトルが多いのはそのためです。しかしポロックのこの作品はそういった構成さえありません。中心もなければ部分と全体のバランスさえないのです。画家の頭のなかには事前に作品のイメージがあるわけではなく、即興の行動（アクション）の軌跡なのです。
　モダンダンスの世界でも、これと同じ変化が起こります。マーサ・グラハムのカンパニーを飛び出したマース・カニングハムがその代表です。彼はグラハムたち旧世代のモダンダンスが意味を表現していることにうんざりしていました。彼は揺れる木の葉を何時間でも飽きずに見続けることのできるひとでした。彼にとって木の葉の動きはなにも表現していないけれども、見続けるに値するものだったのです。いや彼だけではありませんでした。たぶん20世紀の中頃には、もう内面とか意味とかの深く重い表現に飽きて、それらの芸術にうんざりする感性が芸術の世界に生れていたのです。花も鳥も何も表現しないけれども私たちは美しいと感じます。とすれば同じように「意味」を脱ぎ捨てた動き、それだ

けで魅力的なダンスができるはずだ。人間の身体は鳥や花に劣るものではないはずだ。そう考える舞踊家たちが出てくるのは不思議ではありません。ここに意味を表現しないダンスという新しいモダンダンスが登場します。

　このとき、じつは問題は別のところにありました。それは人間の身体を見ると、私たちはそこになんらかの心理とか性格とか、つまり意味を見つけてしまう傾向があるということです。人間の身体をそれだけで美しいと見るためには、花や鳥のレベルにまで人間の身体や動きから余計なものを排除し、純粋化する必要があります。そのためにはどうすればよいでしょうか。衣装をまず抽象化すること。具体的には男女の性差もなく、ファッションとしての美しさもない、ただ機能的なレオタードを全員に着せること。次に動きについても何も表現しない所作を選ぶこと。ここで問題は振付家の無意識が振付につい反映してしまうことです。意識的に完全に無意味な振付を作ることは難しいのです。そこでカニングハムが採った方法はユニークでした。動きの選択をさいころにまかせることにしたのです。自分で決めるとどうしても無意識のうちに自分の内面がでてしまう。しかし偶然にまかせれば、まったく作者の内面から自由になる。こうすることで、身体の動きを行為主体としての個人というレベルを飛び越えて自然の一部というレベルにまで還元することができます。この偶然性に委ねた作品作りの方法は音楽家の親友ジョン・ケージから学びました。ジョン・ケージは20世紀でもっとも先鋭な実験を行ったことで知られる作曲家です。そして彼は音楽にとどまらず、現代芸術全般に影響を与えています。つまりここでもダンスは20世紀の芸術運動の最先端と歩みをともにしていたと言えるでしょう。

3　コンテンポラリー・ダンス

　1980年代になると芸術の世界に「ポストモダニズム」という新しい風潮が訪れます。「ポスト」というのは「何々のあと」という意味。「モダ

ニズム」というのは近代的であろうとすること。つまり古いものよりも新しいものがいいという前提に立った思想です。このモダニズムの背景にあるのは、科学も政治も芸術も時間とともに進歩するという進歩史観です。

　ですから「ポストモダニズム」というのは「モダニズム」が終ってしまったあとということです。これは20世紀の芸術青年たちに取りついていたあの強迫観念、つまり「新しい形式」を創造しなければならないという命令からの解放でした。それだけではなく、芸術はこうあるべきだという暗黙の規範からも解放されました。もはや芸術であるための基準がなくなってしまったわけです。何をやってもいいというのは、逆に言うと何をやったらいいのかわからないという状況でもあります。そこで芸術家たちはまず自分の置かれた状況を確認することから始めました。目の前に古い芸術と新しい芸術がある。どちらが価値が高いということはなく、同じ棚に並んでいます。少し視野を広げると、芸術とされてきたものとされなかったもの、たとえば商業美術とか大衆娯楽とかいったものが、やはり同じように棚に並んでいます。これらを自由に利用することがモダニズムの時代の終ったあとにやっと可能になりました。つまり古今東西の芸術を、そして芸術とされなかったものを自由に引用したり、変形したり、組み合わせたりすることです。引用だって、まじめに引用するのもパロディにするのも自由です。あらゆるものが、利用可能な資源として、再利用されるのを待っているのですから。このポストモダニズムの芸術はとても軽やかで、爽快なものでした。なぜなら、それまで私たちが価値があると信じてきたものを取り上げて、切り刻み、ふっと吹いて風の中に飛ばしてしまうような行為でしたから。ポストモダニズムは、大げさに威張っていた権威や深刻にもったいぶっていたものが、じつは中身のない張りぼてや根拠のない作り話だったことをはっきりと示したのです。

　この芸術界の変化はダンスの世界にももちろん影響を及ぼしました。

その結果、1980年代のフランスや1990年代の日本ではさまざまなダンスが、それこそ雨後の竹の子のように生み出されました。水中で踊る作品もあれば、ほとんどダンスシーンのないダンス作品もありました。コントで笑いをとることに熱中しているような舞台もあれば、いつ始まったのかわからないような作品もありました。ハイテクを駆使する演出もあれば、衣装さえない身一つにこだわるダンサーもいました。それこそあらゆることが試みられたのですが、ここでその全てを紹介することはできません。

　そこで二つだけ重要なものをご紹介して終ることにします。それらは、伝統的舞踊観から解放されたとき、舞踊とは何か、芸術とは何かをふたたび問い直し、舞踊の可能性を新しい方向で示したものです。一つは日本の土方巽によって開発された「暗黒舞踏」、もう一つはドイツのピナ・バウシュの「タンツテアター」です。

　1960年代に土方巽は西洋のモダンダンスに飽き足らず、当時日本の芸術青年たちを突き動かしていた前衛芸術、実験芸術の動きに加わり、前衛芸術としての新しいダンス形式を考案してこれを「暗黒舞踏」と名付けました。のちにこれは海外で「ブトー（Butoh）」と呼ばれ、新しいダンスの形式として認められることになります。そして今では世界のダンス界で「ブトー」と言えば日本で生れたこの新しいダンスを指すことになっています。

　当初の土方はヨーロッパの新しい文学や美術の影響を受け、それまでタブーとされていたもの、醜いとされていたものを舞台にもちこむ異端性に特徴がありました。けれどもやがて彼は、私たちが生きているこの身体を通して人間の本質にせまっていくことに暗黒舞踏の課題を見出します。考えてみれば私たちの日常的な身体の見方は皮相なものです。性的魅力があるかないかとか、健康か病気かとか、ふつうかふつうでないかとか。しかし私たちの「自己」とは精神であると同時に身体なのです。いやひょっとしたら精神である前にまず身体なのです。その自分の

身体について、いや「身体としての自分」について私たちはいったいどれだけのことを知っているでしょうか。

　土方は暗黒舞踏の課題を「はぐれている自分とでくわすこと」だと言いました。そして弟子に対しては「『飼い馴らされた動作ばかりで生きてきて、お前はずいぶんひどい目にあって来たじゃないか、その原因はお前の肉体概念がいつもはぐれているんだ』といって、彼の肉体を熟視させる方法をとる」[注4]のだそうです。これは何を意味しているのでしょうか。私たちの肉体はみんな子供のころに自分からはぐれてしまったということです。そしてはぐれる以前の自分の肉体を取り返すことが暗黒舞踏だというのです。ではここでいう「はぐれる」とはどういうことでしょうか。

　私たちは子供のときに言葉を覚えることによって、出会う物の名前や分類の仕方を学んでいくのですが、おなじように身体の扱い方を子供のころから身体に刷り込んでいきます。それは必ずしも必然的なものではなく、文化によって違ってくる取り決めです。たとえば他人に会ったときお辞儀をするのか握手をするのか、店に入ったとき店員とまず目を合わせるのかとりあえず目を逸らすのか。子供はたくさんの言葉を覚えるように、たくさんの作法を身体に刷り込んでいきます。そうしてできあがった私たちの振舞いは他人と共通のものですから、たいがいどこかで見たようなものばかりになります。それはとても便利です。他人の動作を見ると、その人が何をしようとしているのか見当がつくし、またこれからどう動くのかもだいたい予想がつくのですから。

　もし見たこともないような動きをしている人を見ると、この人はわけがわからないと戸惑ってしまうでしょう。けれども、そのわけがわからない動きも、ひょっとしたら何かの理由から生じているのかもしれません。身体の深いレベルに、忘れられた身体の衝動があり、それが表に出てきただけかもしれません。まるで無意識の欲望や痛みがときおり表に出てくるように。こう言うとまたフロイトの精神分析を思いだす方も多

いでしょう。意識の下に抑圧して思い出さないようにしていた過去のつらい記憶が、夢や異常行動の形で表に出てくるという考え方です。

土方巽はまさに身体の内部にある忘れられた自分を発掘しようとしました。秋田出身であった土方はそれを「東北」の身体と呼びました。現実の東北のことではなく、意識された日本に対する意識されない日本、あるいは存在を無視された日本という意味です。その「東北」には、他人に見せるために洗練された身体作法ではなく、厳しい風雪に堪える荒々しい、あるいはなまなましい身体のありようがあるでしょう。土方は日本人のがに股を、そのような東北的な生活の抑圧が生み出したものと見ました。そしてそこにバレエなどとは異なる普遍的な人間のあり方の表現を見たのです。なぜなら、抑圧の存在は古今東西の人間にとって普遍的な問題であり、それゆえに芸術の普遍的なテーマであるからです。

ヨーロッパにもやはり言葉にできない抑圧された記憶や感情を表現しようとした舞踊家がいました。ピナ・バウシュです。もっとも「舞踊家」という呼び方は彼女の場合狭すぎるかもしれません。ピナ・バウシュは自分の仕事を「タンツテアター」と呼びました。「タンツ」はダンス、「テアター」は演劇ないし劇場を指しますので、これは舞踊演劇とでもいうべきかもしれません。じっさいその舞台はダンスだけではなく、セリフや歌や意味不明のしぐさや奇妙なコントなどさまざまの要素が溢れていました。彼女は20世紀後半のもっとも優れた舞台芸術家であったというだけでなく、20世紀を通じてもっとも偉大な芸術家の一人であったと言えるでしょう。ピナ・バウシュの舞台を見て人生が変わってしまった人を私は何人も知っています。そのような影響力を持った芸術家を私は他に知りません。

歌が人間の言葉、つまり声に様式を与えて芸術にしたものだとすれば、舞踊は人間のしぐさ、つまり身体の動きに様式を与えて芸術にしたものです。ですから振付家はみんな、とりわけ近代の創造的な振付家は、人間の身体の動きに関心を持っていて、新しい動きの可能性を探っ

ています。人の身体はどこまで動けるのか、そしてまだ誰もやったことのない動きはないのか、と。しかしピナ・バウシュはこう言います。

「私の興味は人がどんなふうに動くかよりも、何が人を動かしているかにある」

　ピナ・バウシュの作品の特徴は、見る人によって違って見えること、しかも同じ人でさえ人生の時期によって、まったく違って見えることです。超人的な技巧や容姿の美しさなどは誰がいつ見ても同じです。喜怒哀楽などの心理表現もまた、誰が見ても同じように理解されます。では何が違いをもたらすのでしょうか。それは見る人にとって、舞台上の不可解な動作の中に、思い当たるものがあるかどうか、ということです。それは必ずしも明確な記憶を呼び戻すといったことではありません。むしろ記憶から抹殺した、精神分析の用語を使えば抑圧した、つまり無いことになってしまっている記憶のかすかな余韻のようなものです。舞台を見ているうちに身体の中になんだかむずむずした反応が起こり、理由はわからないが私はこれを知っている、という気になるのです。そしてあるとき、あれは私だ、と思う瞬間がくるのです。すると自分が今どんなに縛られて生きているのか、忘れられた自分はいったい取り返せるのだろうか、といった思いが一挙にあふれてきます。ピナ・バウシュの舞台が見る人によって違うのは、それを見る一人一人の人生が違うからなのです。人はピナ・バウシュの作品を見るというよりも、それを通して自分に出会うのです。私はある友人の言葉を忘れることができません。彼女は初めてピナ・バウシュの作品を見たとき、終演後の劇場のロビーで私に会うなりこう言ったのです。

「私は明日から生きたいように生きるわ」

　こうして20世紀のダンスはマーサ・グラハム以来、人間の深層にあるものを探り当て、明るみに出そうとしてきました。もちろん20世紀のモダンダンスやコンテンポラリー・ダンスの試みは多種多様でそれだけで

はありません。しかし芸術の最大の役割は人間の深さや複雑さを知るための手段となることだとすれば、これはグラハムから土方そしてピナ・バウシュまで共通した課題であったと言えるでしょう。そして20世紀の初めに登場人物の内面の表現として始まったモダンダンスは、世紀の終わりにピナ・バウシュに至って、観客が自分自身を再発見するための媒体となるという、一つの究極の地点にまで来たのです。

　じつは今、芸術の世界では新しい風潮が起こっています。それは作者や演者ではなく、観客こそが芸術の主役なのだという考えです。まさにこの意味でピナ・バウシュの仕事は現代芸術の先端に立っているのですが、全ての芸術ジャンルを通じて彼女ほどに成功した事例を私は知りません。

研究課題

1．グラハムのダンス作品が「表現」の芸術であるとすれば、この場合の「表現」とはどのような意味か考えてみましょう。
2．暗黒舞踏を見た人はしばしば「西洋のバレエと正反対だ」と言います。このような印象をもたらしている理由は何か考えてみましょう。
3．「ピナ・バウシュの作品では作者やダンサーではなく観客こそが芸術の主役である」というのはどのような意味か考えてみましょう。

参考文献

（日本語で読める文献に限定します。）

尼ヶ崎彬編『芸術としての身体―舞踊美学の前線』（勁草書房、1988年）
尼ヶ崎彬著『ダンス・クリティーク』（勁草書房、2004年）
イサドラ・ダンカン著、山川亜希子・山川紘矢訳『魂の燃ゆるままに―イサドラ・ダンカン自伝』（冨山房インターナショナル、2004年）

市川雅著『アメリカン・ダンス　ナウ―モダンダンス＆ポスト・モダン・ダンス』（PARCO 出版局、1975年）
市川雅著『ダンスの20世紀』（新書館、1995年）
稲田奈緒美著『土方巽　絶後の身体』（日本放送出版協会、2008年）
海野弘著『モダンダンスの歴史』（新書館、1999年）
國吉和子著『夢の衣装・記憶の壺　舞踊とモダニズム』（新書館、2002年）
G・M・ブラウン著、根本富久子訳『モダンダンスの巨匠たち―自ら語る反逆と創造のビジョン』（同朋社、1989年）
ジャックリーヌ・レッシャーヴ著、石井洋二郎訳『カニングハム―動き・リズム・空間』（新書館、1987年）
外山紀久子著『帰宅しない放蕩娘―アメリカ舞踊におけるモダニズム・ポストモダニズム』（勁草書房、1999年）
乗越たかお著『コンテンポラリー・ダンス徹底ガイドHYPER』（作品社、2006年）
乗越たかお著『ダンス・バイブル―コンテンポラリー・ダンス誕生の秘密を探る』（河出書房新社、2010年）
土方巽著『土方巽全集』（河出書房、2005年）
前田允著『ヌーベルダンス横断』（新書館、1995年）
マーサ・グレアム著、筒井宏一訳『血の記憶―マーサ・グレアム自伝』（新書館、1992年）
元藤燁子著『土方巽とともに』（筑摩書房、1990年、2008年）
吉岡実著『土方巽頌』（筑摩書房、1987年）
ヨッヘン・シュミット著、谷川道子訳『ピナ・バウシュ―怖がらずに踊ってごらん』（フィルムアート社、1999年）
ライムント・ホーゲ著、五十嵐蕗子訳『ピナ・バウシュ　タンツテアターとともに』（三元社、1999年）

》注

注1）Isadora Duncan, *My Life*, Liveright, New York, 1927, p.110.
注2）Martha Graham, *Blood Memory*, Washington Square Press, New York, 1991, p.98.
注3）Martha Graham, ibid., p.99.
注4）土方巽（インタビュー）「暗黒の舞台を踊る魔神」、土方巽全集Ⅱ巻（河出書房新社、1998年）16頁。

7 ミュージカル
――その社会性と人間性――

青山　昌文

　musicalという言葉は、元々は、「音楽の」・「音楽を伴う」という意味の、musicの形容詞ですが、1893年にロンドンのプリンス・オヴ・ウェールズ劇場で上演された《A Gaiety Girl》から始まるmusical comedyの流れと、1896年からロンドンのデイリーズ劇場で上演された《The Geisha》から始まるmusical playの流れを受けて、第二次世界大戦ののちに、それらを包摂するものを表す名詞となり、それ以後、ミュージカルは、舞台芸術の確固たる一ジャンルを表す名詞となっています。

　musical comedyは、コミック・オペラやバーレスク、ヴォードヴィル、レヴューなどの流れを汲むもので、多少軽薄で、ヴァラエティ・ショー的で、庶民的な歌やダンスからなる、あまり筋が重要でない、見せ物的な大衆音楽劇でした。

　それに対してmusical playは、より内容のある一貫した筋立てをもった、時には深刻な社会的意味をもつ、歌やダンスからなる、大衆音楽劇で、その代表作は、レナード・バーンスタイン作曲、スティーヴン・ソンドハイム作詞の傑作《ウェスト・サイド・ストーリー》です[注1]。この《ウェスト・サイド・ストーリー》は、1961年にロバート・ワイズ監督たちによって映画化され、ナタリー・ウッドやジョージ・チャキリスたちが演じた映画版の方が、全世界的に有名ですが、元々は、1957年に、ニューヨークのウィンター・ガーデン劇場で初演されたミュージカルであり[注2]、ミュージカル全体の中でも、最高傑作の一つなのです。

　本章では、このミュージカルという舞台芸術について、ごく簡潔にその歴史を飾る代表作をいくつか振り返ったのち、世界で最も多くの観客

が見た（聴いた）と言われているミュージカル作品である、《オペラ座の怪人》について、少し詳しく論じて行くことにしたいと思います。

1 ミュージカルの歴史を飾る代表作

・《ショー・ボート》 1927年に、ニューヨークのジーグフェルド劇場で初演された、ジェローム・カーン作曲、オスカー・ハマースタイン2世作詞のミュージカル。1880年代のミシシッピー河を運行していたショー・ボートの花形歌手が、混血であることを密告されて、黒人と白人の結婚が禁止されている法律によって逮捕されてしまうことを筋の大きな柱とする作品[注3]。歌や出演者が決まってからショーを構成して行くという従来の手法ではなく、一貫した筋に基づいて音楽を筋と一体的に作ってゆく、アメリカ初の本格的 musical play として重要な作品です[注4]。《オール・マン・リヴァー》などの名曲があります。

・《南太平洋》 1949年に、ニューヨークのマジェスティック劇場で初演された、リチャード・ロジャーズ作曲、オスカー・ハマースタイン2世作詞のミュージカル。第二次世界大戦中の南太平洋の島を舞台に、本国フランスで誤って人を殺した過去をもつ農園主と、日本軍と戦うために島にやってきたアメリカ軍の従軍女性看護師の愛の物語。楽園バリ・ハイ島に渡ったアメリカ軍中尉が、現地の美しい娘に心惹かれるが、人種的偏見のために、愛することが結局できなかったというサイド・プロットをもっています[注5]。《魅惑の宵》や《バリ・ハイ》などの名曲があります。

・《ウェスト・サイド・ストーリー》 既に上述したミュージカルで、筋の紹介は不要でしょう。言うまでもなく、シェイクスピアの《ロメオとジュリエット》を、現代のニューヨークに場を移して現代化し、ニューヨークの社会問題を背景に、若者の愛を歌い上げた作品で、このアイデアは、演出と振付をしたジェローム・ロビンズのものでした。音楽でドラマを展開し、ダンスによって語る、筋・音楽・ダンスが真に一体化し

た傑作です。また、歌手とダンサーが役割分担することなく、全員が、高度なダンステクニックをもち、同時に、様々な曲を完璧に歌うことが要求される点でも、従来のミュージカルを超える作品です注6。《マリア》、《トゥナイト》、《サムホエア》などの名曲があります。

• 《キャバレー》 1966年に、ニューヨークのブロードハースト劇場で初演された、ジョン・カーンダ作曲、フレッド・エブ作詞のミュージカル。ナチス・ドイツ第三帝国が成立する直前の退廃的社会風俗の中で、ベルリンにやってきた若いアメリカ人作家が、キャバレーで歌う歌手と深い仲になるが、結局歌手は作家のと間にできた子どもを中絶し、作家も、ナチスから暴行を受けて、アメリカに帰って行く、という内容注7の、時代の閉塞感を見事に表現した作品。《キャバレー》などの名曲があります。

• 《ヘアー》 1967年ニューヨークのパブリック劇場で初演、翌1968年ニューヨークのビルトモア劇場で改訂初演された、ゴルト・マクダーマト作曲、ジェローム・ラーニ並びにジェイムズ・ラドウ作詞のミュージカル。ヴェトナム戦争のただなかのニューヨークで、ヒッピーたちが体制と戦争を批判する内容の反戦ミュージカル作品。《ショー・ボート》以来の、真に革命的な新しい表現方法の作品ですが、ヴェトナム戦争が終わったあとの時代になると、そのメッセージ性は薄れ、エンターテインメント性だけが残ることとなりました。Love-Rock Musical という副題が示すように、ロック音楽が全面的本格的に使用された初めてのミュージカルです注8。《アクエリアス》などの名曲があります。

• 《コーラス・ライン》 1975年、初めにニューヨークのパブリック劇場で初演され、3か月後にニューヨークのシューバート劇場に移った、マーヴィン・ハムリッシュ作曲、エドワード・クレバン作詞のミュージカル。コーラス・ラインとは、舞台の上に引かれている線のことで、スターだけがこの線より前に出ることが出来、ソロを受けもたない歌手やバックダンサーたちが越えてはならない線です。日の当たらない、バッ

クダンサーたちの様々な、人種問題にも由来する、苦しい下積み人生が語られてゆく作品で、演出・振付のマイケル・ベネットが、実際に多くのバックダンサーたちにインタヴューした内容に基づいています注9。《ワン》などの名曲があります。

2 ミュージカルの社会性

　以上に挙げた諸作品の他にも、ミュージカルの長い歴史においては、《オクラホマ！》《王様と私》《サウンド・オヴ・ミュージック》《屋根の上のヴァイオリン弾き》《ラ・マンチャの男》《ジーザス・クライスト・スーパースター》《エヴィータ》《キャッツ》《レ・ミゼラブル》《マイ・フェア・レディ》《シカゴ》などの、いずれおとらぬ名作が数多く存在していますが、それらについては芝邦夫著『ブロードウェイ・ミュージカル事典』などを参照して戴くことにして、ここでは、以上の諸作品のリストを一瞥しただけでも、ミュージカルが、単に、オペレッタやレヴューのような、陽気な楽しいものだけではなく、もっと、社会の様々な問題に向き合った、深い内容をもったものでもある、ということが分かるということを確認して、《オペラ座の怪人》に話を移すことにしたいと思います。

3 《オペラ座の怪人》の興行成績

　《オペラ座の怪人》は、1986年に、ロンドンのウエスト・エンドにあるハー・マジェスティーズ劇場で初演されて大ヒットになり、その2年後の1988年にニューヨークのブロードウェイにあるマジェスティック劇場でも、アメリカ初演された、アンドリュー・ロイド＝ウェッバーの代表作です。2016年2月現在、これらの二つの劇場とも、依然として、《オペラ座の怪人》をロングラン興行しており、ロンドンでは30年間連続、ニューヨークでも28年間連続の上演です。特に、オフ・ブロードウェイではなく、大きな劇場のあるブロードウェイに限った場合、この

ロングランの成績は、最長であって、《オペラ座の怪人》は、世界最高のミュージカル街であるニューヨークのブロードウェイで最長のロングランを誇るミュージカル作品なのです。

　また、2006年から2012年までは、95分間に短縮されたヴァージョンが、ラスヴェガスのヴェネティアン・ホテルの特設専用劇場でも上演されていました。この劇場は《オペラ座の怪人》のために専用に建設されたものであるだけに、他の劇場よりも、豪華で規模も大きく、例のシャンデリアもラスヴェガスの方が仕掛けがよいものとなっていました注10。)

　このように、《オペラ座の怪人》は、これまでに、少なくとも世界30ヵ国151都市で上演された、推定1億4000万人以上の観客動員数を誇るミュージカルであって、恐らく、世界で最も多くの観客が見た（聴いた）ミュージカルであると言われているのです注11。

4　アンドリュー・ロイド=ウェッバー

　アンドリュー・ロイド=ウェッバーは、1948年にロンドンに生まれました。両親ともクラシックの音楽家で、音楽一家の家に生まれたロイド=ウェッバーは、幼い頃からピアノなどに親しんでいましたが、叔母に連れられて見た（聴いた）《南太平洋》に感動して、12歳でミュージカルの作曲を始めました。オックスフォード大学とロイヤル・カレッジ・オヴ・ミュージック（王立音楽院）に学んだロイド=ウェッバーは、ティム・ライスと知り合い、旧約聖書を題材にしたミュージカルを、ライスと共に書き上げます。そしてこの作品のアルバムの売り上げを基に、二人は、ロック音楽ミュージカルの《ジーザス・クライスト・スーパースター》も書き上げますが、作品を舞台化する資金がなかったため、このミュージカルの全曲録音コンサートアルバムを1970年に先ず発売します。これが大ヒットして、そのおかげで舞台化出来るようになるのです。

1960年代後半は、ブリティッシュ・ロックが世界を席捲していた時で、キリスト教をヒッピー運動の中で新しく解釈しようという動きもありました。この潮流に乗った《ジーザス・クライスト・スーパースター》は、1971年にブロードウェイで上演され、台詞を全て歌にする、ミュージカルの枠を超えた手法で、「ロックオペラ」と呼ばれ、世界的な大ヒットとなります。そののちロイド=ウェッバーは、タンゴなどのラテンのリズムを取り入れて、《エヴィータ》を作り、更にT・S・エリオットの詩集を基に、《キャッツ》も作ります。そののち、ディスコ・サウンドを取り入れた《スターライト・エクスプレス》を経て、いよいよ、《オペラ座の怪人》を世に問うのです。《オペラ座の怪人》ののちは、大人の恋愛模様がテーマの《アスペクツ・オヴ・ラヴ》や、往年のハリウッド大女優を主人公にした《サンセット・ブールヴァード》などを作り、また、W・コリンズの小説を基に《ウーマン・イン・ホワイト》なども作っています注12。

これらのミュージカルには、《スーパースター》《アルゼンチンよ、泣かないで》《メモリー》《愛は全てを変える》《ウィズ・ワン・ルック》などの1度聴いたら忘れられない名曲が、何曲も存在しており、ロイド=ウェッバーの音楽的才能の素晴らしさを示しています。

5 《オペラ座の怪人》の制作スタッフ

《オペラ座の怪人》の制作担当は、ロイド=ウェッバーとおなじく、ロンドン近郊に生まれた、キャメロン・マッキントッシュです。《キャッツ》で初めてロイド=ウェッバーと組んだマッキントッシュは、極めて有能なプロデューサーで、《レ・ミゼラブル》なども制作しています。積極的に前宣伝を大々的に行い、十分な資金を使って大がかりな舞台を作り上げるマッキントッシュのやり方は、この《オペラ座の怪人》にも遺憾なく発揮されており、特に、第2幕の幕開けを飾る、《マスカレード》が全員で歌われるオペラ座の大階段の舞台セットなどは、マッキン

トッシュならではの豪華なものです。

　演出は、《ウェスト・サイド・ストーリー》などを制作した、ブロードウェイの代表的演出家ハロルド・プリンスです。ロイド=ウェッバーとティム・ライスは、かつて、極めて丁重に礼を尽くして、プリンスに、《エヴィータ》の演出を依頼しました。それほど、プリンスは、有能で権威ある演出家だったのです。《オペラ座の怪人》でも、プリンスは、猫や機関車ではなく、人間の愛を描く《オペラ座の怪人》の音楽を、ロック音楽で作るかどうか迷っていたロイド=ウェッバーに、クラシック音楽的な方向をアドヴァイスするなど、実に的確な演出を行いました注13。

　舞台装置と衣装は、マリア・ビョルンソンです。ミュージカルに限らず、オペラやバレエにおいても、舞台美術の巨匠であったビョルンソンは、ゴンドラに怪人と一緒に乗ったクリスティーヌが、オペラ座の地下深くに隠された怪人の住み家に下ってゆく場面を、極めて美しく、かつ、幻想的に、作り上げました。怪人とクリスティーヌは、岩の間を抜けて、美しい湾のような岩屋にたどり着くのですが、映画版の《オペラ座の怪人》の美術を担当したアンソニー・プラットが称賛しているように、ゴンドラが、ドライアイスとキャンドルの間を滑っていくと、いくつのもランプのせいで下りて行くように見えるという素晴らしい効果を、ビョルンソンは、生み出したのです注14。

　実際、この怪人とクリスティーヌが、オペラ座の地下深くに隠された怪人の住み家に下ってゆく場面は、私はブロードウェイで何度も見ているのですが、何度見ても、そのたびに、その美しさに感動する、極めて素晴らしい場面です。照明が落とされて、ドライアイスが濃く漂う舞台の上で、二人の乗ったゴンドラの両側から美しい無数のシャンデリアのようなキャンドルのランプが昇ってゆくのですが、それがそのまま、二人が地下深くに下ってゆくように、まさに見えるのです。

　また、舞台装置だけでなく、衣装の面でも、ビョルンソンの才能は輝

いています。特に、先にも述べた、第 2 幕の幕開けを飾る、オペラ座の大階段で全員で歌われる《マスカレード》の場面における、あれほど多くの登場人物たちが着ている衣装の、類い希な美しさは、特筆すべきものです。

6 《オペラ座の怪人》の主役の出演者

　主役の怪人は、以前にブロードウェイにも出演したことがあり、ハリウッド映画にも出演したことがある、マイケル・クロフォードです。

　尚、ここで付言しておきたいと思いますが、本章で私が記述している、制作スタッフや出演者などのデータは、言うまでもなく、オリジナル版の初演のデータです。そして、演出のハロルド・プリンスが、生粋のニューヨーカーである以外、《オペラ座の怪人》の他の制作スタッフや出演者などは、イギリス人ないしイギリスを活動の本拠地にしている人がほとんどだったのであり、このことは、ニューヨークのブロードウェイにあるマジェスティック劇場での公演でも変わりありませんでした。

　《オペラ座の怪人》は、ロンドン・ミュージカルが、1970年代から1980年代にかけて、アメリカのブロードウェイを席捲した代表例だったのです。ですから、ここの、マイケル・クロフォードが、以前にブロードウェイにも出演したことがある、という記述は、マイケル・クロフォードが、イギリス人俳優であるにも拘わらず、アメリカでも活動した経験をもつ、国際的俳優である、ということを意味しているのです。

　クロフォードは、本拠地のウエストエンドでも、絶賛され、また、外国であるブロードウェイでも、繊細で説得力のある演技であると絶賛されました[注15]。確かに彼は、歌唱力も確かで、演技もうまい、プロの俳優なのです。

　クロフォードと対照的だったのが、もう一人の主役のクリスティーヌ

役の、サラ・ブライトマンです。と言うのも、ブライトマンは、元々は、《キャッツ》のコーラス・ガールと言ってもよいような、決して主役ではない、30匹以上いる猫役の中の小さな役でしかないジェミマ猫の役をオーディションで獲得しただけの、ほとんど無名女優だった人で、まさに《オペラ座の怪人》の話を地で行くような話ですが、その無名女優にロイド＝ウェッバーが恋をして、双方共に、既婚者だったのを、二人とも離婚して、ロイド＝ウェッバーとブライトマンは、結婚したのでした。その後、ブライトマンは、クラシック音楽の声楽の本格的なレッスンを受け、ロイド＝ウェッバーが曲をつけた《レクイエム》のコンサートで、プラシド・ドミンゴと共演したあと、《オペラ座の怪人》のクリスティーヌ役で大々的に売り出したのです。一説によれば、実は、《オペラ座の怪人》のクリスティーヌ役は、ロイド＝ウェッバーが愛するブライトマンのために用意した役だったとも言われており、そのような次第ですから、ロイド＝ウェッバーは、ブロードウェイでの上演に当たっても、クリスティーヌ役にブライトマンを、なんとしても起用することを主張したのでした。しかし、アメリカの俳優組合としては、クロフォードと違って、ブライトマンは実績もなく、国際的でもないが故に、ブロードウェイでの出演を拒否することとなったのです。この対立のために、《オペラ座の怪人》のブロードウェイ公演は、大幅に遅れてしまいました注16。

　ともかくも、このような事態ののち、ブライトマンはブロードウェイでのクリスティーヌ役を演じてゆくのですが、声楽の本格的なレッスンのかいもあって、3オクターヴ半とも言われる声域の広さと透き通った声は、それなりに評価を得ることとなりますが、演技が全く評価に値しないとブロードウェイで言われてしまうのです注17。(その後、ブライトマンは、1990年にロイド＝ウェッバーとも離婚して、ソロ歌手としての活動に専念してゆき、1996年には、アンドレア・ボチェッリのために作られた《コン・テ・パルティロ》(「君と一緒に旅立とう」)を基にした

《タイム・トゥ・セイ・グッバイ》を、ボチェッリとデュエットして、歌手として、世界的な大成功を収めて行きます。)

7 《オペラ座の怪人》のストーリー

　1905年、廃墟となっているオペラ座での競売のシーンから、このミュージカルは始まります。年老いた貴族ラウルは、その競売で、亡き妻クリスティーヌが語っていた猿のオルゴールを競り落とします。その後、回想の中で、舞台は、1861年のオペラ座に移って行きます。そこでは、歌姫カルロッタがリハーサルでアリアを歌っているときに突然幕が落ちてきて、彼女は怒って出て行ってしまいます。困った劇場主は、バレエ教師の推薦で、若いコーラス・ガールのクリスティーヌを代役に立てます。公演は成功し、幼友達の貴族のラウルから祝福を受けますが、クリスティーヌは、姿を見せずに密かな歌のレッスンをずっとしてくれていた「音楽の天使」に感謝します。クリスティーヌは、彼を、亡くなった父親が遣わしてくれた「音楽の天使」と思っているのですが、実は、彼は、オペラ座に住んでいる怪人でした。初日の大成功の夜、怪人は、クリスティーヌを、自分の住むオペラ座の地下深くの隠れ家に連れて行きます。怪人は、音楽を通してクリスティーヌの愛を得ようとするのですが、クリスティーヌは、怪人の正体を知ろうと、彼の仮面を取ってしまいます。傷心の怪人は、クリスティーヌを地上に戻したのでした。

　そののち、怪人は、クリスティーヌを主役にすることなどを要求する手紙を落とし、カルロッタの公演の邪魔をし、怪人の噂をしていた大道具係を首つりにして舞台に落とします。その大混乱の中、クリスティーヌとラウルは、オペラ座の屋上に逃げます。そこで、二人は、お互いの愛を語り合うのですが、それを同じ屋上の物陰から聴いていた怪人は、歌を教えて、歌手として大成功に導いてやった自分を顧みずに、他の男に愛を誓うクリスティーヌに、裏切られた思いで、復讐を誓うのでし

た。

　それからしばらく経ったのちの大晦日の日にオペラ座で開かれた仮面舞踏会で、クリスティーヌとラウルは結婚を誓い合うのですが、そこに怪人が現れて、自作のオペラ《ドン・ファンの勝利》のスコアを劇場主に渡し、クリスティーヌをそのオペラの主役にすることを要求します。そのような音楽の素養のある怪人の正体を知ろうと、ラウルは、前からオペラ座にいるバレエ教師に、怪人のことを聞きます。彼女は、怪人は、生まれながらの醜い顔の故に母親からさえ見放され、見せ物にされていた男性で、実は、音楽だけでなく、建築などにも優れた、学問のある男性であると、ラウルに知らせます。

　怪人を捕らえようと、劇場主やラウルは、クリスティーヌに舞台に出演して怪人の出現を誘うように言いますが、思い悩んだクリスティーヌは、父親の墓に出かけて祈ります。そこに怪人が現れて、「音楽の天使」に従うように言うのですが、クリスティーヌの後を追ってきたラウルに邪魔されてしまいます。

　《ドン・ファンの勝利》の初日、ドン・ファンがクリスティーヌを誘惑する場面で、いつの間にか、ドン・ファンは怪人にすり替わっていて、再び起こった大混乱の中、怪人はクリスティーヌを地下にさらって逃げてしまいます。ラウルは、その後を追って、クリスティーヌを助けようとするのですが、逆に怪人に捕らえられてしまいます。縛り上げられたラウルの前で、怪人は、自分を愛さなければラウルを殺す、と言って、クリスティーヌにぎりぎりの選択を迫ります。その時、クリスティーヌは、ゆっくりと怪人に近づき、彼の醜い顔に、優しくキスをしたのでした。実の母親からさえ愛情を示されたことの無かった怪人は、愛する男のために、優しく、しっかりと長いキスをしたクリスティーヌの愛に感動し、また、生まれて初めてキスされたことと、自分が孤独ではないということにも感動して、ラウルを解放し、二人で行け、と言うのでした。そして、人々がその場にやってきたときには、二人の姿も、

そして怪人の姿もなく、そこには、ただ、猿のオルゴールだけが残されていたのでした[注18]。

8　原作との違い

　このミュージカル《オペラ座の怪人》には、原作が存在しており、それは、密室殺人のミステリー小説として名高い『黄色い部屋の謎』の作者ガストン・ルルーが書いた小説『オペラ座の怪人』です。この原作との、また、他の映画化作品などとの違いについても、ロイド＝ウェッバーは、インタヴューに答えて、次のように述べています。
「――『オペラ座の怪人』は過去に何度も映画化や舞台化されています。ウェバー版がそれらと一番違う点は何でしょうか。
基本的にラブストーリーであることだと思います。ほかの作品は、1920年代につくられたロン・チャーニー主演のモノクロ映画に追随していて、あれはそもそもホラー映画でしたからね。
――なぜラブストーリーとして描こうと思ったんですか。
たまたまですね。偶然、原作を読んだのですが、どっちつかずの作品というのが正直な印象でした。探偵ものか、ホラーなのか分からなかった。最初はホラーかなと思っていたのですが、最後のほうでファントムの遺体が見つかって、クリスティーヌの指輪をはめているという描写を読んだときに、ラブストーリーではないかと思い始めて、そこから触発されてミュージカルができたわけです。」[注19]
　ここには、非常に重要なことが語られています。ロイド＝ウェッバーは、『オペラ座の怪人』という、もともとはホラー小説と言って良い文学作品を基にしながら、愛がテーマであるミュージカル作品を作ろうと思い、それを確かに成し遂げたのです。しかもその愛は、クリスティーヌとラウルの間の愛であるだけではなく、怪人とクリスティーヌとの間の愛でもあり、むしろ、この、人々から恐れられ、拒絶される存在と、純粋な若い女性との間の愛にこそ、このミュージカルの本質があるので

す。

9 拒絶される存在との愛

　この点に関して注目すべき発言が、ロイド=ウェッバーの長年に亘る友人であり、彼の考えを十分分かっている上で、彼との密接な共同作業によってこの《オペラ座の怪人》を見事に映画化した、ジョエル・シュマッカーの次の発言です。

　「(《オペラ座の怪人》に引きつけられた理由は、) まず、非常に悲劇的なラブストーリーであること。そう、まさにラブストーリーなんだ。我々は欲望の対象であるクリスティーヌよりもファントムの方に共感するのではないかな。(・・・) 我々は欲望の対象に共感はしない。我々が共感を覚えるのは、拒絶され、心を打ち砕かれた人間のほうだ。」注20

　シュマッカーが的確に指摘しているように、この《オペラ座の怪人》は、ただのありきたりのラブストーリーではなく、「悲劇的なラブストーリー」なのです。もちろん、ストーリー展開の中でも、言うまでもなく、クリスティーヌとラウルは、愛を語り合い、最後には幸せな結婚に至るのですが、しかし、この《オペラ座の怪人》の魅力の源をなしているのは、人々から恐れられ、拒絶される存在である怪人が激しく抱く、クリスティーヌへの愛であり、また、クリスティーヌも確かに抱いている怪人への、「危険な愛」注21 なのです。

　この点はロイド=ウェッバーも「ファントムは(・・・)危険を象徴していて、同時に彼女の父親も象徴している」注22 と述べていて、危険な存在へどうしようもなく引かれてゆく愛と、亡き父親への愛、の二つの愛によって、クリスティーヌは怪人に、引き寄せられてゆく、とロイド=ウェッバーは指摘しているのです。

10 拒絶される存在への、あたたかいまなざし

　この、怪人の愛とクリスティーヌの愛の深さは、音楽的にも、見事に

表現されています。

　確かに、第1幕の終わりで、オペラ座の屋上に逃げたクリスティーヌとラウルは、そこで、お互いの愛を語り合うのであり、その時に歌われる《All I ask of you》「私があなたに求める全てのもの」は、実に美しい曲であり、私も大好きなナンバーですが、しかし、この心優しいセレナーデよりも、やはり、圧倒的に、力強いのが、怪人が初日の大成功の夜に、クリスティーヌを、自分の住むオペラ座の地下深くの隠れ家に連れて行く時に、クリスティーヌと二人で歌うデュエット《The Phantom of the Opera》「オペラ座の怪人」であり、そして、愛するクリスティーヌを自分の隠れ家に迎えたときに怪人が歌うバラード《The Music of the night》「夜の音楽」なのです。

　そしてまた、更にクリスティーヌと怪人の二人の間の愛が、いかに深いものか、ということを、音楽的に表現している曲が、《ドン・ファンの勝利》の初日に、ドン・ファンにすり替わった怪人が、舞台の上で（即ち、ラウルたちが見ている前で）、クリスティーヌへの激しい愛を歌い上げ、そして、クリスティーヌが、歌っているのがまさに怪人であることを確信した上で、その愛に応える歌を歌う、濃密きわまる愛の歌《The Point of no return》「（この愛がここまで来たからには）もう引き返せないポイント」です。

　ロイド=ウェッバーは、恵まれた貴族であり、そして確かに好青年であるラウルとの愛よりも、拒絶された存在である怪人との愛の方を、より力強く、より濃密な音楽で表現しているのです。ここには、ロイド=ウェッバー自身の、拒絶された存在への、あたたかいまなざしが、見事に表現されている、と言わなくてはならないでしょう。

11 《オペラ座の怪人》の根源的魅力

　これが、この《オペラ座の怪人》というミュージカル作品が、世界で最も多くの人が見た（聴いた）ミュージカルとなった理由です。

この《オペラ座の怪人》は、実に豪華なセット、実に素晴らしい衣装、実に印象的な舞台装置などで有名な作品であり、その大がかりなスペクタクル性があまりにも際だっているミュージカルです。そして、このことを基に、この《オペラ座の怪人》が、こけ脅かしであるなどという批判をする人も、確かに存在しています。

　しかし、この《オペラ座の怪人》の本質は、そのような、豪華なスペクタクル性にあるのではありません。この《オペラ座の怪人》の本質は、豪華なスペクタクルの中で、豪華なオペラ的な世界の中で、その世界からはおとしめられ、拒絶された存在に対して向けられる、あたたかいまなざしにあるのです。

　そして、更に言うならば、その拒絶された存在を、単に、豪華なオペラ的な世界を否定するために描くのではなく、その、豪華なオペラ的な世界の魅力を十分に認めながらも、その上で、その世界からはおとしめられ、拒絶された存在を、あたたかく見つめているところが、この《オペラ座の怪人》の魅力なのです。

　愛を拒絶された人間が、激しく抱く愛と、その愛に応えて、誠実に生きる人間の深い愛の、二つの愛が、豪華なオペラ的な世界の中で展開されてゆくところに、この《オペラ座の怪人》の真の魅力があるのです。

　そして、実は、出来不出来に大きな差があっても、深い意味においては、《オペラ座の怪人》に限らず、ミュージカルは、根本的には、まさに、このような、深い意味における、愛の芸術であり、このような、人間のもっている、深い人間性の芸術なのです。

12　ミュージカルとオペラの違い

　言うまでもなく、このような、愛の芸術、深い人間性の芸術という性格は、何も、ミュージカルに限ったものではありません。舞台で人間が歌い、音楽が根本的な役割を果たす芸術としては、オペラもまさに、同

じ性格をもっているのです。ミュージカルとオペラとは、それでは、どこが違うのでしょうか。

　外形的なこととして、簡単に言えることは、オペラでは、歌い手は、生の声で歌うのに対して、ミュージカルでは、歌い手は、マイクを使う、という点が挙げられます。

　また、オペラでは、歌い手とダンサーが、基本的には、完全に分業していて、歌手が踊ったり、ダンサーが歌ったりすることは、原則的にはありませんが、ミュージカルでは、一人の人間が、歌って踊って演技するのが、普通です。

　更に言えば、オペラでは、基本的に、クラシック音楽だけが演奏されるのに対して、ミュージカルでは、クラシック音楽だけではなく、ロック音楽やポピュラー音楽など、多種多様な音楽が演奏されます。《オペラ座の怪人》でも、ロック音楽的要素は、かなり存在しているのです。

　しかし、以上のような、外形的な違いよりも、もっと根本的な違いがあります。それは、オペラが、基本的に、近寄りがたい、非日常性をもっているのに対して、ミュージカルには、そのような、近寄りがたさが無い、ということです。ミュージカルは、オペラよりも、より日常に近いところに存在している芸術なのであって、人々の普段の人生に、より近いところで、寄り添っている芸術なのです。

　人々の普段の人生に、より近いところで、寄り添っている、舞台で人間が歌い、音楽が根本的な役割を果たす、愛と人間性の芸術が、ミュージカルという芸術なのです。

研究課題

1．《ウェスト・サイド・ストーリー》の素晴らしさの原因について考えてみましょう。
2．《オペラ座の怪人》が、単に、スペクタクル性によって、人気を博している訳ではないことについて考えてみましょう。
3．ミュージカルとオペラの違いについて考えてみましょう。

参考文献

井上一馬著『ブロードウェイ・ミュージカル』（文春新書）（文藝春秋、1999年）
大平和登著『ブロードウェイの魅力』（丸善ライブラリー）（丸善、1994年）
《オペラ座の怪人》Blu-ray、DVD（ジョエル・シュマッカー監督、アンドリュー・ロイド=ウェッバー制作の、映画版《オペラ座の怪人》のブルーレイあるいはDVD。この映画版は、ワーナー・ブラザーズが所有していた映画化権を、ロイド=ウェッバーが、自分で買い取って、自らが制作したものであり、史上最高の資金を投入して作られたインディペンデント映画です。本人が、思う存分自分の考えの上に立って制作しただけあって、極めて舞台版《オペラ座の怪人》に忠実な内容であり、舞台版と「同じ本質がある」と、ロイド=ウェッバー自身が語っている映画です。もちろん、映画とミュージカル舞台芸術とは、異なる芸術ジャンルであり、それに伴う必然的な変更点は存在しています。また、そもそも、映画を自分の家の部屋の中でテレビで見る経験と、劇場に出かけていって生の舞台を見る経験とは、全く異なるものであることも、言うまでもないことです。しかし、そうではあっても、この映画に関する限り、ロイド=ウェッバー自身が語っているように、舞台と「同じ本質がある」こともまた事実であり、この意味で、この映画版は、重要な意味をもっている映画版なのです。）
塩田明弘監修『知識ゼロからのミュージカル入門』（幻冬舎、2009年）
芝邦夫著『ブロードウェイ・ミュージカル事典』（劇書房、増補再版1991年）
日経エンタテインメント！編『オペラ座の怪人　パーフェクトガイド』（日経BPムック）（日経BP社、2005年）
宮本啓著『ミュージカルへの招待』（丸善ライブラリー）（丸善、1995年）

》注

注１）以上は、柴田南雄・遠山一行総監修『ニューグローヴ世界音楽大事典』（講談社、1993 - 1995年）の項目「ミュージカル」によります。

注２）芝邦夫著『ブロードウェイ・ミュージカル事典』（劇書房、増補再版1991年）の項目「ウエスト・サイド物語」によります。

注３）芝邦夫著『ブロードウェイ・ミュージカル事典』（劇書房、増補再版1991年）の項目「ショー・ボート」によります。

注４）柴田南雄・遠山一行総監修『ニューグローヴ世界音楽大事典』（講談社、1993 - 1995年）の項目「ミュージカル」によります。

注５）芝邦夫著『ブロードウェイ・ミュージカル事典』（劇書房、増補再版1991年）の項目「南太平洋」によります。

注６）芝邦夫著『ブロードウェイ・ミュージカル事典』（劇書房、増補再版1991年）の項目「ウエスト・サイド物語」によります。

注７）芝邦夫著『ブロードウェイ・ミュージカル事典』（劇書房、増補再版1991年）の項目「キャバレー」によります。

注８）芝邦夫著『ブロードウェイ・ミュージカル事典』（劇書房、増補再版1991年）の項目「ヘアー」によります。

注９）芝邦夫著『ブロードウェイ・ミュージカル事典』（劇書房、増補再版1991年）の項目「コーラス・ライン」によります。

注10）「ラスベガス大全」のWebsiteにも、このように書かれていました。

注11）日経エンタテインメント！編『オペラ座の怪人　パーフェクトガイド』（日経BPムック）（日経BP社、2005年）22頁によります。尚、観客動員数などの数値は、Facts and Figures of The Show of The Brilliant Original Phantom of the Opera（the London homepage for The Phantom of the Opera）（www.thephantomoftheopera.com/london）によって、2016年２月の時点の公表数値に改訂しています。

注12）以上、この節は、日経エンタテインメント！編『オペラ座の怪人　パーフェクトガイド』（日経BPムック）（日経BP社、2005年）67 - 69頁によります。

注13）芝邦夫著『ブロードウェイ・ミュージカル事典』（劇書房、増補再版1991年）の項目「オペラ座の怪人」によります。

注14）日経エンタテインメント！編『オペラ座の怪人　パーフェクトガイド』（日経BPムック）（日経BP社、2005年）32頁によります。

注15）芝邦夫著『ブロードウェイ・ミュージカル事典』（劇書房、増補再版1991年）

の項目「オペラ座の怪人」によります。

注16）日経エンタテインメント！編『オペラ座の怪人　パーフェクトガイド』（日経BPムック）（日経BP社、2005年）69頁等によります。

注17）芝邦夫著『ブロードウェイ・ミュージカル事典』（劇書房、増補再版1991年）の項目「オペラ座の怪人」によります。

注18）芝邦夫著『ブロードウェイ・ミュージカル事典』（劇書房、増補再版1991年）の項目「オペラ座の怪人」に部分的によりますが、私自身の見解も述べられています。

注19）日経エンタテインメント！編『オペラ座の怪人　パーフェクトガイド』（日経BPムック）（日経BP社、2005年）64－65頁。

注20）日経エンタテインメント！編『オペラ座の怪人　パーフェクトガイド』（日経BPムック）（日経BP社、2005年）54頁。

注21）日経エンタテインメント！編『オペラ座の怪人　パーフェクトガイド』（日経BPムック）（日経BP社、2005年）65頁の、ロイド=ウェッバーの発言。

注22）日経エンタテインメント！編『オペラ座の怪人　パーフェクトガイド』（日経BPムック）（日経BP社、2005年）65頁。

8 世界の現代演劇
―― 演劇における「20世紀」の意味 ――

森山　直人

1　演劇の危機――「現代演劇」の時代

　「現代演劇」とはどのようなものかを考えようとするとき、私たちはヨーロッパの19世紀を、まずは検討してみなければなりません。ヨーロッパ演劇において、「古典」と「現代」を分ける重大な分岐点は、19世紀にあるからです。すなわち、18世紀後半以降の「市民革命」や「産業革命」の波及によって、王侯貴族や教会を中心とする旧体制が衰退し、「市民」が主役となる≪近代社会≫が、まさにこの時代に到来したのです。ところで、「近代」も「現代」もヨーロッパ語では同じ言葉（英語では modern）で表すことができますが、それは、「新しいもの」「新奇なもの」――つまりは「今」を意味する言葉です。伝統的な価値観が崩壊していくとき、それまで当然であった芸術上の「古典」的規範も、そのままでは通用しなくなります。「現代演劇」とは、そうした「お手本」から離れ、移ろいやすい「今」と直接向き合い、ときには「現代」のあり方に鋭い疑問を投げかけていく演劇として生まれたのだと言えるでしょう。

　そこで、さっそく19世紀のヨーロッパに目を向けてみましょう。この世紀の半ばまでには、今日の私たちの社会とよく似た大衆社会が成立しはじめます。大衆社会の成立に見合った新しい演劇状況が浮上してくる様子を、フランス演劇研究者の渡邊守章は次のように要約しています。「ヨーロッパの大伝統として、戯曲（少なくとも悲劇）は韻文で書かれてきたが、しかしユゴーの『城主』の失敗（1843）以後、近代の劇作の主流は散文となる。主題も、同時代のブルジョワジーの関心事（金とセックスと家族）に焦点を合わせた「同時代風俗劇」が主流となり、小

デュマの『椿姫』はその最も成功した例である」注1。

　ある戯曲が優れた韻文（＝格調高いリズムをもった詩の言語）で書かれているかどうかは、その戯曲が「古典」たりうるかどうかをめぐる重要な指標でした。それが≪近代≫の到来とともにその価値基準が崩れ、新しい劇作品のほとんどが散文で書かれるようになったということは、ちょうど21世紀の私たちの周囲にあふれている劇やテレビドラマがほぼ全て散文（＝日常語）で書かれているのと同じ状況が、この時期には生じていたということになります。渡邊が言う「同時代風俗劇」とは、もはや古代の神々や英雄でも歴史絵巻でもなく、大衆文化社会の主役となったブルジョワジーと等身大の登場人物や、彼らの日常生活と地続きの劇的情景が巧みに描かれているウェルメイド・プレイやメロドラマのことを意味しています。こうした「同時代風俗劇」は、ときには大規模なスペクタクル的要素も交えながら、イタリア式額縁舞台（＝プロセニアム舞台）の劇場で、カリスマ的名優たち（＝「聖なる怪物たち」）によって演じられる大都市の芸術的娯楽として、19世紀の半ばにはほぼ確立しています。ブルジョワ文化としての劇場の成立であり、絢爛豪華なパリ・オペラ座（ガルニエ宮、1875年〜）は、そうした文化のシンボル的存在だと言えるでしょう。

　ところが、こうした主流文化（＝メインストリーム）に飽きたらない、新たな世代の芸術家たちが、さまざまな運動を起こしていきます。芸術的前衛（＝アヴァンギャルド）の登場です。そして、今日までの「現代演劇」の歴史は、ひとまず多数の観客を集め、社会的認知を得、経済的に自立しているメインストリームの劇場と、外部からそのあり方を批判的に問い直す芸術的前衛の間の緊張と葛藤の連続によって展開してきたと言えます。いうまでもなく、メインストリームが悪で、芸術的前衛が善であるといった単純な話では事は済みません。もちろんメインストリームは興行として成立することが大前提ですから、どうしても守旧的な体質に陥りがちです。たとえばアメリカのブロードウェイ演劇と

いうメインストリームに対して、オフ・ブロードウェイ演劇やオフ・オフ・ブロードウェイ演劇のような実験的な劇場がしばしば新たな演劇的冒険を試み、メインストリームの劇場はそれらを取り込みながら新陳代謝をはかっていく、そこでまたそれに対抗する新たな前衛が生まれる、・・・という構造が存在してきたということなのです。

2 「芸術的前衛」たちの挑戦

　しかし、そうはいっても、芸術としての「現代演劇」の歴史を牽引したのが、それぞれの時代におけるアヴァンギャルドであったことは、いくら強調してもしすぎることはありません。

　19世紀半ばには、ウェルメイドやメロドラマの隆盛に対して、決然と反旗を翻した芸術運動が二つありました。「リアリズム」（もしくは「自然主義」）と「象徴主義」です。フランスにおいて「自然主義」を理論的に主導したのは、小説家のゾラ（1840-1902）であり、「象徴主義」をリードしたのは詩人のマラルメ（1842-98）でした。同世代の二人の芸術的巨人が、どちらも「演劇」というジャンルの外部から、「芸術としての演劇」の再生を夢見ていた点は、きわめて興味深いものがあります。彼らはまさにブルジョワ文化の支配という現実を批判することで、「現代を生きる演劇」への扉を開くことができたからです[注2]。

　「リアリズム」もしくは「自然主義」の運動は、ヘンリック・イプセン（ノルウェー、1828-1906）やアントン・チェーホフ（ロシア、1860-1904）などの優れた劇作家を生み出します。彼らの芸術的傾向は、一見華やかな都市文化の背後にある人生の過酷な現実や、社会的不正義、隠された欲望などをありのままに描き出そうとします。「ありのまま」を描こうとする態度にとって、スター俳優の、いかにもスターらしい立ち振る舞いはむしろ邪魔な存在であり、時には嘘っぽく見えます。だからこそ、「リアルな上演」を実現するための、新しい演出法、演技術が必要となってくるのです。1887年にフランスで自由劇場を創設したアン

ドレ・アントワーヌ（1858 – 1943）や、1898年にロシアでモスクワ芸術座を創設したコンスタンチン・スタニスラフスキー（1863 – 1938）は、そうした時代の要請に応えて登場した「演出家」でした。特に後者のスタニスラフスキー・システムは、その後アメリカ合衆国に波及し、リアリズム演技の基本として、いまなお大きな影響力を持っています。その影響は舞台演劇のみならず、ハリウッド映画における俳優の演技術にも及んでいますが、20世紀以降に爆発的に進化した映像文化（映画やテレビなど）との相性の良さもあって、「リアリズム／自然主義」は、現在では、むしろメインストリームの文化を支える方法となっています。

「リアリズム／自然主義」が、散文によって、ありのままの世界を科学的な眼で捉えようとする方法であるのに対して、「象徴主義」は、何らかの意味で、「〈ありのままの世界〉を超えようとする」芸術的な挑戦の、いわば先駆的な運動でした。象徴主義の出発点にあったのが、リヒャルト・ワーグナー（1813 – 83）の楽劇への熱狂だったことはよく知られていますが、眼に見えるものを見えるように描き出す散文芸術にくらべて、楽劇は、まさに眼に見えないもの（＝音楽）そのものであり、その分、「純粋」なものに感じられたのです。劇作家としては、『青い鳥』で有名なモーリス・メーテルランク（ベルギー、1862 – 1949）や、W. B. イェイツ（アイルランド、1865 – 1939）などが有名ですが、1920年代に登場するシュールレアリスム運動に大きなインスピレーションを与えた『ユビュ王』のアルフレッド・ジャリ（フランス、1873 – 1907）も、象徴主義の流れのなかで誕生しました。自然主義から出発しながら、夢や神秘的なものに惹かれたアウグスト・ストリンドベリ（スウェーデン、1849 – 1912）や、象徴主義から出発しながらスケールの大きな大作を描いたポール・クローデル（フランス、1868 – 1955）のような劇作家も重要です。象徴主義から構成主義へと移行した、ロシア＝ソ連のフセヴォロド・メイエルホリド（1874 – 1940）などが有名です。

象徴主義から始まる「反リアリズム／反自然主義」的な前衛劇作家や

演出家は、「聖なるもの」や「神話的なもの」、あるいは「どこでもないどこか」「誰でもない誰か」のような抽象的存在に、それぞれが独特の方法で挑戦しようとしている点に特徴があります。あるいはまた、「夢」や「無意識」のような人間の意思や心理を超えた力を舞台で表現するために、舞踊やリズムのような抽象表現を取り入れたり、仮面や人形、もしくはそうした要素がいまなお積極的に用いられている「東洋演劇」に、深い関心を寄せたりしてきました。こうした要素は、二つの悲惨な世界大戦を経たあとで、1950年代に登場する「不条理演劇（theatre of the absurd）」と呼ばれる前衛演劇にも確実に繋がっています。たとえば、「どこでもないどこか」で、「自分の身体が、あたかも自分のものではないかのように」、訳も分からずある人物（＝ゴドー）をただ待っているだけの浮浪者を描いた『ゴドーを待ちながら』（1953年初演）のサミュエル・ベケット（1906-89）は、20世紀最大の劇作家のひとりであると言えます。

　「リアリズム／自然主義」を、ベケットとは違った角度から批判したドイツの劇作家に、ベルトルト・ブレヒト（1898-1956）がいます。彼はプロセニアム舞台の額縁のなかの物語だけに没入するブルジョワ観客の「物の見方」に異を唱えます。彼はむしろ、見慣れていたはずの「日常的な光景」が、突然、グロテスクで根拠のない何かに見えてくるような、「異化効果」と呼ばれる手法を取り入れた舞台を数多く世に問いつづけました。たとえば、彼は、シェイクスピアの名作『リア王』に、次のような新しい「見方」を導入することを主張しています。「たとえば、リアの忠実な家臣ケントはリアの怒りに共感する。そしてこの男は、リア王の恩知らずな娘たちの命令によってリアの希望を拒否したその家臣をさんざんになぐりつける。ところで現代の観客はこのリアの怒りに共感し、心の中で、彼の命令を実行している家臣の打擲に加わりながら、それをよいことだと考えてよいのだろうか？」[注3]。ブレヒトは、ドラマを見ることを通して、ドラマの中に描かれている世界で通用している価

値観に批判的な目を向けることの重要性を言っています。えてして、ドラマの中の価値観は、実は観客が現実に生きている価値観の無意識的な反映である場合が多いからです。

3 〈なにもない空間〉と祝祭性

さて、ここまでは主として劇作家を通じて「現代演劇」をたどってきましたが、ここからは演出家に焦点をあてて、別の角度から考察してみることにしましょう。そのとき、重要な要素となるのは、パフォーマーの「身体」と、上演が行われる「空間」です。「象徴主義の父」であった詩人マラルメはバレエに注目し、バレエ・ダンサーの身体は、必ずしも俳優のように役を演じているとは言えないのに、まるで「象形文字」のような豊かな意味作用を持っていることの意味について問いかけようとしています。そのような、舞台上における「身体」そのものへの視線は、たとえば、ロシア＝ソ連におけるメイエルホリドのようなサーカス的な運動性の導入であれ、フランスにおけるアントナン・アルトー（1896－1948）のような、分節言語では表象できない「叫び」と化した劇言語の極北への渇望であれ、さまざまなアプローチの違いはあっても、いまだに多くの演劇作家にとって避けて通ることのできない磁力をもっています。

もうひとつのキーワードである空間性の次元は、「祝祭」という別のキーワードにかかわっています。19世紀以来、メインストリームにおける劇場にとって支配的だったのはプロセニアム舞台でした。演じ手と観客のあいだに〈額縁〉が介在し、観客はそれをのぞきこむように一方的に舞台上を見つめる、という関係性は、究極的には舞台と客席の関係を、視覚的なものに限定してしまいます。こうした構造を打破し、両者の間に、身体的にもっと緊密な一体感が作りだせないかという問題も、19世紀末から20世紀にかけて、くりかえし問われつづけてきました。

どこでもいい、なにもない空間——それを指して、わたしは裸の舞台と呼ぼう。ひとりの人間がこのなにもない空間を歩いて横切る、もうひとりの人間がそれを見つめる——演劇行為が成り立つためには、これだけで足りるはずだ。ところがわたしたちがふつう言う演劇とは、必ずしもそういう意味ではない。真紅の緞帳、スポットライト、詩的な韻文、高笑い、暗闇、こういったものすべてが雑然と、ひとつの大ざっぱなイメージの中に折り重なり、ひとつの単語で万事まかなわれているのである注4。

　あまりにも有名なこの言葉は、1950年代から世界的に注目を集めた演出家ピーター・ブルック（1925-2022）の演劇論『なにもない空間』の書き出しの一節です。彼の名声を決定的なものにした『リア王』（1962）、『マラー／サド』（1966）、『夏の夜の夢』（1970）等のロイヤル・シェイクスピア劇団時代を経て、1970年以降はパリに拠点を移して、出自の異なる多文化・多言語の俳優たちとさまざまな実験を今日まで続けてきた、まさに20世紀の「演出家の時代」の巨匠ですが、彼は別の場所で次のようにも言っています。「1970年代前半に、私たちはいわゆる《劇場》の外で実験を始めました。最初の三年間に私たちが何百回も芝居をしたのは、街頭や喫茶店や病院や、ペルセポリスの古代の廃墟や、アフリカの村や、アメリカのガレージや、兵舎や、都会の公園のコンクリートのベンチの間といった場所でした。（中略）俳優たちの多くは伝統的な大劇場では芝居をしたことがありましたが、アフリカまで来て、観客と演技者を同じように公平に照らす太陽だけを照明として、観客に直接に接したことによって、深い衝撃を受けたのです」。見る人と演じる人とが、ひとつの場で出会い、劇において一体となるという最もプリミティヴな、「なにもない空間」の夢＝ヴィジョンが、ここには雄弁に語られています。

　「真紅の緞帳やスポットライト」に象徴される、演劇ときけば誰もが

すぐにイメージするような演劇のあり方とは異なるものを目指そうとするとき、その探求は、演劇の〈始原〉をめぐる想像力へと姿を変えていきます。そもそもなぜ、どのようにして演劇は人々の間に生じたのか。そのとき人々の関心は、いまここにはない劇場を召喚することになります。それはしばしば人類学的な関心と交差することにもなります。19世紀後半から20世紀の80年代くらいまでの現代演劇を支えてきた「前衛」たちの多種多様な活動に通底するこうした想像力は、古代ギリシャ悲劇、中世の聖史劇や神秘劇、シェイクスピアとエリザベス朝演劇、コメディア・デラルテ（イタリアの即興仮面劇）、そしてサーカスのような見世物やヴォードヴィルのような大衆劇といった共通する「始原」の光景の周りをめぐっていたといってよいでしょう。こうした「いま、ここにはない劇場」に対するオルタナティヴな夢は、万国博覧会などを通じて、西洋演劇とはまったく違った文法と技法によって成立している東洋演劇への憧憬へと繋がっていきます。1889年のパリ万国博覧会で、劇作家ポール・クローデルや作曲家クロード・ドビュッシーがジャワの宮廷舞踊や安南の伝統演劇に接して以来、1900年のパリ万博における日本の川上一座の公演なども経て、1931年パリ植民地博覧会でアントナン・アルトーが体験したバリ島舞踊の体験まで、東洋演劇の魅惑のひとつの源泉には、額縁舞台の桎梏を逃れた演劇の再活性化というモチーフがたえずありました。それは、都市のブルジョワ演劇では回復不可能な、ある種の全体性の感覚とでもいうべきものに対する不可能な欲望とでもいうべきものです。

　ただし、そうした演劇における全体性の感覚とは、一歩間違えば危険なファシズムの魅力とも紙一重であることも思い起こしておくべきでしょう。1919年、ドイツの演出家マックス・ラインハルト（1873－1943）が、ベルリンに5000人の大劇場をオープンしたとき、次のような評があったことを、パフォーマンス研究者エリカ・フィッシャー＝リヒテが紹介しています。

これは現代の民会の形式である。(中略) ヴィルヘルム大帝下の五十年間、わが民族は非政治家されていたが、そのために不可能になっていたことが今日再び可能となった。それは観客席にいる数千人の人々を、ともに行動し、ともに熱狂し合う市民・民族同胞の共同体にまとめあげることである注5。

　ラインハルト自身の意図とは無関係に、ここで言われているようなことは後年、ナチスがより巧妙に組織した集会――その極めつけはベルリン五輪（1936年）――をすぐに思い出させます。「1930年代になると、この議論を引き継いだナチスの民会劇運動は、ギリシャ演劇を模倣した民会劇場を設営させた。この民会劇場では、一方ではラインハルトが、また他方ではピスカートア（1893-1966）が構築した演出手法を用いて、民会劇の上演によって俳優と観客を「民族同胞」とし、モデルとしての「民族共同体」を形成しようとした」（同上書、75頁）。大衆社会と演劇的装置は、このように、たえず「共同性」の幻想を育むために手を結んできました。けれども、だからこそ、そうした夢の危険性に最も自覚的になれるのもまた、「全体演劇」の理想を抱いた20世紀演劇であったのだ、といえるかもしれません。

4　「ポストドラマ演劇」の地平

　けれども、20世紀後半以降のマスメディアの大規模な発達は、もはやこうしたラインハルトの大劇場などはるかに凌ぐ巨大な劇場性を、数えきれない通信衛星のネットワークを活用しながらグローバルに実現しています。サッカーのワールドカップやオリンピックを数十億人がテレビで観戦することが当たり前となった時代に、演劇的全体性への憧憬など、すでにあまりにちっぽけなものだと思われてもある意味では当然かもしれません。もっとも、こうしたメディア・テクノロジーの発達は、演劇に、いままでとは別の可能性をもたらしつつあるのかもしれませ

ん。ドイツの演劇学者ハンス=ティース・レーマンは、「ポストドラマ演劇」という概念を使って、そのことを説明しようとしています注6。

　レーマンが「ポストドラマ演劇」という言い方でカテゴライズしようとしているアーティストのなかには、演劇というよりも、むしろパフォーマンス・アートという概念で呼ばれてきた作り手が多く含まれています。アメリカの批評家ロズリー・ゴールドバーグは、『パフォーマンス』という著書の中で、現代美術と舞台芸術がちょうど重なり合う領域に生まれたこのジャンルの歴史を、数多くの事例を紹介しながら詳細にたどっています。レーマンの主題は、そうした境界領域的なアートの可能性を、「ドラマ演劇」（戯曲が一本の舞台作品の全体を統合しているような演劇）との対比のなかで位置づけることにあります。それによって、公共劇場が質、量ともに豊富で、演劇の社会的地位がまだまだ高いドイツにおいて、「未来の劇場」のヴィジョンを共有したいということでしょう。

　レーマンが挙げている事例は膨大なので、ここではいくつかに絞ってみてみることにしましょう。たとえば彼は、もはや一本の戯曲が作品の統一性を保障しなくなった1970年代以降のポストドラマ演劇の先駆的な演出家として、アメリカの演出家ロバート・ウィルソン（1941-　）とポーランドの演出家タデウシュ・カントル（1915-90）を挙げています。興味深いのは、この二人の演出家は、もともと演劇学校などの出身ではなく、美術の出自だということです。ウィルソンの初期の代表作といってよい『浜辺のアインシュタイン』（1976）は、ミニマリズムの作曲家フィリップ・グラスや、マルチメディア・パフォーマーのローリー・アンダーソン、ポスト・モダンダンスの振付家ルシンダ・チャイルズらとの共同作業によるものですが、長大な上演時間の間、観客は自由な出入りが許されていて、いわば一種の動くインスタレーションといってもよい側面をもっています。カントルの代表作のひとつである『死の教室』（1975）は、ウィルソンの意図的な散漫さにくらべればはるかに強

力な求心力をもっていますが、素人の老人たちが自己の少年少女期の分身である等身大に近い人形を背負い、大音量のワルツに合わせてぎくしゃくした身体をさらしながら踊りつづけるとき、人形は人間に、人間は人形に近づくことで、えもいわれぬ世界を現出させています。このように、複数のメディアが組み合わさり、接続されることによって、「ドラマ演劇」の枠を踏み越えたシアトリカルな世界が生み出されます。

　たとえば、近年日本でも見る機会があったロメオ・カステルッチ（イタリア、1960－　）、クリストフ・マルターラー（スイス、1951－　）、ラビア・ムルエ（レバノン、1967－　）などの作家は、みな美術や音楽、映像などの異ジャンルを越境しながら作品を生み出しているという点で、「ポストドラマ演劇」といえます。こうした作品は、いずれも大衆社会に存在している「全体性」への夢を疑いながら、メディアの組み合わせによって、脱中心的、もしくは多中心的な作品世界を構築しています。多様化するメディア社会の中にあって、19世紀半ばに今日のような姿を整えた「現代演劇」が、21世紀もなお正当化されつづけることが果たしてできるのかは、それ自体大きな問題です。けれども、それゆえに「今、演劇がほんとうに必要なのか、必要だとすればそれはどんな演劇なのか」という根源的な問いは、ますます重要になってきていると言えるでしょう。

研究課題

1．現代演劇の歴史における、メインストリームの劇場と芸術的前衛（実験演劇）の関係について考えてみましょう。
2．現代演劇の歴史において、「ドラマ演劇」がどのような展開をたどってきたかを考えてみましょう。
3．現代演劇とメディア社会との関係を、多角的に考えてみましょう。

参考文献

フィッシャー゠リヒテ（エリカ）『パフォーマンスの美学』（中島裕昭他訳、論創社、2009年）、『演劇学へのいざない―研究の基礎』（山下純照他訳、図書刊行会、2013年）

ブルック（ピーター）『なにもない空間』（高橋康也、喜志哲雄訳、晶文社、1971年）

ブレヒト（ベルトルト）『今日の世界は演劇によって再現できるか』（千田是也編訳、白水社、1996年）

レーマン（ハンス゠ティース）『ポストドラマ演劇』（谷川道子他訳、同学社、2002年）

渡邊守章「舞台の表象、表象の舞台」（小林康夫、松浦寿輝編『表象のディスクール　第一巻　表象』、東京大学出版会、2000年、253‐308頁）

渡邊守章『舞台芸術論』（放送大学教育振興会、1996年）

>> 注

注1）ポール・クローデル『繻子の靴』（渡邊守章訳、岩波文庫、2005年）、訳者による「解題」、上巻446‐47頁。

注2）エミール・ゾラの演劇論にかんしては、川島健『演出家の誕生―演劇の近代とその変遷』（彩流社、2016年）の第一章～第二章に、分かりやすく論じられています。ステファヌ・マラルメの演劇論にかんしては、渡邊守章「舞台の表象、表象の舞台」（小林康夫、松浦寿輝編『表象のディスクール　第一巻　表象』、東京大学出版会、2000年、253‐308頁）に詳細な解説があるので、参照して下さい。

注3）ベルトルト・ブレヒト『今日の世界は演劇によって再現できるか』（千田是也編訳、白水社、1996年）を参照。直後の引用は、同書122頁。

注4）ピーター・ブルック『なにもない空間』（高橋康也、喜志哲雄訳、晶文社、1971年）、7頁。

注5）エリカ・フィッシャー゠リヒテ『パフォーマンスの美学』（中島裕昭他訳、論創社、2009年）、74頁。

注6）ハンス゠ティース・レーマン『ポストドラマ演劇』（谷川道子他訳、同学社、2002年）。

9 日本の現代演劇
──〈近代化〉の彼方に──

森山 直人

　前章で、私たちは、「現代演劇」を、「現代」に関する根源的な問いを含んだ演劇だと定義しました。「日本の現代演劇」についても同じことがいえます。問題は問いの姿勢であって、ある演劇人が、一見したところ、メインストリームに属しているか、実験演劇に属しているかということとは関係ありません。メインストリームに属していながら、「現代」について深く思考した運動は、日本でもさまざまな局面でこれまで生じてきました。たとえば、歌舞伎においても、明治期の九代目市川団十郎や、大正から昭和期にかけての六代目尾上菊五郎による変革は、歌舞伎そのもののあり方を大きく変え、その「近代化」を成し遂げたという点で、まさに「現代性」をそなえていたということができるかもしれません。ただ、日本の伝統演劇における近代化の問題を扱う余裕はここではないので、ひとまず西洋演劇の影響を直接受けた演劇に焦点をしぼって考えてみたいと思います。

1 〈近代〉へ

　夏目漱石が、西洋の近代を「内発的」、日本のそれを「外発的」と呼んだことは有名です(「現代日本の開化」)。〈近代＝モダニティ〉が、西欧にとってはまさにその内部から起こった現象であった（＝内発的）のに対して、非西欧圏の人々にとっては、それはあくまでも外部から与えられ（＝外発的）、否応なく措定された目標であったということ。そのことは演劇の歴史にも深くかかわっています。日本の現代演劇にとって、そのことは、「歌舞伎」に代表されるような江戸時代以来の様式や美学の否定という形で最初はあらわれました。西欧近代演劇の「翻訳」

という「近代化」のプロセスを選択すること――日本の現代演劇はまさにそこから出発したのであり、その歴史的役割を担ったのが、「新劇」という日本の近代劇運動だったのです。そのような意味で、近代文学と同じように、新劇もまた、芸術的前衛としてはじまったといえます。

　歌舞伎的な感性と美学は、大都市の大歌舞伎だけでなく、小芝居（こしばい）や大衆演劇の巡業などを媒介として、全国的な広がりをもっていました。そしてそのさらに古層には、中世以来の語り物の伝統が隅々まで根を張っていました。だからこそ、西洋の文芸に魅せられ、西洋流の演劇を日本に確立しようと考えた「新劇」にとって、「未来の演劇」はこうした伝統から明確に切断される必要があったのです。たとえばイプセンやチェーホフのような戯曲には、そうした伝統的な身体性だけでは対処できない未知のもの（＝他者性）があります。新劇は、「翻訳」という問題に、身体で向き合わざるを得なくなったのです。

　歌舞伎に深い造詣を持ちつつも、歌舞伎のスタイルと縁を切り、「近代」という時代にふさわしい、新しい演劇を追求した「新劇の父」小山内薫（1881-1928）は、生涯を通じて、そうしたテーマと格闘した舞台人です。1924年に築地小劇場を設立した小山内は、1912年末から13年半ばにかけて、同時代のヨーロッパ演劇に直接触れた経験をもとに、「歌舞伎劇でもなく、新派劇でもなく、世界の演劇的伝統を基礎とし、同時に日本の伝統を現代化した或新しい芝居」（「国劇の将来」、1925年）――いいかえれば、欧米20世紀の現代演劇に匹敵する独自の現代演劇を、演劇の創造現場において打ち立てようと努力しつづけました。そうした作業は、ともすれば歌舞伎的な様式に言葉や身体が引きずられそうになるのを懸命に食い止めることの連続でした。「歌うな、語れ。踊るな、動け」と稽古場で俳優たちに語りかけつづけた、という有名な逸話は、歌舞伎的な美学や語り物の伝統が、いかにその当時の人々の身体に深く定着していたかを物語っています。

　「新劇」が、いわゆる「リアリズム」に方向性が限定されていくの

は、プロレタリア演劇運動が挫折した1930年代半ば以降のことでした。この時代、左翼運動と密接に結びついていた「新劇」は、1940年のいわゆる新劇事件によって一時壊滅的な打撃を受けますが、太平洋戦争中の「移動演劇」（国策によって進められた農村等への慰問演劇）などでの活動を通じて、再編成されることになります。1945年12月、終戦直後の東京で、新劇団合同公演として開催されたチェーホフ『桜の園』は、戦後民主主義の象徴としての「新しい演劇＝新劇」が、リアリズムを原点とすることの一種の宣言のようなものとして、長らく受けとめられてきました。歌舞伎のようにスター俳優中心ではなく、あくまでも芸術作品としての「戯曲」を中心として、作家の描き出した現実世界の姿を（たんなる写実か社会批判かはまちまちですが）できるかぎり忠実に舞台上に再現するという方法が、なにより人々の心身に浸み込んだ歌舞伎的な様式性を脱却するための強力な武器であったことは確かでしょう。1950年代には、「新劇」は、名実ともに日本の演劇界の中心的な勢力のひとつとなっていきます。劇場施設というハード面に関しては、欧米に比べると圧倒的に貧しい状況は続きますが、イプセンやチェーホフの数々の「名作」や、テネシー・ウィリアムズ（『欲望という名の電車』等）やアーサー・ミラー（『セールスマンの死』等）などの同時代演劇が、いまや円熟の境地に達しつつあった築地小劇場系の優れた俳優たちによって、恒常的に上演が行われるシステムは、ほぼこの頃までには確立したといってよいでしょう。日本の伝統的な身体性を否定するという代償のもとに生まれたものであるとはいえ、ともかくそれは近代日本が生み出したひとつの文化には相違なかったのです。

　戦後、文学座と深い関わりのあった三島由紀夫（1925-70）が、かつて次のような発言をしたことがあります。「日本には悪名高い翻訳劇演技というものがある。（中略）曲がりなりにもその演技は、何十年の歴史を経て、多少見るべき成果を示し、西洋が見てもそんなにおかしくない西洋劇をやれる段階に達した」（「『サド侯爵夫人』について」、1965

年)。やや皮肉まじりではあっても、この発言は、新劇運動のひとつの達成を端的に物語っています。そして、まさにこの発言のきっかけでもあった彼自身の戯曲『サド侯爵夫人』(1965) が、近代日本の翻訳文化が生み出した最も優れた戯曲のひとつであることも忘れることはできません。芸術的少数派としてスタートした新劇運動は、こうして、歌舞伎や商業演劇と並んで、メインストリームのひとつとしての地位を確立したのです。そのことは、とりもなおさず、新しい時代の新しい前衛を必要としていることの裏返しでもありました。

2 〈近代〉への懐疑——1960年代の演劇

　1960年代に、「演劇はこのままでいいのか」という問いを最も鋭く提起したのは、俗に「アンダーグラウンド演劇（アングラ演劇）」と総称された新しい世代——寺山修司（1935-83）、蜷川幸雄（1935-2016）、別役実（1937-2020）、鈴木忠志（1939-　）、太田省吾（1939-2007）、唐十郎（1940-　）、佐藤信（1943-　）といった演劇人でした。「西欧演劇を規範として、西洋人の言動をひたすら摂取することに夢中になった"昨日の新劇"は、本来的に演劇が根拠とすべき創造のオリジンの横を通りすぎたり、切り捨ててきたりしてきたのではないか」（鈴木忠志『内角の和』、1973)。「反近代」「反新劇」を掲げた彼らが共有していた問いは、「近代化」のプロセスを忠実に生きた新劇が、その結果として、演劇の根源的な創造性を失ってしまったのではないか、ということでした。その問いはまた、日本がつくり上げてきた「近代」という制度全体に対する疑いへと通じてもいました注1。

　演劇批評家の菅孝行は、彼らが登場する背景として、1950年代後半の学生層に、サルトルとブレヒトとベケットが受容されたことの重要性を指摘しています（『戦後演劇−新劇は乗り越えられたか』。20世紀の思想と演劇を考える上で不可欠のこの三人の受容は、「文学」としてなら、すでに新劇が手をつけていました。けれども、重要なのは、1960年

代演劇の世代が、こうした思想や演劇を、たんなる「文物」としてではなく、「近代化」の歴史をまさにいま生きつつある生身の個の問題と重ね合わせて受容し、引き受けたことです。たとえば、アングラ世代の最初の成果は、劇作家・別役実の『象』（1962／1965改稿）ですが、そこには「60年安保闘争」の前後に彼自身が体験した政治闘争の矛盾が、不条理劇の身体感覚と重なり合った独自の劇言語の地平として開かれていました[注2]。また、演出家・劇作家の太田省吾は、同じテーマを、既存の劇言語と身体のあり方を徹底的に批判することによって、1970年代後半に「沈黙劇」という独自のスタイルを発明しました[注3]。シェイクスピア劇の生々しさを評して、「歴史だけが――ほとんど肉体で感じられる歴史の働きだけが、そこにはある」と言ったのは批評家ヤン・コットですが、アングラ世代の最良の成果のなかには、「ほとんど肉体で感じられる歴史の働き」といえるような何かが、確実にうごめいています。

　「肉体」は、この時代の演劇のキーワードでした。アングラ世代が必要としていたのは、新劇が切り捨ててきた伝統的な身体性を取り返し、民衆的なエネルギーを呼び起こすことのできる演劇装置だったのです。唐十郎が、1967年、はじめて新宿で紅テントでの上演を挙行したとき、「反近代」「反新劇」というアングラ世代の主張は、「テント劇場」という明確な方法を見出したのだと言えます。それは、1880年代以降の西欧の現代演劇史のなかに繰り返し現われる、演劇の〈始原〉への遡行というモチーフとも重なっていました。当時彼が好んで用いた「河原乞食」というスローガンは、「特権的肉体」をもった役者たちによる集団的な劇の構築こそが演劇の根源的な創造性であって、歌舞伎の〈始原〉に潜んでいたはずの、「近代化」が切り捨ててきた民衆的な身体性と劇場のもつエネルギーを取り返そうとする宣言であったといえます。「今、大事変でも起って君のペンがなくなっても、君のカメラが失われても、君が生きているならば肉体だけは残っているだろう。その時、ただ一本の火さえあれば始まるのは演劇なのだ」（唐十郎『特権的肉体論』、1968

年)という印象的な言葉は、彼の思考をよく物語っています。六本木のビルの地下室を拠点(自由劇場)としていた劇作家・演出家の佐藤信らを中心とするグループ(後の劇団黒テント)が、やはり全国をめぐるテント公演をはじめたのは唐の影響でしたが、同様の方向性は、寺山修司が、初期に提唱した「見世物小屋の復権」とも重なっています。

　日本の演劇が世界に目を向ける上で、新劇はなくてはならないプロセスでした。けれども、日本の1960年代前衛演劇がもたらした最も重要な点は、彼らの新劇に対する批判的な受容を通じて、日本の現代演劇が、初めて世界の現代演劇と対等に渡りあえる具体的な作品を生み出すことができたという点です。そのことは、60年代のアングラ・小劇場演劇において、芸術家として自立した「演出家」という存在が日本に生まれたことにもあらわれています。鈴木忠志は、そうした歴史性に最も自覚的な演出家であるといえるでしょう。彼は、劇作家・三島由紀夫が的確に指摘していた新劇の矛盾を問題化しつつ、白石加代子という特権的な俳優を得て、日本人が西洋演劇を上演することの根拠を、作品創造の現場レベルで徹底的に批判的に探求することからスタートしました注4。1970年代に入ると、彼は一方ではそこでの成果ともいうべき肉体をベースにした俳優訓練法をスズキ・メソッドとして体系化し、他方では富山県の過疎の村(利賀村)に拠点を移して、その地で世界の最先端の演劇を一同に会する場(利賀演劇フェスティバル、1982年〜)を組織しながら、同世代の世界の演劇人との間に国際的なネットワークを構築することを通じて「日本の近代」を検証する作業を行ってきたのです。その意味で、2000年代に入って、彼の演出する『リア王』が、モスクワ芸術座の正式なレパートリーになったことは、きわめて象徴的です。モスクワ芸術座は、小山内薫が1910年代に訪れ、スタニスラフスキーが演出していたチェーホフ劇の演出をつぶさに書きとめたことであまりにも有名な、まさに日本の近代＝現代演劇の歴史的原点ともいうべき劇場だからです。新劇の出自を持ちながら、唐十郎や鈴木忠志の作品に刺激を受け

て、アングラの演出家としてデヴューした蜷川幸雄は、1974年に東宝で『ロミオとジュリエット』を上演してからも、シェイクスピアやギリシア悲劇を、日本の新左翼運動の政治的挫折や近代化の過程で疎外された民衆文化の伝統に即して読みかえることによって、鈴木とは別の角度から「現代演劇」的な問いを発してきました。1999年にはロイヤル・シェイクスピア劇団と共同制作（『リア王』）も行っている蜷川もまた、西洋が「日本」に対して持っているオリエンタリズム的な偏見に直面しながら、日本の現代演劇がいかに世界で通用しうるのかを思考する道筋を、今日まで切り開いてきたのだといえるでしょう注5。

3 〈ポスト近代化〉の地平

ところが、高度経済成長を終えた日本が、1970年代から80年代にかけて、「経済大国」としての繁栄を謳歌するようになると、〈近代化〉という国民的目標は人々の意識から消えていきます。1970年代以降、「政治の季節」が終息し、人々が急速に裕福になり、消費社会が全体を覆うようになると、社会にとっての文化的な課題は、多様化する人々の趣味や娯楽への欲求をどのように満たすか、ということに移行します。それは明治以来の日本が経験したことのなかった大きな変化だったのです。

そこで、ここでは、1970年代から現在までを、おおざっぱに〈ポスト近代化〉の時代と呼んでおきたいと思います。問題は、そのような変化にあって、日本の現代演劇はどう変化したのかという点です。いままで見てきた通り、新劇は〈近代化〉、アングラは〈近代化への疑い〉を根拠に成立していました。けれども、どちらもベースにあるのは〈近代〉であり、〈近代〉において「演劇」は〈芸術〉であるという前提を共有していました。ところが、物質的な豊かさが飽和した〈ポスト近代化〉の時代にあっては、社会的な関心は、〈芸術〉から〈娯楽〉に移行し、その〈娯楽〉も多様化していきます。テレビやラジオのようなマスメディアに誰もが手が届き、食文化もポップ・ミュージックも雑誌もテー

マパークも、それまでとは比較にならないくらい多種多様になる。1990年代後半以降になると、インターネットのようなデジタル文化の爆発的な普及がさらに攻勢をかけることになるでしょう。こうした〈近代化〉から〈ポスト近代化〉への移行は、日本だけでなく、今日あらゆる場所で、ますます急激に生じている出来事だと考えられます。

　現在の目から見るとき、日本の現代演劇における〈ポスト近代化〉の時代とは、徐々にその文化的ステータスが相対化されていくプロセスだったように思われてきます。〈近代化〉という明確な社会的目標が存在するときには、何を批判すればよいかも明確です。ところが〈ポスト近代化〉のような「多様性」の時代にあっては、何を問えばよいのかが、きわめて見極めにくくなってきます。「現代」を問う力が「現代演劇」のアイデンティティだとすれば、その問いを見失ったとき、「現代演劇」は危機に陥るほかありません。

　そうした時代の到来に敏感に反応し、独自の世界を開拓していった最初の世代の演劇人が、1970年代以降のつかこうへい（1948‐2010）であり、1980年代以降の野田秀樹（1955‐　）であったといえます。二人に共通の特徴は、どちらも鈴木忠志や唐十郎のようなアングラ演劇に強く惹かれ、けれども〈娯楽〉であることを受け入れ、なおかつ多様な〈娯楽〉に拮抗できる「演劇」のあり方を見出そうとしたことでした。在日の作家であるつかは、『初級革命講座飛龍伝』『戦争で死ねなかったお父さんのために』などの作品で、政治に挫折した心情を、劇的でアイロニーに満ちた笑いに変換する方法を発見し、野田は、一見ポップで多幸症的な外見の奥に、抑圧された者の声にならない叫びをそっと忍ばせる複雑な劇世界を構築しました。けれども、二人の演劇は、そうした作家の意図とは無関係に、当時の若者に熱狂的に受け入れられ、「ブーム」を巻き起こした点も共通しています。つまり、つかや野田の演劇は、飽くなき〈娯楽〉への社会的欲求のなかで、しばしば一種の娯楽的な文化イヴェントと同一視されてもきたのです。

〈近代化〉の時代との比較で、非常に興味深いのは、〈ポスト近代化〉の時代にあっては、「伝統文化」がイヴェント化する、という点です。たとえば、つかこうへいの影響を受けてスタートした劇団☆新感線の舞台は、「いのうえ歌舞伎」と銘打たれていますが、彼らの作品の特徴はむしろ劇画的感性であり、「歌舞伎的なもの」とは、新劇のように乗り越えるべきものでもなければ、アングラのように近代批判の道具でもなく、もはや「華やかなスペクタクル」と同義となっています。野田秀樹自身も、2000年代に中村勘三郎（18代、1955－2012）とタッグを組んで「野田版歌舞伎」と銘打った作品を発表していますが、さすがにこちらは歌舞伎役者が出演する作品なので、単純にイヴェントだということはできません。けれども、演劇評論家の渡辺保が、勘三郎の「平成中村座」を「イヴェント的」だと言って批判していることからもわかるように、今日では本物の歌舞伎でさえも、「イヴェント化」の波に晒されていることはたしかなようです。しかし、野田秀樹自身についていえば、そうした「イヴェント化」圧力のなかで、「現代」を問う姿勢を懸命に保持しつづけています。たとえば『赤鬼』（1996年初演）には社会的差別への批判が、『エッグ』（2013年初演）には戦争批判が明確なメッセージとして響いています。

　一方、つかや野田とまったく対照的な方法を見出したのが、1990年代以降に登場した平田オリザ（1962－　）です。彼の演劇論に『都市に祝祭はいらない』という本がありますが、まさにそのタイトル通り、彼の主宰する劇団青年団の演劇は、「イヴェント的なもの」とはかけ離れています。ドラマティックな音楽や照明で盛り上げる代わりに、彼の作品には、日常とほとんど変わらない声でぼそぼそと話したり、平気で観客席に背を向けたり、舞台の二か所で同時に話が進行したりします。場面転換も照明の変化もありません。「世界をダイレクトに写し取ったようだ」と評されることもある彼の演劇は、いわば「カメラによる定点観

測」の視覚を観客に提供しています。佐藤真や想田和弘のようなドキュメンタリー映画の作家が平田に注目してきたのも、おそらくそうした点に由来しています。

平田の戯曲は、一見普通のリアリズムのように見えます。しかし、たとえば井上ひさし(1934-2010)、岩松了(1952-)、三谷幸喜(1961-)といった劇作家が正統的な「人間のドラマ」の書き手だとすると、平田の戯曲は「人間の観察記録」のような書かれ方をしています。彼が1995年に発表した演劇論『現代口語演劇のために』は、その後の若い世代に大きな影響を与えましたが、ここでいう「現代口語」とは、まさに街角や教室で、現代の日本人が普通に話している言葉を、マイクで拾ってきたように聞こえる日本語のことを指しています。2000年代に登場し、いまでは国際的に有名になったチェルフィッチュの岡田利規(1972-)は、そうした方法論を徹底化させることで、独自のスタイルを確立した作家です。ここでは、日本社会に普及しつくしたメディア・テクノロジーが、人々の身体感覚的なリアリティ自体を変化させていることに気づかされます。さらに若い藤田貴大(1985-)になると、その作品は、同じシーンが角度をかえて何度もリフレインされ、めまぐるしく場面が変わっていく手法が、ほとんど映像の編集を思わせるような作り方になっています。

4 日本におけるポストドラマ演劇

こうした、身体感覚におけるリアリティのメディア的な変化という「現代性」について、「ポストドラマ演劇」と呼ばれる流れが「問い」を提起していることを、前章で見ておきました。本章の最後に、日本におけるポストドラマ演劇的な試みを紹介しておきます。

最初に紹介するのは、京都を拠点とするダムタイプというグループです。ダムタイプは、パフォーマー、照明、音響、映像などのプロフェッショナルが対等な関係で集まって作品をつくるという姿勢を貫いていま

すが、彼らの代表作のひとつは、1993年から96年にかけて制作された『Ｓ／Ｎ』という作品です。今日でもまったく古びて見えることのない、日本の〈ポスト近代化〉の時代が生んだ傑作の一つです。

　この作品は、中心的なメンバーの一人であった古橋悌二（1960‒95）がエイズに感染したのを期に作られた作品です。1980年代から90年代前半は、エイズに対する社会的偏見が最も蔓延していた時代でした。『Ｓ／Ｎ』は、個々の生が、エイズとどのように共生していけるのかを真剣に、そしてユーモアを交えて問いかけており、その上で、メディアが流すエイズに対する「情報」を次々にスクリーンに投影し、メディアに包囲されている人間の状況をフラッシュや爆音、裸体の表現などを通じて描き出していきます。なぜなら、「エイズ」はメディアにとっては、たんなるネタでしかないからです。「ゲイでエイズなんだけど死ぬことで許してやろうみたいな構図ができていて、そこに感動する自分を見出して、自分の人間性もまだまだ捨てたもんじゃないなと感じ入ったりして。（中略）当時者たちにとって、「悲劇」の記号にされるほど恐ろしいことはない。自分の人生は泣かせるためにあるのかってね」注6。

　ダムタイプが、メディアを通して流布されるエイズへの偏見に異を唱えたのに対して、PortBの高山明（1969‒　）は、メディアを通して流布される都市への偏見に異を唱えようとしています。たとえば、2010年に発表した『完全避難マニュアル・東京版』は、山手線という東京の大動脈である公共交通機関の各駅に、ホームレスや宗教など、普段は存在さえ知ろうとしないさまざまなスポットを「避難所」に指定し、観客がひとりひとりそうした場所をめぐって歩く「ツアー・パフォーマンス」型作品です。こうした作品は、アングラ演劇の代表的な演劇人である寺山修司が1970年代に実践した「市街劇」という手法にも想を得ていますが、メディアが流す偏見に抗い、観客が自分の身体を通じて「現実」に対峙することを内容としているこの作品は、「書を捨てよ、街へ出よう」というかつての寺山のキャッチフレーズを、「現代」に応用してみせた

優れた事例だと言えるでしょう。2013年には、彼は『東京ヘテロトピア』というやはりツアー型作品で、東京の在日外国人コミュニティを、観客が実際に訪ねて歩く装置を世に問うています。

　先に述べたような演劇の「イヴェント化」に正面から対抗しているのは、京都を拠点にする劇団地点の三浦基（1972- 　）です。三浦は、鈴木忠志や太田省吾にあったアングラの前衛精神の最も正統的な継承者ですが、「地点語」という独特の「解体された日本語」を使ってチェーホフの四大戯曲をレパートリー化しただけでなく、近年では、現代音楽との共同作業による一種の「音楽劇」にも取り組んでいます。彼が上演した『光のない。』（2013年初演）は、オーストリアの女性劇作家イェリネクが、〈3.11〉のちょうど一年後に発表したポストドラマ的な戯曲作品を、現代音楽作曲家の三輪眞弘、建築家の木津潤平と共同で、オペラでもミュージカルでもない、独特の「音楽劇」に仕上げています。そうした三浦が、京都の銀閣寺のすぐ近くに、観客席最大40名程の小劇場「アンダースロー」をあえて拠点劇場としてつくったことは、非常に多くの示唆に富んでいます。「現代演劇」は「イヴェント化」の渦のなかで生き残っていけるのかどうか。「アンダースロー」は、過酷な「現代」を、あえて「日本の小劇場演劇」の正攻法から問うているのです。

研究課題

1．日本の「現代演劇」は、伝統演劇、たとえば歌舞伎とはどのような関係をもってきたといえるかどうか、考えてみましょう。
2．1960年代の「現代演劇」は、政治的なものとどのように向き合ってきたのかを考えてみましょう。
3．「ポストドラマ演劇」的な作品は、戯曲を要とした作品と、どのような点で違っているのかを考えてみましょう。

参考文献

　挙げていけば膨大な数になりますが、紙幅の都合もあり、ここでは最小限に絞ります。

大笹吉雄『日本現代演劇史』全八巻（白水社、1985－2001年）
太田省吾『プロセス』（而立書房、2007年）
菅孝行『戦後演劇――新劇は乗り越えられたか（増補版）』（社会評論社、2003年）
鈴木忠志『内角の和』全二巻（而立書房、2003年）
扇田昭彦『日本の現代演劇』（岩波新書、1995年）
曽田秀彦『小山内薫と二十世紀演劇』（勉誠出版、1999年）
ダムタイプ編『メモランダム　古橋悌二』（リトルモア、2000年）
寺山修司『寺山修司幻想劇集』（平凡社ライブラリー、2005年）
日本演出者協会＋西堂行人編
　『戦後新劇』（れんが書房新社、2007年）
　『演出家の仕事：60年代・アングラ・演劇革命』（れんが書房新社、2006年）
　『80年代・小劇場演劇の展開』（れんが書房新社、2009年）
平田オリザ『現代口語演劇のために』（晩声社、1995年）
三島由紀夫『サド侯爵夫人・わが友ヒットラー』（新潮文庫、改版2003年）

》》注

注1）1960年代以降の展開については、扇田昭彦『日本の現代演劇』（岩波新書、1995年）が、コンパクトにまとまっています。

注2）戯曲『象』は、『別役実1（壊れた風景／象）』（ハヤカワ演劇文庫、2007年）で、現在手軽に入手することができます。別役実は、1960年代以降の劇作家として、今日まで大きな影響を後続の劇作家に残していますが、彼が不条理演劇をどのように読んだかについては、彼の『ベケットと〈いじめ〉』（白水社、2005年）を読むとよくわかります。また、『ことばの創りかた』（論創社、2012年）には、安部公房の劇作を批判しながら、彼がどのように独自の劇言語をつくりあげていこうとしたかが読み取れる貴重な初期の演劇論（「演劇における言語機能について」）が再録されています。

注3）たとえば、太田省吾『プロセス』（而立書房、2007年）を参照してください。太田は、アングラ世代の演劇人のなかでは比較的デビューが遅かった作家ですが、1970年から劇団転形劇場を率い（88年解散）、『小町風伝』（1977年初演）や

『水の駅』（1981年初演）などの、台詞がほとんど、もしくはまったくない「沈黙劇」によって、特異な活動を続けてきました。その作風には、本文後半で述べるポストドラマ演劇的な方法の先駆けのような側面もあります。彼の代表作を集めたDVD-BOXが、現在入手可能です（『太田省吾の世界』、京都造形芸術大学舞台芸術研究センター／カズモ発行、14900円）、現在品切れ。

注4）鈴木忠志の演劇論集『内角の和』全二巻（而立書房、2003年。ただし、「1」は1973年の再刊です）には、彼の演劇観や方法、プロセスなどが詳しく書かれています。鈴木は1960年代以降の日本の前衛演劇の歴史のなかで、海外に最もよく知られている演出家であるといえるでしょう。スズキ・メソッドは、世界的に注目され、俳優教育の方法として取り入れられています。また、第一回利賀演劇フェスティバルのドキュメントも収めたDVD『トロイアの女』（カズモ発行）は、白石加代子との共同作業のあり方の一端を伝える貴重なヴィデオです。

注5）蜷川幸雄にかんしては、近作の多くがDVD化されています。また、その活動については多数の書物も出版されていますが、たとえば扇田昭彦『蜷川幸雄の劇世界』（朝日新聞出版、2010年）などを参照してください。

注6）『メモランダム　古橋悌二』（リトルモア、2000年）、95頁。

10 日本の伝統芸能
――歌舞伎――

古井戸秀夫

1　歌舞伎の400年

　歌舞伎は踊りではじまりました。出雲のお国が京都の四条河原で「かぶき踊り」を踊った慶長8（1603）年、その年に京都の伏見城では徳川家康が将軍宣下を受け、江戸に幕府が開かれています。平成25（2003）年には江戸開府400年とともに歌舞伎400年の節目が祝われました。

　お国は少女スターでした。本能寺の変で織田信長が殺される前の年、天正9（1581）年に宮中に招かれて「ややこ踊り」を踊っています。「ややこ」とは幼い少女の事でした。7歳と10歳。おそろいの小袖を着て髪を短く切りそろえた二人の少女がラブソングに合せて踊りました。招いたのは「憂き世とて誰を託（かこ）なむ我さえや心のままにならぬ身なれば」と嘆いた正親町（おおぎまち）天皇でした。可愛らしい少女の姿は戦国乱世に倦み疲れた天皇や女性たちにひとときの安らぎを与えることになったのでしょう。

　お国が京都に戻ってきたのは19年後でした。そのとき出雲大社の巫女だと名乗って「かぶき踊り」を踊りました。出雲大社にあたらしい縁結びの信仰が芽生えたのはこのときでした。出雲のお国は恋のキューピットとして颯爽と京の都に登場したのでした。

　出雲のお国の扮装は「かぶき者」という伊達男の姿を真似たものでした。「かぶき」に漢字をあてると「傾き」になります。心と体のバランスを失い勝手気ままにふるまう男たち、その多くは戦場から帰ってきた若者たちでした。囁くように歌われるラブソング、風に吹かれる柳のようにしなやかに勇躍する踊り姿、恋を謳歌するその姿は「生き過ぎた」と歎じて喧嘩に明け暮れる「かぶき者」たちの心を魅了するものでし

た。

　男装をしたお国が通うのは茶屋、のちの遊廓でした。相手役の「おかか」（のちの遊女）に扮したのは男性でした。よく見ると扇で隠された口元には口髭が見えるではありませんか。滑稽な諧謔味はコケティシュな男装の麗人の姿とともに、すさんだ男たちの心を和ませることになりました。

　あたらしく生まれた遊廓の遊女たちも、お国の真似をして「かぶき躍り」を踊りました。「和尚」と称された遊女歌舞伎（女歌舞伎）のスターは舞姫・歌姫に譬えられ、「かぶき」には「歌舞妃」「歌舞姫」「歌舞妓」の漢字が宛てられるようになりました。やがてそれが「歌舞伎（歌舞伎）」に統一されることになります。

　男装の麗人となったのはひとりではありませんでした。大勢の遊女が輪になって踊る、豪華な舞台には数万人の見物が集まったとも言われています。あまりの影響力の大きさに、遊女歌舞伎（女歌舞伎）は幕府により禁止されることになるのでした。

　遊女に替って台頭したのは美しい少年、若衆でした。男かと見れば女、女かと見れば男、両性具有のその姿も人々の心を蕩かし、風俗を紊乱するという理由で禁止されることになるのです。そのような経緯を経て、ようやく認められるようになったのは若衆の美しい前髪を剃り落して野郎頭になった、成年男子による野郎歌舞伎でした。

　出雲のお国の登場から100年、元禄年間には「女形」が確立。男に扮した「立役」と「女形」の恋を描く、ドラマの骨格が生まれることになりました。

　次の100年は歌舞伎が演劇として大成される時代でした。見物席の上にも屋根が掛けられ、客席と舞台が交歓してひとつになる、演劇空間の誕生でした。「花道」はもと客席の通路でした。「花道」に役者が立つと、前からも後ろからも、右からも左からも、見物の熱い視線が注がれるのです。音楽や舞踊の表現も豊かになり、人形浄るりとの交流も盛ん

になりました。『忠臣蔵』『娘道成寺』『助六』など、代表的な作品が初演されたのもこの100年でした。

　三つ目の100年は文化文政期の爛熟にはじまり、「団菊」（9代目市川團十郎と5代目尾上菊五郎）の死で終焉を見ました。『寺子屋』『熊谷陣屋』など人形浄るりを原作とする「義太夫狂言」の演出が確立され、その一方で鶴屋南北の『四谷怪談』、河竹黙阿弥の『弁天小僧』などの新作が書き下ろされ、現在の歌舞伎の重要なレパートリーが揃うことになりました。

　最後の100年は伝承の時代です。古典として洗練される一方で、岡本綺堂・真山青果の「新歌舞伎」、大仏次郎・三島由紀夫の「新作歌舞伎」、市川猿之助の「スーパーカブキ」も生まれました。古典の伝承と創造、河竹登志夫はそれを「二元の道」に譬えています（『かぶきロード―400年の旅をしませんか』）。

　歌舞伎が海外にも紹介されるようになったことも忘れてはなりません。映画監督のエイゼンシュテイン、ロックシンガーのデビッド・ボウイ、バレエのモーリス・ベジャールなど、その影響は各方面に及んでいます。

　歌舞伎400年、その中から4のテーマを選び、その魅力についてお話をすることにしましょう。

2　江戸の大芝居

　常設の劇場、それを江戸の幕府や各藩では「定芝居」あるいは「常芝居」と位置付けました。定められた場所で常に興行をする権利、それが「定芝居（常芝居）」に与えられた特権でした。「三箇の津」と謳われた三都、京・江戸・大坂ではそれが「大芝居」と呼んで称えられました。京では「四条北側の芝居」と「南側の芝居」、大坂では道頓堀の「中の芝居」と「角の芝居」が代表的な大芝居になりました。

　江戸の大芝居は「江戸三座」と称されました。中村勘三郎の中村

座、市村羽左衛門の市村座、森田勘弥の森田座、三座の名跡は代々襲われて相続されることになったのです。江戸三座はそれぞれ創建から数えて100年目、50年目の節目ごとに「寿」の興行を祝いました。「寿」は人の長寿を祝うこと。それを劇場・劇団の相続に当て嵌めたものでした。徳川将軍の御膝元、江戸では将軍の余慶にあやかって相続の永続を祈願したのです。冬でも葉を落す事のない常緑樹「松の緑」を愛でて「変わらぬ御代」の目出度さを謳い上げることになりました。

江戸の役者は芝居町に住むことが義務付けられていました。その芝居を見る見物も定住が義務付けられていました。定住者による定住者のための演劇、それが江戸の大芝居でした。見物は恋の仕方から社会人としての生き方、家族関係の問題まで耳学問、目学問として芝居から学び取ったのです。ファッションも例外ではありませんでした。人気役者が着た衣裳のデザイン、流行色もそこから生まれました。役者は江戸のファッションリーダーでもあったのです。

中村座は日本橋の堺町、市村座は隣町の葺屋町、軒を並べて競い合った両座を称して「二丁町」と呼びました。現在の人形町です。同じ日本橋でも森田座の木挽町（現在の東銀座）は少し離れていました。「二丁町」の賑わいは日本橋の魚河岸、吉原の遊廓とともに「日千両」と称えられました。一日に千両の金が動く、というところが江戸ッ子の自慢でした。

芝居町には芝居茶屋がありました。見物は芝居茶屋で「したく（準備）」をしてから芝居小屋に入りました。着物を着替えるだけではなく食事をとることも「したく」でした。見物席で食べるのは「かべす」です。菓子・弁当・鮓、その頭文字を取って「かべす」。酒とお茶、煙草も呑みながらの観劇でした。

熱気で湧き上がる見物席の後ろから、花道を通って人気役者が登場します。昂奮をした観客から「掛け声」が掛かるのはこのときでした。舞台の上で喜んだり苦しんだりした役者を温かく迎えるのも花道でした。

このときにも「掛け声」が掛かりました。物語は他人事ではありませんでした。自分のこととして役者と一緒に泣き、そして笑うのでした。

　郡司正勝はこのような歌舞伎の持つ特色を「饗宴の芸術」と名付けています（『かぶき―様式と伝承』）。見物と役者がともに食べて飲む、まるで饗宴のようだというのです。服部幸雄はそれを「大いなる小屋」と呼びました（『大いなる小屋』）。舞台と客席が額縁「プロセニアムアーチ」で遮断されておらず天井で繋がっている、そのことからはじまる空間論でした。

　河竹登志夫は世界演劇をバロックの演劇と古典劇に分けて考えることを提唱しました。同じ日本の伝統演劇でも能は古典劇、歌舞伎はバロックの演劇。シェイクスピアが西のバロックの代表なら、東の代表は歌舞伎になる。見物と舞台が一体化して熱狂する、その性質もシェイクスピアのエリザベス朝の演劇と共通するものでした。

　ドイツのベンヤミンはバロックの演劇の特色として「アレゴリー」という概念を提示しています（『ドイツ悲劇の根源』）。無駄な装飾の事です。『助六』の「並び傾城」や『曽我の対面』の「並び大名」、御殿物に欠くことのできない並びの腰元もこの「アレゴリー」の概念に相当するものなのでしょう。歌舞伎十八番『暫』でも大勢の「仕丁（じちょう）」が荒事師に向かって「アーリャー、アーリャー」という「化粧声（けしょうごえ）」を掛け「でっけえ（大きい）」と褒めます。見物の声を代表しているようなこの化粧声も「アレゴリー」になるのでしょう。大勢の役者で埋め尽くされる華やかな舞台面はグランド・オペラ、グランド・バレエに共通する歌舞伎の特色でした。

3　音楽劇と舞踊劇

　歌舞伎にはじめて近代的な美学のメスを入れたのは坪内逍遥でした。比喩として譬えたのはギリシャ神話の怪物、カイミーラ（キマイラ）でした。頭に獅子、胴体に山羊、尻尾に龍の頭を持つ三頭獣（さんとうじゅう）。獅子は舞

踊劇、山羊はせりふ劇、龍は浄るり劇（義太夫狂言）。浄るり劇は音楽劇でもあり舞踊劇・せりふ劇でもあります。演劇・舞踊・音楽という近代芸術の概念に当て嵌めようとすると歌舞伎は怪物になってしまう、そこに逍遥の譬えた比喩の意味がありました。

　日本の近代演劇のメッカ築地小劇場を立ち上げた小山内薫は俳優に向かって「歌舞伎を離れよ、伝統を無視せよ、踊るな動け、歌うな語れ」という檄を飛ばしました。純粋なせりふ劇、それを「純劇」あるいは「正劇」と呼びました。純粋で正しい演劇を樹立するためには、歌舞伎の持つ舞踊劇・音楽劇の要素を排除しなければならない、という主張でした。

　歌うような歌舞伎のせりふ。黙阿弥の『三人吉三』のお嬢吉三の「月も朧に白魚の」ではじまる「厄払い」と呼ばれる名せりふを聞いてみましょう。女装の盗っ人お嬢吉三は100両の金を奪い取って女を川に蹴落としました。川端の杭を左足で踏みしめて、男の本性を顕わしたお嬢吉三は朧にかすむ春の月に向かって、語りました。聞こえてくる三味線のメロディーに乗るようで乗らない、歌うようなせりふでも、ほんかくてきな歌ではありませんでした。

　せりふのバックに流れる、このような三味線の音楽のことを「合方」と呼んでいます。使われる三味線は長唄の三味線です。細棹の奏でる情緒的で繊細な音色はその場の雰囲気を醸し出す効果を持っていました。

　音楽が入るのはせりふだけではありません。幕の開け閉め、役者の登退場にも音楽が演奏されます。『三人吉三』の幕開けには「夕べ夢見た」という唄入りの長唄に笛と太鼓で「通り神楽」が演奏されます。正月の江戸の町を流して歩く太神楽の音が遠くかすかに聞こえてくる、という設定でした。大太鼓の「ドン、ドンドンドンドンドンドン」という音は隅田川の「水の音」です。楽器による様式的な音でもリアルに聞こえる、その効果をドイツの劇評家が「様式的自然主義」と評したことを河竹登志夫は紹介しました（『歌舞伎』）。

もうひとつ、歌うようなせりふの例を紹介しましょう。歌舞伎十八番の『暫（しばらく）』『助六』など江戸の荒事のせりふ廻しです。『暫』の名乗りせりふは「暫のツラネ」と呼ばれました。助六や揚巻の名乗りせりふは「悪態（あくたい）」でした。三味線の合方が入る以前の古風なせりふ廻しです。明朗なリズム感がその特色になります。ここでは助六が啖呵を切る「悪態」のせりふを聞いてみることにしましょう。

　「義太夫狂言」で使われる三味線は太棹（ふとざお）です。「デン、デン、デン」と響く太くて力強い音から、かつては「でんでん物」とも呼び親しまれました。歌舞伎では当初、人形浄るりで語られる義太夫の「詞（ことば）」というせりふの部分を役者が言い「地（じ）」の部分を義太夫が語りました。「地」になると義太夫の語りに合せて人形の代わりに役者が動きました。せりふのときは生身の人間、義太夫になると人形のようになりました。人形のようになったり人間に戻ったりする、義太夫狂言の面白さはそこから生まれたものでした。

　義太夫の見どころ聞きどころは女性の「クドキ」と男性の「物語」です。聞きどころになると「詞」の中にメロディの付いた「フシ」が入るのがその音楽的な特色でした。「フシ」の部分を義太夫が歌い「詞」を役者が言う、18世紀の終わりに生れたあたらしい演出は19世紀に完成を見ることになりました。役者は「詞」の部分でリアルに動き、義太夫が歌うと人形のようになって踊りはじめました。人間から人形へ、人形から人間へ、モザイク模様のように変る面白さは人形浄るりには見られなかった歌舞伎の義太夫狂言の特色になりました。女形では『忠臣蔵』のお軽の「クドキ」、立役では『熊谷陣屋』の熊谷の「物語」がその代表的な作品になるのでしょう。

　義太夫狂言のあたらしい演出を開拓したのは大坂の3代目中村歌右衛門、江戸では7代目市川團十郎でした。歌右衛門の演出は「梅玉型（ばいぎょくがた）」、團十郎にはじまる演出は「團十郎型」と呼ばれています。このような演出の「型」が洗練されて代々に受け継がれ、今日の古典の歌舞伎は成り

立っています。

　舞踊のことを江戸では「所作事(しょさごと)」と呼びました。「所作」は物真似のことでした。能狂言の「舞」や盆踊りの「踊」の中に物真似の動作が入る、そこに歌舞伎の舞踊の特色はありました。出雲のお国は「かぶき者」の風俗を真似て踊りました。それが「所作事」の原点でした。そこから時代の風俗を巧みに真似て踊る「風俗舞踊」が生まれました。

　長唄の所作事は享保年間に生れ、宝暦年間に大輪の花を咲かせました。女形の中村富十郎が踊った『京鹿子娘道成寺(きょうがのこむすめどうじょうじ)』がその代表曲です。白拍子の踊り子に扮して登場した富十郎は道成寺の小坊主の求めに応じて能の「乱拍子(らんびょうし)」と「鐘の段」に続いて「鞠唄(まりうた)」「花笠踊り」「クドキ」「鞨鼓(かっこ)」「手踊り(ておどり)」「鈴太鼓(すずだいこ)」と、さまざまな娘の所作事を踊りました。このようにいくつかの曲を組み合わせた組曲の形式が長唄の所作事の特色でした。

　長唄より少し遅れて常磐津の浄るりが誕生しました。立役の中村仲蔵(なかぞう)が踊った『関の扉(せきのと)』はその代表曲になりました。この曲もいくつかの曲を組み合わせた組曲でした。それゆえに「浄るり所作事」と呼ばれるようになりました。

　組曲の組み合わせを自由にしたものが文化文政期に流行した「変化物(へんげもの)」の舞踊でした。「七変化(しちへんげ)」にはじまり「八景の所作事」「十二月の所作事(じゅうにつきのしょさごと)」とその数を増やしていきました。組み込まれた各曲は20分程度の短い曲ばかりでした。長唄の『汐汲(しおくみ)』『越後獅子(えちごじし)』『藤娘(ふじむすめ)』、常磐津の『源太(げんだ)』『年増(としま)』、清元の『保名(やすな)』『玉屋(たまや)』、これらの曲は素人までが習って踊る流行曲になりました。これらの曲もさらに短い3分程度の曲を組み合わせた組曲でした。少し踊ったら肌脱ぎなどをして扮装を変え、あたらしい歌のリズムや曲調で踊ります。目先を変えて踊る、そこに歌舞伎の所作事の特色はありました。

4　若女形の系譜

　女形は若衆歌舞伎で誕生し、野郎歌舞伎で完成を見ました。若衆の代表作は『大小の舞』でした。美少年が扮したのは白拍子の「男舞」という男装の麗人でした。『大小の舞』は『業平躍り』とも呼ばれました。男かと思えば女、女かと思えば男、その舞姿は「ふた業平」と称される両性具有の舞踊でした。

　野郎歌舞伎では男に扮する役者を「男方」、女の役に扮する役者を「女方」と分けて幕府に届け出ました。「男方」から「立役」が生まれ、「女方」は「女形」と表記されるようになりました。月代を剃った野郎頭の男が美しい「女の形」になる、そのことを示す表記でした。

　右近源左衛門は女形の元祖と称えられた役者のひとりでした。京都から江戸に下ったとき、右近の名に因んで鬱金色（鮮やかな黄色）の手拭いで月代を隠し、颯爽と登場しました。ほんかくてきな鬘が工夫されてからも、女形はその生え際を美しい紫色の手拭いで隠しました。それを「帽子」と呼んでいます。「帽子」によって女形はほんものの女に負けることのない美しさを獲得しました。

　元禄期には水木辰之助と芳沢あやめが登場しました。舞踊を得意にした辰之助は「花」の役者、せりふ劇のあやめは「実」の役者と評されました。辰之助は花の盛りで劇界を去りました。あやめは還暦を前にして亡くなるまでの生涯を女形で貫き通しました。『あやめぐさ』はその芸談です。あやめの主張は、女形は傾城の役さえできればそれでよい、というものでした。傾城の優しい姿、ぼんやりとしていてどことなく可愛らしい、女らしさを出すためには普段から女らしい生活をしなければならない、あやめが自らに課した女形の戒律でした。

　あやめが得意にした傾城は最高位の遊女のことでした。二十歳を少し過ぎたばかりの若い女性です。それゆえに女形は「若女形」と称されるようになりました。「若女形」と書いて「わか―おんながた」と読みます。若くなければ女形ではない、というのが歌舞伎のほんらいの主張で

した。京都の阿古屋、江戸の揚巻、大坂の夕霧、この3人が三都を代表する傾城の役です。

あやめの三男、中村富十郎は先輩の瀬川菊之丞とともに、傾城よりさらに若い「娘」に扮しました。長唄の所作事『京鹿子娘道成寺』では鞠を突く幼い娘から16、17歳の娘盛りまで、さまざまな娘を踊りました。『娘道成寺』をはじめて踊ったとき富十郎はすでに35歳になっていました。還暦を過ぎてからもこの踊りを踊り続けました。その結果、富十郎には「不老伝説」も生まれています。

菊之丞の代表作も長唄の『百千鳥娘道成寺』でした。傾城に娘の死霊が取り付いて踊る『娘道成寺』でした。娘と傾城を踊り分ける難しい技術が必要な所作事でした。菊之丞が「百千鳥」をはじめて踊ったときは50歳を過ぎていました。その若さから人魚の肉を食べているのではないだろうかという噂も立ちました。人魚は「不老不死」の薬だと信じられていたからでした。

二代目菊之丞は自分の生え際を見せる「地髪鬘」を用いました。紫の帽子を取ったその姿はほんものの娘のようだと讃嘆されました。三代目菊之丞は長唄の『羽根の禿』では7、8歳の少女に扮しています。四代目菊之丞の役柄は「娘形」ではなく「娘」でした。「娘の形」ではなくほんとうの娘だという主張でした。

三都を代表する娘の役は京の信濃屋お半14歳、江戸の八百屋お七16歳、大坂の油屋お染16歳でした。八百屋お七と油屋お染を得意にした5代目岩井半四郎は還暦を過ぎてから好んでいちばん若い信濃屋お半に扮しています。半四郎が『本朝廿四孝』の八重垣姫、『金閣寺』の雪姫に扮したのも還暦を過ぎてからでした。八重垣姫と雪姫はのちに『鎌倉三代記』の時姫を加えて「三姫」と呼ばれることになります。「三姫」は若さだけでは表現することのできない、高度な技術と経験を要する女形の大役になりました。

半四郎が確立したもうひとつの役柄が「悪婆」でした。「土手のお六」

と渾名で呼ばれる男勝りの大姐御です。強請り騙り、人殺しと悪事はしても非道はしない、義俠の女でした。大胆な行動力は八百屋お七をはじめとする娘に共通するものでした。悪婆でも娘の役でも半四郎は「地髪鬘」を使用しました。作り物の女ではなく、ほんものの女になろうとしたからでした。女性の「三従(さんじゅう)」という道徳、家にあっては父に従い、嫁しては夫に従い、老いては子に従う、封建社会のその規範から逸脱する女たちでした。

5　立役と敵役

　元禄期には京都の坂田藤十郎(とうじゅうろう)の「和事(わごと)」と江戸の市川團十郎の「荒事(あらごと)」と対照的な二つの演出が確立されました。どちらも女を口説く「濡れ事」でもありました。相思相愛の「和事」に対して團十郎の「濡れ事」は嫌われても口説き抜く、その力強さが魅力でした。代表作は『鞘当(さやあて)』の不破でした。

　坂田藤十郎の代表作は「夕霧(ゆうぎり)狂言」の主人公の藤屋伊左衛門でした。藤十郎は生涯に18回この役に扮したと伝えられています。勘当された伊左衛門は手紙の反古で仕立てた「紙子(かみこ)」姿で登場しました。衣裳はほんものの紙ではありません。美しい絹仕立てでした。夕霧と再会するとはじまるのは痴話喧嘩でした。他愛のない恋の遣り取りは「口舌事(くぜつごと)」と呼ばれています。現行の『吉田屋』はもとのせりふ劇を洗練して音楽劇・舞踊劇に仕立て直したものでした。

　近松門左衛門が書き下ろした『けいせい仏(ほとけ)の原(はら)』の梅永文蔵も藤十郎の当り役でした。勘当された文蔵は暗闇の中で昔の恋のあれこれを思い出して、身振り手振りを交えて再現しました。「しゃべり」と呼ばれる藤十郎の話芸でした。落ちぶれても屈託のない、自由な恋の遍歴は平安朝の光源氏や業平など「色好(いろご)み」の男に譬えられました。この思潮は文芸界にも波及して、井原西鶴の浮世草子『好色(こうしょく)一代男』にはじまる好色物の流行がはじまるのでした。

團十郎の「荒事」の代表作は『兵根元曽我』の「竹抜き五郎」でした。不動明王に祈誓して全身が真っ赤になった箱王丸こと曽我五郎が大竹を根扱ぎに引き抜きました。「赤っ面」という真っ赤な顔、ふくら脛は瓢箪のように膨らみ、その筋肉は蚯蚓のように脈打っています。勇壮な姿で大力を見せる、それが荒事の魅力でした。

　『暫』では「荒事」のせりふ術も披露されました。頓智の聞いた屁理屈で相手を丸め込む、話術も團十郎の「荒事」の魅力でした。

　「敵役」も元禄期に確立された役柄でした。「敵役」は「てきやく」とも呼ばれ、もとは「立役」に敵対する相手役のことでした。立役が善人ならそれに刃向う敵役は悪人になります。それゆえはじめは「悪人方」とも呼ばれました。悪人によって主人公が追放されて歌舞伎のドラマははじまりました。

　「敵役は憎いが愛敬」とも言われました。女形や立役を虐める憎々しさが売り物でした。女に惚れやすく、すぐに嫌われるのも敵役の愛敬でした。

　悪人だと思った敵役が善人であった。善人に見えた男が悪人であった。善悪を兼ねた役のことを「実悪」と称しました。團十郎の相手役であった山中平九郎は「実悪の開山」と称えられた役者でした。『寺子屋』の松王丸、『すし屋』の権太、『熊谷陣屋』の熊谷、座頭役者の演じる大役の多くもこの「実悪」でした。

　立役の中から「実事」という役柄が派生したのも元禄期でした。同じ善人でも「荒事」のようなスーパーヒーローではありません。「和事」のようにちゃらちゃらもしていません。悪人によって乱された秩序を立て直すために心を砕く、現実的なリアリストでした。もっとも代表的な「実事」の役は家老でした。お家乗っ取りを狙う悪人たちが突き付ける無理難題を取り捌いてみせます。それゆえ「捌き役」とも呼ばれました。

　「敵役」から「実悪」が派生したように「実事」からも「和実」が生

まれました。「和事」と「実事」その両面を見せる役どころでした。悪人を油断させるために酒と女に溺れた振りをして見せます。機が熟すると本心を顕わして悪人を退治しました。『忠臣蔵』七段目「茶屋場」の大星由良助（おおぼしゆらのすけ）が「和実」の典型になります。

大坂では「実事」から「辛抱立役」（しんぼうたちやく）という役柄が生まれました。姉川新四郎（しんしろう）が扮した黒船（くろふね）忠右衛門という名の侠客がそのはじまりでした。悪口を言われても叩かれても、じっと我慢をしました。そのとき眉間による皺を「しかみ」と呼びました。我慢が限界に達して、怒りがマグマのように吹き出す、その瞬間が見どころになりました。『夏祭浪花鑑』（なつまつりなにわかがみ）の団七にその面影が伝えられています。

姉川の息子の中山文七も辛抱立役を得意にした役者でした。色白で大柄、でっぷりとしたその体躯から相撲取りの役が似合いました。顔に白粉を塗らない「地顔」（じがお）、鬘を被らない「地髪」（じがみ）、リアルな演技が文七の特徴でした。

江戸で生まれたのは「色悪」（いろあく）でした。美しい悪人のことです。『四谷怪談』の民谷（たみや）伊右衛門、『累』（かさね）の与右衛門、7代目團十郎のために鶴屋南北が書き下ろした二つの役が現在の「色悪」の原点になりました。

研究課題

1．実際に歌舞伎を観てみましょう。主要都市の映画館では定期的に「シネマ歌舞伎」が上映されています。ＤＶＤも充実していますので、映像で鑑賞してみることもお勧めします。
2．浮世絵の図録で役者絵を調べてみてはいかがでしょう。ウェッブ上でも公開されていますので利用してみてください。
3．歌舞伎の役者には家の芸があります。市川團十郎家の歌舞伎十八番、尾上菊五郎家の新古演劇十種。家の芸とは何か考えてみましょう。

参考文献

戸板康二『歌舞伎への招待』（衣裳研究所、1950年）（岩波現代文庫、2004年）
郡司正勝『かぶき入門』（社会思想社、現代教養文庫、1954年）（岩波現代文庫、2006年）
郡司正勝『かぶき―様式と伝承』（寧楽書房、1954年）（ちくま学芸文庫、2005年）
河竹登志夫『河竹登志夫歌舞伎論集』（演劇出版社、1999年）
河竹登志夫『歌舞伎』（東京大学出版会、2001年）
服部幸雄『歌舞伎の構造』（中公新書、1970年）（改題『江戸歌舞伎』岩波書店、同時代ライブラリー、1993年）
渡辺保『歌舞伎手帖』（駸々堂、1982年）、増補版『歌舞伎手帖』（角川ソフィア文庫、2012年）
古井戸秀夫編『歌舞伎』（新潮古典文学アルバム、1992年）
古井戸秀夫『歌舞伎入門』（岩波ジュニア新書、2002年）

伊原敏郎（青々園）三部作『日本演劇史』『近世日本演劇史』『明治演劇史』早稲田大学出版部、1904年～1933年）
河竹登志夫『黙阿弥』（文芸春秋、1993年）（文春文庫、1996年）
渡辺保『娘道成寺』（駸々堂、1986年）
服部幸雄『市川團十郎代々』（講談社、2002年）
織田紘二監修『歌舞伎・家・人・芸』（淡交ムック、2005年）

『鶴屋南北全集』全12巻（三一書房、1971年～1974年）
『黙阿弥全集』全28巻（春陽堂、1924年～1926年）
『名作歌舞伎全集』全25巻（東京創元社、1968年～1973年）
『歌舞伎オン・ステージ』全25巻（白水社、1985年～2008年）

ＤＶＤ歌舞伎名作撰『勧進帳』（ＮＨＫエンタープライズ、2004年）
ＤＶＤ歌舞伎名作撰『仮名手本忠臣蔵』（ＮＨＫエンタープライズ、2006年）
坂東玉三郎舞踊集『京鹿子娘道成寺』（ＮＨＫエンタープライズ、2003年）
国立劇場伝統芸能情報館、文化デジタル・ライブラリー
松竹 Kabuki on the web、歌舞伎演目案内
早稲田大学演劇博物館、デジタル・アーカイブス

11 日本の伝統芸能
――能――

古井戸秀夫

1 複式夢幻能とシテ一人主義

　能は世阿弥により大成されました。庇護したのは足利三代将軍義満でした。花の御所と称えられた室町殿で生まれた芸能でした。世阿弥の幼名は鬼夜叉、鬼に扮する一族の子でした。世阿弥は怖ろしい鬼の心の中に人の心を発見、さらに人の心の中に棲む鬼に光を当てました。恋慕の鬼と修羅の鬼、時空を超えて立ち現れた幽霊と人が出逢う、あたらしい演劇の誕生でした。

　幽霊は旅人の夢の中に現われました。夢から覚めると幻のように消え去ります。夏目漱石門下の英文学者野上豊一郎はそのような能を「夢幻能」と名付けました。漱石は江戸の名主の家に生れた江戸ッ子でした。俳諧と能は必須の教養でした。野上もその影響を受けたひとりでした。

　野上の提唱した「夢幻能」の概念は英国の文豪バーナード・ショウとの出逢いにより誕生しました。世界一周旅行で来日したショウが見た能は『巴』でした。主人公は木曽義仲の愛妾、巴の幽霊。はじめは里の女の姿で登場します。誰ですかと問われた野上博士は「巴のゴースト（幽霊）」ですと答えています。二度目には巴は女武者の姿で出てきました。それを見たショウに誰ですかと聞かれて咄嗟に思いついた答えが「巴のビジョン（幻覚）」でした。異国との出逢いから「夢幻能」の概念は生まれました。

　里の女の姿をした巴は「前シテ」。女武者は「後シテ」。同じ巴の幽霊がまるで違う人の姿で現れる、この構図を野上は「複式」と名付けました。里の女は現実、女武者は昔の伝説。「夢幻能」には時間を超越して展開する「複式」の構造を可能にする力がありました。

世阿弥の「複式夢幻能」が成立したその時代に人々はどのようにして幽霊と出逢ったのだろうか、日本文学者の小西甚一の研究はそこからはじまりました。幽霊が仮の姿で現れる「化現(けげん)」、人の姿を借りる「憑依」、最後が「夢」でした。巴の前シテは「憑依」または「化現」、後シテは「夢」。アメリカのスタンフォード大学の学生の疑問に答えることからはじまった研究でした。

　「シテ」に漢字を宛てるとすると「為手（仕手）」。主人公を演じる役者のことです。里の女に出逢って夢を見た旅僧は「ワキ」、漢字を宛てると「脇」になります。夢の中で巴の亡霊が語りはじめると「脇」どころか端に坐り、観客に背を向けてしまいます。野上豊一郎はその姿はまるで観客を代表する傍観者のようであると位置付けました。傍観者というのは幽霊が語る物語の外にいる人という意味でした。ワキの役割はシテから過去の物語を聞き出すことにありました。シテが語りはじめるとワキは観客の代表となってその話を聞く側に廻りました。観客はワキの見る夢を一緒に見ることになるのでした。

　ギリシア悲劇と比較して能の美学的な特色を明らかにしようとしたところに野上豊一郎の研究の特色はありました。ギリシア悲劇では相手役はたんなる傍観者ではありませんでした。俳優と俳優の対立葛藤により神話の物語は再現されました。能にもシテとワキ、それに「ツレ」が登場することもあります。複数の役者が登場しても過去の物語を再現するのはシテだけでした。このような能の特色を野上豊一郎は「シテ一人主義の演劇」と名付けたのです。

　能の狂言では相手役のことを「アド」と呼んでいます。シテの話に返事をする人、という意味でした。舞台の上で「シテ」と「アド」が向き合って会話をする、その内容に狂言の面白さはありました。「アド」という呼称はそこから生まれたものだったのでしょう。悲劇か喜劇か、過去の神話か現在の話題か、内容には大きな隔たりがあるものの狂言もギリシア悲劇と同じように俳優の対話で表現される演劇でした。

能の「シテ」と「ワキ」は空間の関係でもありました。後シテが過去の物語の姿で登場すると観客の視線はシテ一人に注がれることになりました。シテの過去の物語に耳を澄ますだけではなく、見物がその姿をじっと見つめるのもシテ一人でした。

2　能面と舞歌二曲

　能面のことを「面（おもて）」。「被る」とは言わずに「掛ける」と言い習わしてきました。ギリシア悲劇の大きな仮面のように頭からすっぽりと被るのではなく顔の表面だけを隠しているからでした。「小面（こおもて）」は若い女性の面です。その名の通り少し小さくできていて、能役者の顎などが見えてしまいます。かえってそれが冷たい仮面に人のぬくもりを感じさせる、そのような効果を持つことにもなりました。

　仮面劇としては不完全で、シテだけが能面を掛けて登場しました。能面は神々や鬼、幽霊になることを可能にしました。素顔のワキは人間、その人間がシテの幽霊や鬼、神々と遭遇することになるのでした。

　神々ははじめから姿を見せることはありませんでした。はじめは人間の老人や少年の姿で現れ、のちに神々の本性を顕わすのでした。鬼もその例外ではありませんでした。神々や鬼の面と人の面、そのコントラストの面白さが狙いでした。男の幽霊では普通の老人や少年、それが伝説の英雄の姿になる。過去の時空にワープするその感覚が夢幻能の魅力でした。

　能面が洗練された効果を見せるのは「小面」をはじめとする女面（おんなめん）でしょう。里の女が装束を替えて正体を現しても、能面だけは替えませんでした。鬼や神々と違って女面は局面に応じて微妙な動きを見せることができたからでした。野上豊一郎はそれを能面特有の「中間表情（ちゅうかんひょうじょう）」と名付けています。口を見るとはっきりと開いているわけではありません。かといって閉じられてもいません。それが中間表情と名付けられた理由でした。半開きの口には内側に並んだ歯も見えます。ただし黒く染

められていて、しかも上段だけでした。前シテの物語が語られるときには話をしているように見え、後シテが舞を舞いはじめるとその口は閉じているようにも見えるのです。目も同じようにじっとしていると瞳が見え、動きはじめると見えなくなりました。野上はそのような女面の持っている効果に注目をしました。

　悲しいところでシテが少し俯くと女の面に翳りが生じました。見上げると明るく見えます。専門用語では俯くことを「クモラス」、仰向くことを「テラス」と言いました。シテ方の役者はここぞというときに面を曇らし、照らすのでした。

　生命のない仮面に人間の血を通わし、魂を入れるのは「謡」と「舞」の力でした。世阿弥はそれを「舞歌二曲」と言っていました。「歌」は「音曲」、「舞」は「風体」「風情」。世阿弥は「音曲は聞くところ、風体は見るところ（中略）音曲は体なり、風情は用なり」（『風姿花伝』第六「花修」）という見解を示しました。「体」は本体、「用」はその本体から派生するもの、仏教の「体用論」を応用した理論でした。音曲をまず聞かせ、それから動きを見せなさい、泣くときも「泣く」という言葉を聞かせ、そのあとで泣く風情を見せる、「先聞後見（先ず聞かせて後に見せよ）」という理論でした（『花鏡』）。

　世阿弥は「舞声為根（舞は声を根となす）」すなわち舞の根本は声にあるのだ、とも主張しました（『花鏡』）。ライバルであった田楽の法師たちの能は音曲と働きは別々。働きは体の動きのことでした。その方が大きな声できれいな謡も歌えるし、アクロバチックな体の動きも可能になりました。世阿弥はあえてそれを否定して「舞歌二曲」をシテ一人に集中させたのでした。舞を舞う前にシテは必ず謡を歌いそれから舞う、「舞歌二曲」の融合、それが世阿弥の目指した能の方向でした。

　謡には「祝言」と「ぼうをく」の謡がある、というのも世阿弥の主張でした。「ぼうをく」は寂しい風情のことを言うのでしょう。明るく明朗な「祝言」の謡と対比されたものでした。声にも「横の声」と「主の

声」があると言っています。息を吐き出す声と、息を吸うときの音。あるいは男の太くたくまし声と細くかよわい女の声。対照的な声をうまく使い分けて歌う、そこに世阿弥のうったえるところはありました。

　能の謡は大 小の鼓の拍子に乗って歌う、リズム歌謡でした。そのリズムは「八拍子（八つ割り）」と呼ばれる四拍子が基本でした。そこに豊かなメロデーの小歌を取り入れて成立したのが「クセ」の謡でした。「祝言」と「ばうをく」、「横」と「主」の声、それらを巧みに使い分けて歌う、音曲の聞かせどころになりました。前シテの物語が語られるのも、この「クセ」の謡でした。はじめのひと節をシテが歌うと、あとは地謡が歌います。途中でシテはもう一度ひと節を歌い、再び地謡がその跡を取って歌います。その間、シテがじっとしていると「居グセ」、動きはじめると「舞グセ」になりました。どちらでも見物はシテの姿を見ながら地謡の謡を聞くことになるのでした。世阿弥が理想として追い求めた「舞歌二曲」の姿をそこに見ることができるでしょう。

3　鬼と神

　世阿弥は奈良の興福寺春日神社に所属する大和猿楽の四座のひとつ結崎座の出身でした。父は家柄ではなく実力で頭領の座に就いた観阿弥。観阿弥世阿弥親子二代の頭文字を取って観世と呼ばれるようになりました。四座のうち円満井は金春、坂戸は金剛、外山は宝生と、四座はみな仏教に因んだ名を名乗るようになりました。世阿弥は世阿弥陀仏とも称しました。南無阿弥陀仏の名号と観世音の功力、世阿弥はそのような名を名乗って幽霊に扮したのでした。

　大和猿楽は正月の修正会の「追儺」で鬼、二月の修二会では「薪猿楽」の翁に扮しました。「薪猿楽」ははじめに執り行われる清めの儀式、「追儺」は結願の儀式でした。現在でも「式能」と称される正式な能会でははじめに『翁』で舞台を清め、最後に目出度く鬼が退治されます。

　『翁』は「能にして、能にあらず」とされる儀式能。「翁」は老人の

ことで、前半の主人公は白い顔の老人。後半の主人公の黒い顔の「三番叟」は三番目の老人、という意味でした。二人の老人には名前もなければ、その由来も明らかではありません。語るべき物語を持っていないことが「能にあらず」とされる所以でした。

「翁」と「三番叟」の面の特徴は「切顎」です。口のところで上と下に切れていて、それを紐で結んでいます。「切顎」はこの老人が物を言うことの象徴でした。シテ方の扮する「翁」はひとりで「ワカ」という祝言を述べ、狂言方の「三番叟」は相手と目出度い祝言の会話を交わしました。そのあとで「翁」は「天地人の舞」、「三番叟」は鈴で舞台を清めるのでした。

『翁』の次は「脇能」。神々を主人公とする能です。代表作は世阿弥の『高砂』。「高砂」の謡はかつて結婚式の定番でした。住吉明神の松と高砂明神の松は離れていても相生の松であった、という『古今集』の伝説をもとに脚色されたものでした。前シテの木守りの老人は「住吉の松の精」、シテツレの姥は「高砂の松の精」。「相生の松」の根はひとつ、住吉の松は男松（黒松）で高砂は女松（赤松）でした。遠く離れていても相生とはなぜかと問われた老人は心が通じ合えばひとつになれる、と洒落た答えをしました。後シテは住吉明神の精で颯爽と「神舞」を舞います。老人の会話の諧謔、若々しい舞、そのコントラストが脇能の魅力でした。

番組の最後を飾るのは「切能」。鬼を主人公とする能です。『風姿花伝』の「物学条々」で世阿弥は「鬼」の物真似は「これことさら大和のものなり、一大事なり」としました。世阿弥は先祖伝来の鬼を「力動風の鬼」、自分が考案したあたらしい鬼を「砕動風の鬼」と名付けました。姿かたちだけではなく心も鬼、それが「力動風の鬼」。人の心を持った鬼が「砕動風の鬼」でした（『二曲三体人形図』）。友達とともに泣いて笑う「泣いた赤鬼」のような鬼でした。「砕動」というのは動きを細かく砕いて見せること。細かく砕かれた動きが人の心の揺れを表現

することになりました。

「砕動風の鬼」の心得でしょうか、足を強く踏み轟かすときには体を静かに動かしなさい。体を強く見せたいときには足音を静かにしなさい。世阿弥が子孫に遺した教訓でした（『花鏡』）。

「飛出」と「癋見」この二つが代表的な鬼の面です。「飛出」は目が飛び出しているだけではなく口を大きく開いて威嚇します。「癋見」は逆に口を真一文字に結んで威嚇するのでした。女の鬼の代表は「般若」でしょう。嫉妬のためでしょうか２本の角が生えています。角を持った怖ろしい鬼でも恋ゆえに動揺をする、世阿弥はそのような鬼を描きだしました。

4　恋慕の鬼と修羅の鬼

「脇能」に続いて二番目物は「修羅能」、三番目物では「鬘物」になります。「鬘物」の主人公は女性。女性には面だけではなく鬘も必要、そこから生まれた呼称でした。

「修羅物」の主人公は地獄の修羅道に堕ちた武将、男の幽霊でした。成仏することができずにさ迷う亡霊は古戦場を訪れた旅の僧の前に現われました。読経をして弔って欲しかったのでしょう、夜になると旅僧の夢の中に現われて戦の模様を再現するのでした。

題材となったのは『平家物語』など軍記物でした。源平の合戦で良く知られた武将は『平家物語』のままに描くのが良い、というのが世阿弥の考えでした（『三道』）。『頼政』では七十余歳の老将源三位頼政の最期、『清経』では入水して果てた平家の貴公子の姿が再現されました。どちらも世阿弥が書いた能でした。絵巻物から抜け出たような名立たる武将たちが歌い舞う、その姿に室町殿は感銘を受けたのでしょう。「修羅物」で見せた世阿弥の作劇術でした。

能の題材となった物語を「本説」と言います。「鬘物」の本説は『伊勢物語』や『源氏物語』など歌物語でした。和歌から導かれた物語だ

と言ってもよいでしょう。「鬘物」の代表作とされる世阿弥の『井筒』もその本説は『伊勢物語』でした。世阿弥が選んだのは昔　男、在　原　業平に捨てられた女の和歌でした。

　　風吹けば沖つ白浪たつた山、夜半には君がひとり行くらん

　大和の国から河内の国へ、ほかの女のもとに通う男の身を案じる女の歌でした。そのまごころを知った男は、いったんは女のもとに帰ったものの、ふたたびほかの女のもとへと立ち去って行くのでした。『伊勢物語』で描かれたのはその後の昔男。世阿弥は捨てた男ではなく、捨てられた女の心情を歌い上げるのでした。「風吹けば」と歌ったその夜のように風が吹くと女は「風吹けば」と口ずさむ。いつか男が帰ってくる、それを待って死んだ女の物語でした。命は絶えても成仏をすることはできませんでした。待っていれば帰ってくる、亡霊になっても女は待ち続けるのでした。

　世阿弥は女が少女のときに詠んだ和歌を添えることを忘れませんでした。能の題名にもなった、誰でもがよく知っている「筒井筒」の歌でした。井筒（井戸）の傍らで将来を誓い合った少年と少女、大人になって捨てられた女は男の舞装束を身に付けて旅僧の夢の中に現われ、典雅に「序の舞」を舞うのでした。秋の月光のもとに暗い井筒の中を覗きこむと、うっすらと男の姿が見えるではありませんか。その姿を見て満足をしたのでしょうか、女の亡霊は夜明けとともに消え去るのでした。恋慕の地獄に沈んだ女の物語でした。このように本説を元にしながらも、創意を加えて仕立て直したところに世阿弥の「鬘物」の魅力はありました。

　人気曲『松風』の主人公は須磨の浦で汐を汲む、汐汲みの海人でした。京の都から流されてきた貴公子在原行平と契りを結ぶ、『源氏物語』の「須磨」の原拠となった物語でした。それゆえでしょう、父の観阿弥

は『源氏物語』を引用した美しい謡を歌いました。世阿弥はさらに須磨の浦で汐汲む海人に秋の名月という情景を加えました。空高く光る月は行平に譬えられました。遠く手の届かない月が汐を汲んだ桶に写りました。桶は二つ、月影も二つ、その影を見る女も二人。世阿弥はそれを「月はひとつ、影は二つ、満つ汐の」と数え上げたのでした。松風と村雨という姉妹の悲しくも美しい恋の物語の誕生でした。

5　狂女物と直面物

　四番目物になると本説を持たない「作り能」も出ました。作劇の経験から世阿弥は「作り能」のときには名所旧跡に因んで書くと良い、と教えました（『三道』）子を攫われて狂う母を主人公とする「狂女物」（女物狂）はその代表的な演目となりました。世阿弥の『桜川』は春の名曲、同じく世阿弥の『三井寺』は秋の名曲。桜川に流れる花びらと三井寺の名月を背景に描かれた「作り能」の名品でした。

　世阿弥は「物狂」（狂乱物）の能について「この道の第一の面白づくの芸能なり」としました。『桜川』の狂女は川に流れる花びらを網で掬おうとしました。『三井寺』の母は名月に興じて鐘を撞くのでした。面白く戯れて狂って見せても、それで見る人を泣かせることができればそれがほんとうの名人であると世阿弥は指摘しました（『風姿花伝』）。

　『桜川』の母は九州の日向の国の人でした。貧しい母のために人商人に身を売ったわが子を尋ねて常陸の国までやってきたのです。『三井寺』の子が攫われたのは駿河の国でした。清水寺に参籠して夢の御告げを受けた母はわが子を尋ねて三井寺にたどり着くのでした。遠い国から国へとさ迷い歩く母の物語でした。

　人気曲の『隅田川』は世阿弥の長男、観世十郎元雅が書いた曲でした。母は遠い国ではなく京の都の人でした。子を攫われて東の果て、隅田川までやってくるのでした。渡し守に「狂女ならば面白う狂え」と言われても、この母は面白く狂うことはありませんでした。わが子の死を

確認すると少しずつ正気に戻ってゆくのでした。わが子の塚に念仏を唱えると、塚の中から声が聞こえました。とらえようとするとその姿はまほろしとなって消え去るのでした。元雅は「面白づく」で終ることのないドラマを描こうとしたのでした。

元雅は塚の中から子方(こかた)(能の子役)を出そうとしました。亡者なのだから姿を見せない方が良い、と注意をしたのは世阿弥でした。それではできないと拒否した息子のことを思い出して、試してみれば良かったのにと懐古する父親、そのときにはもう元雅は帰らぬ人となっていました。世阿弥の『申楽談議(さるがくだんぎ)』に書き遺された創作秘話でした。

「物狂」には「憑(つ)き物(もの)」の能もありました。世阿弥は「神、仏、生霊、死霊(中略)その憑き物」の目的は何なのか、それを知ることが大切ですと教えていました(『風姿花伝』)。『葵上(あおいのうえ)』の生霊は六条御息所(ろくじょうみやすどころ)、恋の敵の葵上を取り殺す物語ですが、殺される葵上は登場しません。「出し小袖」という小袖で象徴されるのでした。生霊が思い起こすのは春の花の宴、秋の月に戯れたその思い出でした。もういちど「光(ひか)る君とぞ契らん」と思う執念で怨めしく思う葵上を取り殺しました。「憑き物」はその目的を達成すると行者の法力に祈り伏せられるのでした。改作者世阿弥が描こうとしたのはその「憑き物」の思いでした。

『道成寺』ではその「憑き物」が死霊になりました。あの世からこの世に戻ってきた死霊は美しい白拍子の姿をしていました。「乱拍子(らんびょうし)」と呼ばれる乱れ拍子を踏むうちに眠っていた嫉妬の心が甦ってくるのでしょう。かつて恋する男を隠した恨みの鐘の中に飛び込んで蛇体となり、鬼の本性を顕わすのでした。

「直面物(ひためんもの)」は能面を使わない能。『義経記(ぎけいき)』に取材した『安宅(あたか)』や『曽我物語』を本説とする『夜討曽我(ようちそが)』など軍記物に描かれた過去の物語ですが、「修羅物」と違って幽霊ではなく生きている武士の姿を描くので「現在物」と分類されています。『安宅』の主人公は武蔵坊弁慶、ワキは富樫(とがしの)某(なにがし)。主君義経のために安宅の関を通ろうとする弁慶、それ

を阻止しようとする関守の富樫、男と男の丁々発止のやり取りが生まれました。シテ一人を描こうとする「夢幻能」にはないドラマが魅力になりました。歌舞伎十八番『勧進帳』はそのドラマの延長線上に生れた名作でした。

『夜討曽我』では派手な立ち廻りが見どころです。能ではこの立ち廻りのことを「切組（きりくみ）」と呼びます。見せどころは「仏倒れ（ほとけだおれ）」でしょう。切られた侍が直立したまま棒のようになって後ろに倒れます。それゆえに「枯れ木倒れ（かれきだおれ）」とも呼ばれるアクロバチックな演技でした。能役者の身体能力の高さ見ることができる演目でした。

6　世阿弥の花と幽玄

『風姿花伝』の前半は世阿弥38歳、後半は56歳。前半は亡父観阿弥の教え、後半は世阿弥自身の教え、子孫のために遺した庭訓でした。一子といえども不器量な者には教えることのない、一代一人だけに伝えられる秘書で「秘すれば花」というのが世阿弥の教訓でした。代々秘せられてきた世阿弥の伝書が公開されたのは明治42（1909）年でした。豊かなその内容からわが国を代表する美学書のひとつとして位置付けられることになりました。

観阿弥の教えは、幼い子には音曲と舞・働きの面白さだけを教えなさい、物真似の演技をするようになっても難しいことをさせてはいけません、というものでした。美童ならば十二、三歳のころ認められるでしょう。でもそれは「時分（じぶん）の花」で、ときが過ぎれば消え去るものです。二十四、五歳のときに咲く花は「当座（とうざ）の花」、そのときだけ咲く花でした。能の盛りは三十のなかば、そのとき天下の名望を得てのち「まことの花」が咲くのは四十代のなかば。52歳で他界した観阿弥の最期の舞台を「老い木になるまで花は散らで残りしなり」と書き記しました。

『風姿花伝』のはじめの書名は『花伝（かでん）』でした。「風姿」は姿、世阿弥は花の姿を伝えようとしたのでしょう。「心より心に伝ふる花なれば

風姿花伝と名付く」と記しています。その花は見る人の心に咲く。四季折々に移り変わる花、久しぶりに見る花は珍しく、それを見た人が面白いと思う、そのときに見る人の心に花は咲くのです。世阿弥は「花と、面白きと、珍しきと、これ三つは同じ心なり」(「別紙口伝」) と総括しました。

『花鏡』は世阿弥が還暦を過ぎてからの伝書でした。自分の目で見るのは「我見」、心の目で外から見るのは「離見」。見物の見る自分の姿は「我見」では見えません。「離見の見」を持ちなさい、離見の見たその姿が見物の心に花を咲かせるのです。世阿弥が到達した演技の技法でした。現在でも能役者は楽屋で扮装を整えたのち「鏡の間」で能面をじっと見詰め、それから面を掛けて舞台に出ます。目に焼き付けた面、それが「離見の見」になるのでしょう。

近江猿楽は大和猿楽のライバルでした。大和猿楽の鬼に対して、近江猿楽は「天女の舞」を売り物にしていました。世阿弥はその美しさのことを「幽玄」と称しています。物真似を重視する大和猿楽、その中に近江猿楽の「幽玄」の美しさを取り入れたのは観阿弥でした。世阿弥はそれを大成することになるのでした。

和歌の「幽玄」は余情でした。秋の夕暮に漂う寂しさ、それも余情でした。その余情が深く妖艶・優艶なものになると、藤原定家はそれを「有心体」と称しています。世阿弥の「幽玄」もそのような和歌の「有心」をもとに理論化されたものだったのでしょう。役の心を大切にして、動きを少し省略しなさい。「動十分心、動七分身」(心を十分に動かして、身は七分に動かせ)。そうすると余情が生まれる。身体を「体」、心を「用」とする「体用論」でした。

怖ろしい鬼人が力強く動くときも「動十分心、動七分身」を忘れてはなりません。鬼が足を強く踏むときは体を緩め、体を強く見せるときは踏む足の力を抜きなさい。そのようにすれば「鬼の幽玄」も生まれるでしょう。世阿弥が到達した能の「幽玄」の世界でした(『花鏡』)。

研究課題

1. 『風姿花伝』を読んで、「花」について考えてみましょう。
2. 芸術では「夢」はどのように表現されるのでしょうか。考えてみましょう。
3. 実際に「能」を見てみましょう。各種ＤＶＤも販売されています。

参考文献

野上豊一郎の三部作『能─研究と発見』『能の再生』『能の幽玄と花』（岩波書店、1930年〜43年）
野上豊一郎『能の話』（岩波新書、1940年）
戸井田道三『観阿弥と世阿弥』（岩波新書、1969年）
増田正造『能の表現』（中公新書、1971年）
土屋恵一郎『能─現在の芸術のために─』（新曜社、1989年）（岩波現代文庫、2001年）
松岡心平『能って、何？』（新書館、2000年）
別冊太陽『能』（平凡社、1978年）

堂本正樹『世阿弥』（劇書房、1986年）
堂本正樹訳『世阿弥アクティング・メソード』（劇書房、1987年）
竹本幹夫訳注『風姿花伝』（角川ソフィア文庫、2009年）
林望『能の読みかた』（角川ソフィア文庫、2016年）
三浦裕子『面からたどる能楽百一番』（淡交社、2004年）
観世寿夫『心より心へ伝ふる花』（白水社、1979年）（白水Ｕブックス、1991年）
野上豊一郎編『解註・謡曲全集』（中央公論社、1935年）（新装愛蔵版、1984年〜1985年）
日本思想体系『世阿弥・禅竹』（岩波書店、1974年）

能楽名演集 DVD-BOXⅠ（ＮＨＫエンタープライズ、2006年）
能楽名演集 DVD-BOXⅡ（ＮＨＫエンタープライズ、2007年）
能楽名演集 DVD-BOXⅢ（ＮＨＫエンタープライズ、2009年）
能楽観阿弥・世阿弥名作集 DVD-BOX（ＮＨＫエンタープライズ、2013年）

国立劇場伝統芸能情報館、文化デジタル・ライブラリー

12 日本の伝統芸能
──人形浄るり文楽──

古井戸秀夫

1 三人遣いの人形

　文楽では人形の顔の部分を「首(かしら)」。胴体は「胴」と呼びます。公演の度に「首」を選んで「胴」に差し込み、人形を拵えます。「首」に化粧をするのは人形の細工師、鬘師が鬘を付け、その「首」を人形遣いが衣裳を着せた「胴」に差し込んで完成です。

　「胴」の中には簡単な「肩板(かたいた)」と、そこから紐で下げられた「腰輪(こしわ)」があるだけで、空洞です。人形の「手」は肩板から、「足」は腰輪から紐で下げられますが、手には二の腕がなく、女の人形には足もありません。中に精巧な歯車やゼンマイを入れたからくり人形と違い、空っぽだからこそ自然な動きを創り出すことができるのでしょう。

　人形の「首」は基本的に類型でした。男の「首」では「文七」「団七」「孔明(こうめい)」「源太」などがその代表。役の名前が付けられていてもその役だけではなく、いろいろな役にも使われます。女の「首」は役名ではなく「娘」「老け女形(おやま)」「傾城」など役柄で分けられました。「娘」は町娘だけではなく武家の娘、姫君にも使われました。「老け女形」は大人の女のことで、この「首」も時代物、世話物を問わず使われています。同じ「首」を用いても役ごとに異なる悲しみや喜びが表現されることになるのでした。

　木でできた木偶の坊の人形に人形遣いがそっと寄り添って遣う人形の操法を「差し込み式」と呼んでいます。人形の背中から左手を入れ「首」に付いている「胴串(どぐし)」という棒を握ります。人形遣いはこの左手一本で人形の体を支えるのです。背筋をぴんとさせるには相当な腕力が必要になるのでした。写真家の土門拳(どもんけん)が撮った名人吉田栄三(えいざ)の左手には

「栄三の左腕、それは人形の背骨である」というキャプションが付けられています。

「差し込み式」になる前の操法は「突っ込み式」でした。人形遣いは下から両手を突っ込んで人形を遣いました。「差し込み式」と違い「突っ込み式」では人形遣いは姿を見せません。「手摺り」という横板で隠し、見物は「手摺り」の上に掲げられた人形だけを見ていました。その動きは「差し込み式」のようにリアルではありません。軽やかに美しく動き、あるときは人形の首を引っこ抜く激しさも見せました。人間にはできないその動きが人形の魅力でした。

近松門左衛門が『曾根崎心中』を書き下ろしたのは元禄16（1703）年。まだ「突っ込み式」の時代でした。主人公のお初を遣ったのは「おやま人形遣い」の辰松八郎兵衛でした。『曾根崎心中』は古い昔の物語ではありません。お初はひと月前に心中して死んだばかりの女でした。鎮魂のためでしょうか、招魂でしょうか、物語の冒頭の「観音廻り」は「げにや安楽世界より、今この娑婆に示現して」と語られています。この世に舞い戻ったお初の美しい姿を見せる小段でした。

このとき辰松は「手摺り」の前に張り出された舞台に出て、人形を遣う姿を見せました。見物との間に立てられた衝立、その衝立は「もじ張り」だったのでしょう、蠟燭の光を燈すと透けて八郎兵衛の姿が浮かび上がってくるものでした。反り身になって人形を見上げる辰松の姿は人形に人の温もりを感じさせることになったのでしょう。のちに「出遣い」と呼ばれる演出でした。

現在の「三人遣い」の操法が生まれたのは近松門左衛門の没後十年目、享保19（1734）のことでした。竹田出雲作『芦屋道満大内鑑』四段目「二人奴の段」で与勘平と野勘平という瓜二つの奴がもろ肌脱ぎ、尻端折りをして乗り物を担ぎあげる、そのとき人形の体と右手は「主遣い」、左手は「左遣い」、三人目の「足遣い」は両手で人形の両足を持って動かしました。乗り物を差し上げてひと息つくと人形の腹を膨ら

ませてその息遣いまで見せた、と伝えられています（『浄瑠璃譜』）。
　「三人遣い」でひと回り大きくなった人形。人の大きさに近付いた人形は人と同じ動きをするようになりました。生れ変った人形の面白さに魅せられたのでしょう、その12年後には『菅原伝授手習鑑』その翌年『義経千本桜』そのまた翌年には『仮名手本忠臣蔵』。連続して三名作が初演され、人形浄るりの黄金時代を迎えることになりました。大坂の道頓堀の芝居町で「歌舞伎は無きがごとし」（『浄瑠璃譜』）と評されたのもこの時代でした。
　『菅原』の桜丸（さくらまる）と『忠臣蔵』の勘平（かんぺい）、二人の若者は腹を切り、切腹して死にます。『千本桜』では権太が腹を突かれて死にました。桜丸には腹を切る前に長い述懐のせりふがありました。女房の八重、父親の白太夫（しらたゆう）が嘆くその間もじっと坐っているのでした。腹を切ったあとも、撞木で鉦を叩きながら唱える白太夫の念仏を聞きながら、喉笛を掻き切って息絶えるまで坐りっぱなしでした。『忠臣蔵』の勘平は腹を切ってから長い述懐をします。『千本桜』の権太も腹を突かれたあと善人の本性を明かしました。「もどり」と呼ばれる、これも長い述懐でした。勘平も権太も幕切れに息を引き取るまで息も絶え絶えになりながら坐り続けているのでした。苦しみにあえぐ主人公には人形遣いが寄り添っていました。人形の背中から左手を入れて人形を支え、右手を人形の右手に添えて人形を抱きかかえるようにして見守る主遣い、その温もりが人形に人間の命を与えることになるのでしょう。「三人遣い」の人形の魅力はそこにありました。
　フランスの哲学者ロラン・バルトは文楽には「三つの表現体（エクリチュール）」があると指摘しました。「操り人形」「人形遣い」「声師（浄るり太夫のこと）」三つの表現体のうちもっとも注目したのは人形と人形遣いの動きでした。人形の「身振り」とそれを動かしている人形遣いの「行為」、「二つの沈黙の表現体（エクリチュール）が、特別な昂揚をうみだす。それは、ある種の薬物によって生じるといわれる知覚の超感受性とたぶん同じで

ある」という指摘でした(『表徴の帝国』)。

2　義太夫節の浄るり

「浄瑠璃」は御曹司(牛若丸)に恋をした、14歳の姫の名でした。御曹司は15歳。金売り吉次という商人の供をして東に下る途中、三河の国の矢作の宿での出逢いでした。浄瑠璃姫の奏でる琴の音に惹かれて御曹司は笛を吹きました。長者の館の内と外、音楽により芽生えた恋の物語でした。「笛の段」に続き「縫い物の段」「忍びの段」「姿見の段」「枕問答」など出逢いの一夜は各段にも分けられて語られました。「忍びの段」では襖に描かれた絵、「姿見の段」では古今東西の美女の名を並べて浄瑠璃姫の美しさが称えられました。美しい言葉を数え上げる「物尽くし」の文章でした。盲目の僧侶たちが語ったものだったのでしょうか。『浄瑠璃御前物語』と称されるこの物語は室町中期には成立していたものと考えられています。

世阿弥の能『朝長』が成立したのも室町中期でした。美濃の国青墓の宿で自害して果てた義経こと牛若丸の兄朝長の最期を描いた能でした。後シテはその朝長の幽霊、前シテはその最期を見届けた青墓の宿の長者、すなわち女性でした。能のこの物語も京の都を離れたところで貴公子に出逢った女の物語でした。

浄瑠璃姫は三河の国の鳳来寺の薬師如来に祈って授かった「申し子」でした。鎌倉の吹き上げの浜に捨てられた御曹司は薬師の利益で蘇生し、亡くなった姫を御曹司が弔うと五輪塔が砕け飛びました。「本地物」と呼ばれる宗教的な奇跡を起こす霊験譚でもあったのです。

のちに霊験譚のドラマチックな部分を削り取って、姫のロマンスに焦点を当てて再編成された物語、それが『十二段草子』でした。編者は小野お通と呼ばれる女性、織田信長の簾中に仕えたとも豊臣秀吉の北の政所の侍女だとも伝えられる女性でした。その物語は六字南無右衛門などと名乗る女の太夫たちによって歌われました。琉球から伝えられた三味

線が奏でるメロディ、そこから生まれた蠱惑的なものだったのでしょう。女歌舞伎が禁止されたように女太夫も同じ運命をたどることになりました。

　その語り口は『平家物語』を語る盲人にも波及しました。扇拍子のリズムで語る叙事的な語り口に三味線の抒情的な小唄のメロディが加わり、歌うように語る新しい節が生まれました。美学者の和辻哲郎は「「うた」に伴なう演技はおのずから舞踊になって行くに対して、「語られる」人間の動作はおのずからしぐさとなってくるであろう。だから人形の演技は、生きた能役者の演技よりも、一層具体的に、また写実的に、人間の生活を表現することとなったのである」と総括しています（『日本芸術史研究—歌舞伎と操り浄瑠璃』）。

　近松門左衛門が竹本義太夫のために『出世景清』を書き下ろしたのは貞享2（1685）年。近松33歳、義太夫は35歳の若盛りでした。この浄るりを画期として、それ以前を「古浄るり」、以降を「当流浄るり」または「新浄るり」と唱えるようになりました。

　国文学者の広末保は『出世景清』を「近世悲劇」の誕生と位置付けました。アリストテーレスの『詩学』における「悲劇（ドラマ）」と「叙事詩（エピック）」の概念を踏まえた見解でした。ひとりの語り手が三人称で語る「叙事詩」。一方「悲劇」では同じ神話の物語が一人称の対話で再現されます。ほんらい「叙事詩」の性格を持つ「浄るり」に「悲劇」の要素が加わって「近世悲劇」は成立することになったのです。

　近松門左衛門が注目をしたのは「古浄るり」の『景清』の「阿古王」という名のひとりの女性でした。景清と契りを交わして二人の子まで儲けながら、夫を裏切って訴人した遊女。近松は「阿古王」という古い名を「阿古屋」という当世風にして、新たに伊庭十蔵という男を登場させました。景清を訴人して出世しようと思う兄十蔵。それを止めようとする妹阿古屋。兄妹二人の対話で再現された「悲劇（ドラマ）」でした。

　景清には小野姫という愛人がいる、お前は当座の慰み者だという兄。

妹は「景清殿に限り左様のことは候まじ（中略）妾が二世の夫ぞかし」と言って泣いて止めました。そのとき届けられたのが小野姫の手紙でした。阿古屋はそれを見るや否や「恨めしや、腹立ちや」と嫉妬に狂って理性を失い、訴人してなりともこの恨みを晴らしてくれ、と言ってしまうのでした。

　竹本義太夫の前名は清水理太夫でした。「理」は物の道理。「義」は人や社会のあるべき理想の姿。儒教に基づく、江戸の人生哲学でした。「義理」の対極に「人情」がありました。人を恋しく思ったり、いとおしく思う、自然に生まれる人の感情。阿古屋の嫉妬もその「人情」のひとつでした。「義理」と「人情」の相克を描く葛藤、それが近松門左衛門の描き出した「近世悲劇」でした。

　古浄るりの太夫は朝廷から受領して、土佐だとか薩摩、播磨や加賀、都から離れた土地の名を名乗っていました。都にはない、エキゾチズムがその魅力だったのでしょう。それに対して義太夫はリアルな現実を描こうとしました。人のあるべき姿とは何か、社会はどのようにあるべきなのか、それを一緒に考えましょう、と訴えるドラマでした。

　『曾根崎心中』が書かれるのは『出世景清』から数えて18年後、近松門左衛門51歳、竹本義太夫53歳のときでした。このときはじめて同時代の物語を描く「世話浄るり」が誕生しました。主人公は醤油屋の手代平野屋徳兵衛25歳、北の新地の遊女天満屋お初19歳、世をはかなんで自害した男女の物語でした。法律の用語では「相対死」あるいは「情死」と呼ばれる事件でした。「相対死」は男女双方が納得の上で自害したこと。「情死」はその原因が色恋沙汰であった、ということでした。近松門左衛門はそれを「相対死」などではない「心中」であると謳い上げたのでした。

　お初は悪い友達に騙された徳兵衛を縁の下に匿っていました。徳兵衛の悪口を言うその友達の目の前で、お初はひとり言をいうように言いました。「この上は徳様（徳兵衛）も死なねばならぬ品なるが、死ぬる覚

悟が聞きたい」と。縁の下の徳兵衛は声を出して返事をすることはできません。目の前に垂れているお初の足首を取って、自分の喉笛に押し当てて自害する意思を伝えるのでした。座敷にいる大勢の人は誰ひとり気付きません。「心中」を誓い合った二人の男女を見守っているのは見物だけでした。

　暗闇に紛れて死に行く二人の身を近松は「あだしが原（墓場）の道の霜」に譬えました。霜の降りた土は二人の体をきちんと受け止めてはくれません。ずぶっと沈む不安定な心、それを「ひと足づつに消えて行く、夢の夢こそ哀れなれ」と表現しました。闇の中で頼りになるのは互いに取合った手と手、その感触だけでした。

　近松は誰も見ることのできなかった、二人が自害する場面も再現しようとしました。女の喉を刺そうとしても、その顔を見ると刺せない。目をつぶって何度も突き刺すと短刀が動かなくなりました。死後硬直を起こしていたからでしょう。目を明けると男の目に映ったのは断末魔で苦しむ女の顔でした。短刀が抜けなくなったので、男は剃刀で喉を叩いて死ぬのでした。リアルに描写した近松門左衛門はそれを「未来成仏うたがいなき、恋の手本となりにけり」と謳い上げたのでした。

　死にに行く男女の救いは「来世（らいせ）」でした。「前世（ぜんせ）」「現世（げんせ）」「来世」仏教の「三世相（さんぜそう）」から派生した江戸の俗信仰でした。誰にも親はあります、ですから親子の縁は薄くこの世（現世）だけの関係。見も知らない男女が夫婦になるには深い因縁がある筈です。それゆえ「現世」だけではなく「来世」に繋がる「二世」の契りだと考えたのでした。お初徳兵衛は「現世の願（がん）を今ここで、未来へ回向し後の世も、なおしもひとつ蓮（はちす）ぞや」と誓うのでした。

　「世話浄るり」は『出世景清』のような昔の話ではありませんでした。縁の下で密かに誓った二人の「心中」、それを見届けた見物は苦しみながらも美しく未来を信じて死んで行く、その姿に惹かれました。お初徳兵衛と同じようこの世では成就できない恋、その恋を成就するため

に若い男女が「心中」に走ることになりました。「心中シンドローム」とでもいうべき社会現象でした。それゆえに同時代を描く「心中物」は禁止されてしまうのでした。

3 近松門左衛門の浄るり観

　元祖義太夫（筑後 掾）が他界するのは正徳4年（1714）、63歳のときでした。遺言により後継に選ばれたのは竹本政太夫のちの二代目義太夫（播磨 少 掾）。翌年、近松門左衛門はこの政太夫のために『国性爺合戦』を書き下ろしました。中国人の父と日本人の母を持ち、日本で生まれ中国に渡って韃靼国を滅ぼし、大明国の英雄となった和藤内を主人公とする、スケールの大きな物語でした。足掛け3年17カ月に及ぶロングランを記録したこの興行により、義太夫亡き後の竹本座はその基盤を確立することになったのです。

　政太夫が語ったのは三段目の切「獅子が城」でした。城の主は韃靼国の将軍五 常 軍甘輝。妻の錦祥女は父を同じくする和藤内の姉でした。人質となって縄で縛られ甘輝に味方を頼む和藤内の母。甘輝の先祖は大明国の忠臣でした。先祖の「忠」を立てたくても、妻の縁で味方をしたと言われては子孫の恥になる、それゆえ錦祥女を殺してから味方をするという夫の甘輝。父のためならば命を捨てる覚悟だという錦祥女。中国人の夫婦の間に割って入り、体を張って娘の命を守ろうとしたのは日本人の母でした。いったんは慈悲深い母の情けに阻まれたものの、夫の「忠」と父への「孝」、「忠孝」二つの義理に迫られた錦祥女は自の命を絶つ道を選択するのでした。

　政太夫はこのとき若干25歳の青年でした。声量が豊かで高い声も低い声も自在に使いこなした師匠元祖義太夫と違い、声量に恵まれませんでした。そのことを自覚するところから政太夫の工夫ははじまりました。声の大きさは人それぞれ、無理をして大きな声を出そうとしても、聴く人の心には響きません。自分の語る浄るりに相応しい声の出し方、政太

夫こと二代目義太夫（播磨少掾）はそれを「音」と名付けました。門弟の順四軒に向かい「音をもって人情の喜怒哀楽、真実に語らば小音なりとも人の感心せぬ事はあるまじ」と諭しました。「喜怒哀楽」にはそれぞれ「よろこび」「いかる」「かなしみ」「たのしみ」という注記が付けられていました（『音曲口伝書』）。

　政太夫はそれを木枯らしの風の音に学んだ、とも伝えられています。障子に開いた小さな穴、そこから吹き込む風の音は小さくても木枯らしの勢いが伝わってくる。政太夫にとって障子の穴は自分の喉、声は小さくても木枯らしの勢いを伝えることはできる、という発見でした。『国性爺』にまつわる創作の秘話でした。

　『国性爺』三段目」の「口伝」では「国性爺（和藤内）は血気の勇、甘輝は寛仁大度の勇なり。その分かれ大事に語るべし」とありました。同じ「勇」でも語り分けなさい、という教えでした。

　教えを受けた順四軒の誇りは師匠譲りの「腹帯」でした。病に臥せっていた師匠播磨少掾より手ずから賜わったこの宝物を二代目政太夫に譲り、のちに師匠の墓の傍に「曲帯塚」を建立してその塚に収めています。播磨少掾は「曲帯」と名付けられた腹帯をぎゅっと締めて、腹の底から声を絞り出していたのでしょう。近松研究家の木谷蓬吟はそれを「声音以外に腹で語るといふ新天地」と位置付けました（『浄瑠璃研究書』）。その声は小さくても聴く人の心に響いたのでしょう。その伝承でしょうか、現在でも文楽の大夫は腹帯を締めています。息を詰めて語るので、強く締めないと脱腸になる、とも言われています。浄るりの太夫は息張って力強く語ろうとすると体が浮きます、それを押さえるために腹に鉛の重しを入れて語るのでした。

　政太夫を支えたのは近松門左衛門の浄るり観でした。著書『難波土産』の冒頭にその骨子を伝えたのは儒学者の穂積以貫。ひとつ年上の政太夫とともに近松を信奉した、そのひとりでした。40歳近く年の離れた以貫に向かい近松は「惣じて浄るりは人形にかかるを第一とすれば、外の草

紙と違いて、文句みな働きを肝要とする活物(いきもの)なり（中略）正根なき木偶(にんぎょう)にさまざまの情(じょう)をもたせて見物の感」を取らなければならない、と語りました。浄るりの文句が人形に人間の「情」を叩き込む、近松はそれを「人形にかかる」と言ったのでしょう。軒を並べて興行する歌舞伎の「生身(しょうじん)の人の芸」と争った、その経験から生まれた浄るり観でした。

　近松は「浄るりは憂(うれい)が肝要なり」とも語っています。ただし、古浄るりの文句のように「哀れなり」と書いたり、悲しい声で泣くように語ることは認めませんでした。「哀れなり」と書かずに自然と「哀れ」だと感じさせる、それが自分のやり方である。なんで哀れなのかその筋道を見物に納得させる、そのことを近松は「義理に詰まる」と称しました。「それがしが憂は、みな義理を専らとす」という主張、それがもうひとつの近松の浄るり観でした。

　ある人が近松に言いました。当世の流行では、歌舞伎でも筋立てが理詰めになり、昔のように「あじやらけた（ふざけた）」ことはできなくなりました。登場人物も「家老職は本の家老に似せ、大名は大名に似るをもって第一」としなければなりません。それに答えて近松は、本物の家老の「身振り」や「口上」をリアルに写すのは良いけれども、かといって役者が顔に「紅脂白粉(べにおしろい)」も塗らずに「むしゃむしゃと髭は生えなり、頭は剥げなり」で舞台に出ても良いのだろうか。それでは見物の「慰み」にはならない。理詰めでリアルな演技を「実」、美しく飾ったその姿を「虚」、近松はある人に「芸といふものは実と虚との皮膜の間にあるものなり」と諭しました。「虚実皮膜論(きょじつひにくろん)」と称される近松の演劇観でした。

　近松が具体例に挙げたのは人形の話でした。ある高貴な女性が恋しい男の姿を木像に刻ませました。「毛の穴」から「耳鼻の穴」「口の内、歯の数」までリアルに再現したところ、かえって興醒めがして怖くなり、恋も醒めてしまったという話です。義太夫節の人形にもそのまま当てはまる話でした。

4　義太夫節の三味線

　三味線は琉球から渡来した楽器でした。織田信長が天下統一を目指した永禄年間のことだとされています。その源流は中国の三絃(さんげん)でした。三つの絃のそれぞれが異なった音色を奏でる、それゆえにわが国では三味線と呼ばれるようになりました。

　はじめに三味線を受け入れたのは盲目の琵琶法師でした。四本の弦を持つ琵琶を大きな撥で叩きながらリズムを取って語る「平家語り」の盲僧。その琵琶法師が琵琶の代わりに三絃を撥で叩いて弾く、三絃の新しい奏法の誕生でした。琵琶法師の盲僧は琴（箏(そう)）の名手でもありました。琴の十三絃の糸を指にはめた爪で奏でる、そのメロディーの面白さも三味線に取り入れられることになるのでした。

　浄るりの三味線をはじめて弾いたのは沢住検校(さわずみけんぎょう)という盲人の琵琶法師でした。この人も琴の名手でした。沢住検校の門下からは箏曲の八橋流(やつはしりゅう)の流祖八橋検校、地歌柳川流(やながわりゅう)の流祖柳川検校も輩出しました。語り物の浄るりと箏曲地歌の歌、近世の叙事詩と叙情歌は三味線を通してひとつの流れに収斂されることになるのでした。元祖義太夫の三味線を弾いた竹沢権右衛門(たけざわごんうえもん)もその門葉でした。権右衛門は竹本の「竹」と沢住の「沢」に因んで「竹沢」を名乗った、と伝えられています。竹沢に続いて「鶴沢」「野沢」、浄るりの三味線弾きは皆「沢」の字の姓を名乗りました。それゆえ、沢住検校は浄るりの「三味線惣開祖」と位置付けられることになるのでした（『声曲類纂(せいきょくるいさん)』）。

　義太夫節の語りには「地(じ)」の部分に三味線が入ります。リアルなせりふの「詞(ことば)」には三味線は入りません。義太夫の語り口の特徴は「詞」で語るせりふが途中から「地」になるところにありました。「詞」の迫真性と「地」の音楽性。リアルな真実と美しい虚構。近松門左衛門が唱えた「虚実皮肉論」を実践した試みでした。

　竹本座で政太夫の三味線を弾いたのは鶴沢友次郎。ライバルの豊竹座では豊竹若太夫(とよたけわかたゆう)（越前少掾(えちぜんのしょうじょう)）の三味線を野沢喜八郎が弾きました。

師匠の竹沢権左衛門同様、両人ともに琵琶法師出身の盲人でした。それぞれ義太夫三味線の鶴沢派、野沢派の流祖となりました。

　竹本座は道頓堀の西側、豊竹座は東側。対照的な芸風から、それぞれの特色は「西風」「東風」と呼ばれました。井野辺潔は音楽学の観点から「西風を語る太夫の発声は顎をひきつけるようにして語るので、どっしりと重厚で、陰影に富む。対照的に、東風は顎を突き出し気味に語るので、軽快で明るい」と整理し、太夫の語り口に連れて三味線も西風は「手数すくなく、勘所を外さぬように、ひきしめてビシッと弾く」、東風は「手数もおおく、旋律的で賑やかに、きれいな音色が主体」になる、と指摘しました（『浄瑠璃史考説』）。東西の風が混交する、そのきっかけとなったのは『忠臣蔵』でした。竹本座の太夫は此太夫、三味線は友次郎。人形遣いの吉田文三郎と対立して、此太夫は豊竹座に走り、友次郎は竹本座に残りました。

　東西の風が入り乱れるなか、西風の特色を固守したのは三味線の鶴沢文蔵でした。穂積以貫の倅で竹本座の作者となった近松半二の代表作『本朝廿四孝』『関取千両幟』『近江源氏先陣館』『伊賀越道中双六』など、すべてこの文蔵の手になるものでした。とくに『妹背山婦女庭訓』「山の段」では、男性親子を語る「背山」を重厚な西風、女性の「妹山」を花やかな東風に分けて、両風の規矩を示したことが知られています。三味線の皮を薄くした「文蔵張り」の三味線を使って、より重厚で厳しい撥音を極める一方で、箏曲地歌の旋律を取り入れて、より豊かな音楽性を追求したのもこの人でした。文蔵が遺した「鶴沢家の家訓」には「三味線を胸には弾きて、手に弾くな、弾けよ弾くなよ、心素直に」とあります。義太夫三味線の中興の祖と称えられた人でした。

研究課題

1．近松門左衛門の浄るりを読んで見ましょう。
2．他の人形劇と比較して文楽の特色を考えてみましょう。
3．実際に「文楽」の舞台を鑑賞してください。ＤＶＤで見ると人形の表情がよくわかります。浄るりや三味線の音もきれいですので、お勧めします。

参考文献

三宅周太郎『文楽の研究』（創元社、1940）（岩波文庫、2005年）
和辻哲郎『日本芸術史研究－歌舞伎と操り浄瑠璃』（岩波書店、1955年）
高木浩志『文楽のすべて』（淡交社、1982年）
水落潔『文楽』（新曜社、1989年）
『文楽』（別冊太陽80、平凡社、1992年）

宮尾しげを『文楽人形図譜』（時代社、1942年）（かのう書房、1984年）
土門拳『文楽』（駸々堂、1973年）
ロラン・バルト『表徴の帝国』（新潮社、1974年）（ちくま学芸文庫、1996年）
広末保『近松序説』（未来社、1957年）（影書房、1998年）
井野辺潔『浄瑠璃史考説』（風間書房、1991年）
倉田喜弘『文楽の歴史』（岩波現代文庫、2013年）
『近松浄瑠璃集』上下（岩波書店、日本古典文学大系、1958・1959年）
『近世芸道論』（岩波書店、日本思想体系、1972年）
橋本治『浄瑠璃を読もう』（新潮社、2012年）
高木秀樹『文楽手帖』（角川ソフィア文庫、2014年）

ＤＶＤ人形浄瑠璃文楽名演集『菅原伝授手習鑑』（ＮＨＫエンタープライズ、2009年）
ＤＶＤ人形浄瑠璃文楽名演集『義経千本桜』（ＮＨＫエンタープライズ、2010年）
ＤＶＤ人形浄瑠璃文楽名演集『仮名手本忠臣蔵』（ＮＨＫエンタープライズ、2010年）
ＤＶＤ人形浄瑠璃文楽名演集『妹背山婦女庭訓』（ＮＨＫエンタープライズ、2011年）

国立劇場伝統芸術情報館、文化デジタル・アーカイブス

13 世界の古典演劇
——シェイクスピアは、なぜ「古典」なのか——

森山　直人

　「世界の古典演劇」を、あらためて取り上げる意味はどこにあるのでしょうか。まちがいなく言えることは、外国の古典演劇を学ぶことは、けっして外国を学ぶことにとどまらないということです。むしろそれは、私たちの身近にある「演劇」や「世界」に対する視野をおし広げてくれることにつながります。そのことを実感するために、私たちは、現代日本においても唯一といっていいほど例外的に、頻繁に上演されている外国の古典演劇作家を少なくともひとり知っているはずです。ここでは、ウィリアム・シェイクスピア（1564-1616）というひとりの作家を取り上げながら、現代における「古典」の意味について考えていきましょう。

1　シェイクスピアが「古典」となるまで

　シェイクスピアは、世界演劇史上に特別な地位を占めています。『ハムレット』『オセロー』『リア王』『マクベス』といったいわゆる四大悲劇はもちろん、後にミュージカル『ウエストサイド物語』の原作ともなった『ロミオとジュリエット』のような作品もあります。喜劇でいえば、『ヴェニスの商人』『夏の夜の夢』『じゃじゃ馬馴らし』『お気に召すまま』など。その他に、『ヘンリー六世』3部作や『リチャード三世』のような歴史劇に、『テンペスト（あらし）』『冬物語』のような晩年のロマンス劇など、とても「代表作」など一言では答えられないくらい、彼の創作は非常に多くのジャンルにわたっており、どの作品も世界中に知られています。ロンドン近郊の小都市（ストラッドフォード・アポン・エイヴォン）に生まれた彼の実質的な活動歴は、約四半世紀という

けっして長いものではなかったにもかかわらず、これほどの存在になったのは、いったいどういう理由からでしょうか。

　もちろんなんといっても、劇作家としての彼が書いた言葉の力があります。19世紀半ば以降に日常的な散文で書かれた近代劇は別として、それ以前に「古典」として名が残るためには韻文の力が物を言ったわけですが、シェイクスピアは、16世紀から劇作術で使われ始めたブランクヴァース（Blank verse：無韻詩）の巧みな使い手でした。しかしそれだけではなく、彼は優れた散文の書き手でもあって、韻文と散文の見事な使い分けによって、ダイナミックな劇的世界を構築していったのです。シェイクスピア学者の高橋康也は、「ハムレットの敏捷でしかも思索的な精神、および『ハムレット』の多様な劇的世界は、独白や亡霊や国王の台詞は韻文、「尼寺の場」や旅役者や墓掘りとの会話は散文というように、目まぐるしく切りかわる文体の多様性として現れる」と言っています。けれども、そうした彼個人の資質は、彼が生きた環境の力の反映であったと見ることも十分に可能でしょう。彼が活躍していたいわゆる「エリザベス朝演劇」は、演劇全体が活況を呈していた時代でした。彼と同時代の劇作家には、クリストファー・マーロウ（1564-1593）やベン・ジョンソン（1572-1637）のような、今日でもその名が残っている偉大な劇作家たちが健筆をふるっていましたが、たんに作家という存在の力だけではなく、16世紀後半から17世紀前半にかけての、いわゆる「絶対王政」期におけるイギリス近代初期の勃興する市民階級の旺盛な活力が、劇場を、この時代の代表的な文化にまで育て上げていました。

　けれども興味深いのは、シェイクスピアが、そのまま一直線に「古典」となったわけではなかったということです。たとえばコルネイユ、モリエール、ラシーヌといった17世紀フランス古典主義の巨匠たちのテクストは、太陽王ルイ14世が1680年に勅命をもって設立したコメディ・フランセーズという劇団のおかげで、現代に至るまで、「古典」として

の歴史を途切れることなく刻んできました。シェイクスピアはまったくそうではありません。1642年に開始された清教徒（ピューリタン）革命は劇場を禁止し、王政復古が実現するまで、イギリスの演劇史に大きな空白期間が生じてしまったからです。1661年、フランスに亡命していたチャールズ2世が王位につくと劇場は復活しましたが、そこでの劇場文化は同時代のフランス古典主義の影響を強く受けたものとなり、中世以来の民衆演劇の伝統と、ルネサンスの人文主義とがたくみに融合したエリザベス朝演劇の伝統は断絶してしまったのです。

　今日のわたしたちから見て興味深いのは、その時点で、シェイクスピアは、一度「過去の作家」の扱いを受けていたということです。17世紀後半から18世紀にかけて、ヨーロッパに規範として流通したのは、フランス古典主義演劇でした（14章参照）。そうした目から見ると、シェイクスピアは、「単一統一性」などから逸脱したところも多い「規格外」の演劇というふうに見えます。たしかに物語としては面白いところもあるけれども、とにかく粗野で野蛮なところが多すぎる、と。この時期に、シェイクスピアがかろうじて絶えることなく受け継がれた要因のひとつは、王政復古以後の時代の好みの変化に合わせた「改作」につぐ「改作」によってであったと言えるかもしれません。たとえば悪名高い改作は『リア王』です。周知のように、この作品のラストは、リア王が殺された正直な娘のコーディリアの死体をかかえ、自らも悲しみのあまり憤死するというものですが、市民道徳の養成の場として劇場がとらえられつつあったこの時代に、そのような壮絶で悲惨な死は、とても見るに堪えない残酷な結末と映ったようです。その結果、コーディリアは死なず、リアも復位するというハッピーエンドの『リア王』改作が生み出されたりしたことはよく知られています。

2　ロマン主義の時代

　ところが、18世紀半ばから後半になると、このような雰囲気は一変していくことになるのです。しかもそのきっかけとなるのが、イギリス国内の動向もさることながら、それ以上に、国外の動向であった点はとても重要です。ことにフランス大革命の嵐が吹き荒れる前後のヨーロッパにおけるロマン主義の台頭によってでした。「シェイクスピアは「荒削りの天才」から「想像力の天才詩人」へと変貌」したのです（河合祥一郎）。「再評価」に向けての最初の胎動は、18世紀の啓蒙主義時代に、フランスではヴォルテール、ドイツではレッシングなどの仕事によってもたらされます。まもなくドイツでは、ゲーテやシラーによって熱狂的に受け入れられ、ロマン主義者のアウグスト・シュレーゲルが19世紀初頭に刊行した『劇文学講義』を通じて、unser Shakespeare（シェイクスピアはわれわれドイツ人のもの）という言葉が生まれるほど、ドイツにとって重要な作家になります。フランスでは、大革命からナポレオン戦争の中で、新たな文芸のあり方を模索していたスタンダールが、『ラシーヌとシェイクスピア』（1823／25）を発表し、「古典主義」のシンボルであったラシーヌを敵役にして、シェイクスピアを擁護し、ヴィクトル・ユゴーのロマン主義演劇への扉を開くことになります。コールリッジのようなイギリスのロマン主義者たちがシェイクスピアを熱烈に賛美するようになるのも、こうしたヨーロッパ大陸における動向が大きく影響しています。このように、イタリアやロシアも含め、シェイクスピアの全ヨーロッパ的な受容には、各国の一流の文学者が、批評や翻訳を通じてかかわっていました。「翻訳」を通じて、シェイクスピアという作家は、もはやイギリスのみならず、欧米全体の「古典」となったのです。

　なぜ、こんなことが可能となったのでしょうか。実はそこには「民衆」というキーワードが密接に関係しています。ロマン主義は「革命」という理想と切っても切れない思潮であり、崇高な変革を手にすること

のできる「天才」とその内面（性格）に向かっていくヴェクトルと、未来の社会の担い手である「民衆」に向かっていくヴェクトルが共存しているからです。ちょっと話が飛ぶようですが、20世紀を代表するソ連の演出家メイエルホリド（1874－1940）は、19世紀の「総合芸術」の創始者であるワーグナーについて、こんな発言をしたことがあります。「ワーグナーはシェイクスピアの演劇が全民衆的な芸術の理想に近づいているともみている。『シェイクスピアの芝居ではきわめて忠実に世界が描かれているため、その思想の芸術的表現には、もはや詩人の主観性をかぎ当てることはできない』。シェイクスピアの芸術には民衆の魂が脈打っているとワーグナーはいうのである」[注1]。メイエルホリドは20世紀の、ワーグナーは19世紀後半の、どちらも重要な芸術家です。1849年のドレスデン蜂起に参加して挫折した後、いわば芸術の革命／革命の芸術の理想をもって『ニーベルングの指輪』4部作を頂点とする楽劇の世界を構築したワーグナーもまた、シェイクスピアのなかに、革命的民衆の影を見ていること、そしてロシア革命前後の激動を生きたメイエルホリドがもう一度そのことに目を向けようとしていること。そのことは、たんにこうした二人の演出家にとどまる問題ではなく、19世紀以降のシェイクスピアが今日に至るまで、「古典」として評価されつづけている大きな理由のひとつが、その「民衆的性格」にあることを、雄弁に物語っているといえるでしょう。わたしたちはここで、たとえば『夏の夜の夢』の中で、ボトムをはじめとする庶民が活き活きと活躍する様を思いうかべてもよいでしょう。

　そうしたシェイクスピアに対する視線は、シェイクスピアが活躍していたエリザベス朝演劇の劇場構造が次第に明らかになっていくにつれて、ますます強くなっていたといえるでしょう。1888年、たった一枚のラフなスケッチ画がオランダの図書館から発見されました。エリザベス朝時代の「スワン座」を当時の観客だったオランダ人が描いたイラストです。このイラストは、シェイクスピアの時代の劇場が、一種の円形劇

場といってもよい「張り出し舞台」の構造をとっていたことを示しています。それは、19世紀に確立された今日まで続く劇場文化の支配的な様式のひとつである「プロセニアム舞台」（イタリア式額縁舞台）とは対照的です。演じ手と観客席とを二分し、観客が額縁の中を覗き込むような構造をとっているこのスタイルは、一方では観客の目前に完璧な絵を呈示することができますが、その反面、演じ手と観客は完全に分離してしまいます。その点、スペインなどでも盛んだった「宿屋中庭型の劇場」に起源をもつといわれるエリザベス朝演劇の張り出し舞台は、「観客に対して演技する」のではなく「観客の中で演技する」という構造を確保することができます。加えて、エリザベス朝演劇の劇場の観客席には、庶民や女性も含めた多様な社会階層が混在していました。「パブリックシアター」というこの劇場構造は、演じ手と民衆とが、どのようにすればひとつの世界を共有できるのかを思考するための力強いモデルを提供しつづけてきたのです。

3　ヤン・コットとピーター・ブルックの解釈

　これまでは、シェイクスピアの評価の歴史を巨視的にたどってきましたが、ここからは20世紀以降の具体的な舞台創造の現場とのかかわりという視点から、シェイクスピアはなぜ「古典」たりえたのか、という問いを考えてみたいと思います。そう考えてみるとき、ポーランドの批評家ヤン・コット（1914-2001）の『シェイクスピアはわれらの同時代人』（1961年ポーランド版、62年仏語訳、64年英語訳、68年日本語訳等）が、シェイクスピア劇の創造現場に与えた強烈なインパクトを忘れることはできません。コットの立場をひとことで要約すれば、シェイクスピアを、「古典」や「巨匠」として崇めるのではなく、あくまでも同時代演劇として読むこと——いいかえれば、20世紀の歴史を生き抜くすべての人々（作り手も観客も含めて）のリアリティを、シェイクスピアのテクストと重ね合わせてみる、というものです。この〈同時代的感性〉に

は、20世紀の二度の世界大戦とそれ以後の東西冷戦の経験が深くかかわっています（コット自身、第二次世界大戦中には対独レジスタンス運動にかかわった経験をもっています）。

20世紀を代表するイギリスの演出家ピーター・ブルック（1925-2022）が、1962年にロイヤル・シェイクスピア劇団（RSC）において演出した『リア王』が、ヤン・コットの視点ときわめて近いところでなされた歴史的上演であったことはよく知られています。ブルックは、ベルトルト・ブレヒト（1898-1956）、サミュエル・ベケット（1906-89）、アントナン・アルトー（1896-1948）といった、当時最も前衛的な仕事を残していた演劇人の仕事を咀嚼しつつ、それらの注目すべきところは「すべてシェイクスピアのなかにある」のだと断言しています（『なにもない空間』）。こうした視点は、「ブレヒトの場合には叙事性が、ベケットの場合には新しい≪世界の劇場≫が考えられる。だが、どれをとっても19世紀演劇（ロマン派であるか自然主義派であるかを問わず）よりもシェイクスピアや中世の道徳劇に似通っている」と書くコットの視点と、明らかに通じるところが感じとれます。

たとえば、コットは『リア王』について、次のように語っています。

> 『リア王』においては、中世的であれルネサンス的であれ、既成の価値体系が崩壊しているのだ。この途方もなく大がかりなパントマイムの最後に残っているのは、ただ地球だけ——血を流している空虚な地球だけである。嵐を通りすぎて石ころだけを残して行ったこの地球の上で、王と道化と盲人と狂人が辻褄のあわぬ対話を続けるのである注2。

この引用部分の最後の一文は、私たちに、どこかベケットの『ゴドーを待ちながら』のような不条理演劇を思い起こさせます。というより、コット自身がまさしく20世紀半ばの世界観を通して、『リア王』という

作品を解釈しなおしているわけですが、逆に言えば、約4世紀も前に書かれたシェイクスピアのテクストが、そういう解釈を見事に受け容れることができているという事実にもあらためて驚かされます。かつて、マーティン・エスリンが詳細に描き出した「不条理演劇（theatre of the absurd）」の世界観とは、絶望的なばかばかしさが支配する世界——その中にあって、人々はさしたる理由もなく、ひたすら無意味な破滅に甘んじなければならない世界です。「神」が死に、資本主義が地球全体を覆い尽くし、帝国主義的な覇権争いを背景に生じる呵責ない戦争とテロリズムのなかで、もはや地理的な区別など関係なく、人々が「無意味な死」と隣り合わせになっているのが現代のひとつの姿だとすれば、もはやその状況は、ちょうどベケットの『勝負の終わり（エンドゲーム）』の世界が展開する「家具のない屋内」「灰色がかった光」（作品冒頭のト書き）というひたすら無個性な空間こそが全世界のメタファーとなりえてしまうような状況だといえるかもしれません。

　そして、ブルックが1962年に、伝説的な上演として語り継がれているロイヤル・シェイクスピア劇団における『リア王』の上演に際して、思い描いた舞台の光景も、ちょうど同じようなものだったようです。「私が今回の上演の準備をしていた一年間ずっと考えていた重要な問題は、物語を特定の時と場所に設定すべきであるか否かということでした。（中略）『リア王』は、ある意味では、どんな歴史的背景をも越えた崇高な劇であり、これに匹敵できるものは、ベケットが書くような現代劇だけだということです。『ゴドーを待ちながら』の時代がいつであるか、だれにもわからない。話がおきているのが現代であることは確かなのですが、それでいてこの作品固有の時代がある。そのことは『リア王』の場合にも一番重要な事実です。私にいわせれば、『リア王』こそ不条理演劇のもっともすぐれた作品であり、そして現代劇のよい部分はすべて不条理演劇から由来しているのです」[注3]。このような視点に立って、ブルックは舞台装置からごてごてした装飾を一切廃して、極端に単純化さ

れた、まさに彼が主張する「なにもない空間」のひとつの原型ともいえるような舞台空間が立ちあげられたのでした。しかも、そうした簡素な空間のなかで、リア王が嵐のなかで荒野をさまよう有名な場面では、天井から吊り下げられたさまざまな大きさの金属板が振動し、恐るべき大音響を演劇的に実現していたのだといいます。そうした一連の工夫を通じて、ブルックは、シェイクスピアのテクストから、額縁舞台で飽きもせず繰り返し上演される有り難い「古典」といった因習的イメージを剥ぎ取り、観客と舞台の間に活き活きとした関係性を取り返す、「現代のエリザベス朝舞台」ともいうべき「なにもない空間」を獲得したのだと言えるでしょう。1970年、ブルックは、こうした空間的コンセプトを、これまた伝説的な『夏の夜の夢』の上演によって、シェイクスピアの喜劇にも応用しました。三方を囲む白い壁に、装置らしい装置は天井から吊り下げられた鉄骨の空中ブランコとはしごだけ、というこの舞台空間では、さながらサーカスのように俳優たちが動き回り、ダイナミックな民衆的活力を、現代の劇場空間に蘇生させてみせたのでした。

4　ハイナー・ミュラーの『ハムレットマシーン』

　「ある惑星が軌道をめぐって地球に近づき、観察の好機到来とばかり、あらゆる天文学者が望遠鏡をかまえるときがある。それと同じように、この四世紀間で初めて、エリザベス朝時代が、ありのままの姿で、かつてないほど私たちに接近しつつある」——ブルックは、先に述べた『リア王』の世界巡演中に書いた文章で、ふとそのような言葉を口にしています。いいかえればそれは、シェイクスピアのテクストが、現実の歴史と触れ合う瞬間の貴重さについて語っているのと同時に、まさしく現実の歴史と接触する瞬間に、多面体としてのシェイクスピアのテクストが最も威力を発揮するのだということを、遺憾なく証言しているのだといってよいでしょう。ブルックが、ある意味で、20世紀の冷戦期における西側の演劇人の受容の象徴的な存在だとすれば、共産主義の理想が

幻滅に終わった東側諸国では、また異なった受容のあり方が認められます。たとえば『ハムレット』は、1970年代の東側諸国における「現実」と触れ合って、奇妙なテクストを生み出しました。ハイナー・ミュラー（1929‐1995）の『ハムレットマシーン』（1977）がそれです。

ハイナー・ミュラーは、1929年生まれのドイツの劇作家です。戦後は東ドイツに残り、1956年にこの世を去ったブレヒトの後継者として、1950年代半ばから多くの戯曲を発表し、共産党の社会主義リアリズム路線と対立しながら何度も発禁処分を受けたりしました。自作が自由に発表できなくなったとき、劇作家にできることは、一見古典に忠実な振りをしながら、そこに一種の「改作」を施すことです。ミュラー自身がもともと関心があったこともあって、シェイクスピアは、ここでもまたとない「素材（マテリアル）」として、懐の大きさを発揮しました。1977年、ドラマトゥルクであった彼は、上演を前提とした『ハムレット』の新しいドイツ語訳の製作に関わりますが、そのプロセスが一段落した後、戯曲というにはあまりに短く、解読困難なテクストが突然生み出されたのでした。ちなみに、「マシーン＝機械」という語は、現代美術家デュシャンの「独身者の機械」などの先行作品を念頭に置いたと作者自身は言っています。

それはともかく、上のプロセスにも見られる通り、『ハムレットマシーン』は、シェイクスピアの原作が産み落とした鬼っ子のようなものであり、一種の分身であるといえます。「私はハムレットだった。浜辺に立ち、寄せては砕ける波に向かってああだこうだと喋っていた。ヨーロッパの廃墟を目にして」注4という有名な一文ではじまるこの作品は、1980年代の西欧で注目を集め、1986年にはロバート・ウィルソン演出の優れた上演も生まれました。きわめて難解な部分も少なくないとはいえ、全体を大きく通読してみると、『ハムレットマシーン』は、『ハムレット』のストーリーの流れを猛烈な速度でたどりかえしているようなところもあります。まず、「国葬」があって、母ガートルードの不義に

対する詰りがあって、オフィーリアが登場する。もちろんそれぞれのパートは、スターリンの国葬やドストエフスキーの『罪と罰』など、数々の引用によって変形され、まったく違った表情をのぞかせています。その上で、ハムレットを名乗るキャラクターと、オフィーリアを名乗るキャラクターが、次第に原作から分離され、奇妙なペアとなって別の物語を生きるようになってきます。「ハムレット」が自分の役割を放棄する者、「オフィーリア」は自殺をやめて行動に身を投じる者としてです。

　私はハムレットではない。もう役は演じない。私の台詞は、私にはもう興味がなくなった。私の思想が、形象から血を吸い取ってしまう。私のドラマはもう起こらない注5。

　私はオフィーリア。川にうけいれられなかった女。首を吊った女、動脈を切った女、睡眠薬自殺の女、唇には淡雪、ガス台に首をうつぶせた女。きのうわたしは自殺をするのをやめました。（中略）私の牢獄に火をつけます。着ていたものをその火に投げ込みましょう。私の心臓であった胸の時計を埋葬しましょう。血の衣裳をまとって、私は街頭に出ていきます注6。

こうしたキャラクターの変更＝改作は、一見シェイクスピアのテクストとは無関係で恣意的なものに見る向きもあるかもしれませんが、はたしてそのように言い切れるでしょうか。ここであまり詳しく述べることはできませんが、テクストそのものはもちろん、彼が残した発言からも、こうした改作にあたって、ミュラーは東西ドイツの様々な歴史的現実（西ドイツ赤軍、社会主義政権の腐敗と官僚主義、そして20世紀の戦乱の記憶等・・・）に向き合い、単純に割り切ることのできない声にならない声を反響させようとしていることが分かります。重要なのは、そ

ういう歴史や記憶の声が、「ハムレット」や「オフィーリア」の形象の、そのようにありえたかもしれないいわば「裏側の姿」を、あぶりだしているように見えてくるということではないでしょうか。ハムレットの役を下りてしまうもうひとりの「ハムレット」、突然自殺することをやめ、テロリストまがいの行動に舵を切る「オフィーリア」。確かにシェイクスピアは、表面上は彼らをそのように描いてはいません。しかし、彼の書き残したキャラクターは、本当はそのように行動することもできたし、そのように行動してもよかったのではないか、と思えるような状況に直面していたことを、シェイクスピアがしっかり書きこんでいたからこそ、このような大胆な解釈＝改作も可能になったと言えるでしょう注7。

このように、ウィリアム・シェイクスピアの作品は、たんに優れた芸術としてでなく、さまざまな「翻訳」や「改作」を生き延び、まさにそのことを通じて「古典」となってきたのです。あらためていうまでもなく、「古典」は「現代」に刺激を与えてこそ、本当の意味で「古典」といえるものです。とすれば、21世紀の私たちにとって、シェイクスピアがなおも「古典」でありつづけるかどうかは、まさに「現代」を生きる私たち自身の手にかかっているといえるでしょう。

研究課題

1．シェイクスピアが、どのようなプロセスを経て、古典となっていったのかを考えてみましょう。
2．シェイクスピアの古典としての特徴を、フランス古典主義演劇との対比において考えてみましょう。
3．20世紀におけるシェイクスピアの受容は、20世紀の歴史とどのように切り結んできたのかを考察してみましょう。

参考文献

ヤン・コット『シェイクスピアはわれらの同時代人』(蜂谷昭雄、喜志哲雄訳、白水社、1968年／1992年新装版)
ピーター・ブルック『なにもない空間』(高橋康也、喜志哲雄訳、晶文社、1971年)
ピーター・ブルック『殻を破る――演劇的探究の40年』(高橋康也、高村忠明、岩崎徹訳、晶文社、1993年)
C・ウォルター・ホッジズ『絵で見るシェイクスピアの舞台』(河合祥一郎訳、研究社出版、2000年)
新野守広『演劇都市ベルリン―舞台表現の新しい姿』(れんが書房新社、2005年)
ハイナー・ミュラー『闘いなき戦い―ドイツにおける二つの独裁下での早すぎる自伝』(谷川道子、石田雄一、本田雅也、一條亮子訳、未来社、1993年)
ハイナー・ミュラー『ハムレットマシーン―シェイクスピア・ファクトリー』(岩淵達治、谷川道子訳、未来社、1992年)
西堂行人『ハイナー・ミュラーと世界演劇』(論創社、1999年)
谷川道子『ハイナー・ミュラー・マシーン』(未来社、2000年)
河合祥一郎『『ロミオとジュリエット』恋におちる演劇術』(みすず書房、2005年)
河合祥一郎『シェイクスピア―人生劇場の達人』(中公新書、2016年)
高田康成・河合祥一郎・野田学編『シェイクスピアへの架け橋』(東京大学出版会、1998年)

≫ 注

注1) フセヴォロド・メイエルホリド「トリスタンとイゾルデ」(浦雅春訳)、『メイエルホリド・ベストセレクション』(諫早勇一他訳、作品社、2001年)、76頁。
注2) ヤン・コット『シェイクスピアはわれらの同時代人』(蜂谷＋喜志訳、白水社、新装版1992年)、146頁。ただし、傍点引用者。
注3) ピーター・ブルック『殻を破る――演劇的探究の40年』(高橋＋高村＋岩崎訳、晶文社、1993年)、162頁。
注4) ハイナー・ミュラー「ハムレットマシーン」、ハイナー・ミュラー『ハムレットマシーン　シェイクスピア・ファクトリー』(岩淵達治、谷川道子訳、未来社、1992年)、6頁。
注5) 同上書、13頁。
注6) 同上書、10頁。

注7）ミュラーの『ハムレットマシーン』に関しては、日本語で読める文献が多数存在します。ハイナー・ミュラー『闘いなき戦い─ドイツにおける二つの独裁下での早すぎる自伝』（谷川、石田、本田、一條共訳、未来社、1993年）、谷川道子『ハイナー・ミュラー・マシーン』（未来社、2000年）、新野守広『演劇都市ベルリン─舞台表現の新しい姿』（れんが書房新社、2005年）、西堂行人『ハイナー・ミュラーと世界演劇』（論創社、1999年）などが詳しく、便利です。

14 | 世界の古典演劇
── フランス古典主義とディドロ演劇美学 ──

青山　昌文

　フランスにおいて、コルネイユ、モリエール、ラシーヌという三大劇作家の傑作は、今日に至るまで、渡辺守章が述べているように、演劇のみならず、より広い、文学、芸術、更に言えば、文化の根本を規定している規範と見なされてきました。17世紀に彼らの演劇作品が書かれ、上演されてから、三世紀以上にも亘って、その規範としての影響力は、絶大であり続けたのです[注1]。演劇が、これほどの圧倒的な力を、文化全体においてもつということは、日本においては、何れの時代においても全く無かったことであり、ここには、日本とフランスにおける演劇の違いのみならず、日本とフランスの文化の違いが、典型的に現れていると言えるでしょう。そもそも、日本には、今に至るまで、本格的な俳優養成のための国立の演劇大学が無いだけではなく、演劇学科を設置している大学の数自体が圧倒的に少ないのです。パリ大学に演劇研究科があり、東京大学に演劇研究科が制度として設置されていないのは、日本とフランスの文化の違いの一つの端的な現れなのです。

　このフランスにおける演劇＝規範は、しかしながら、その理論的側面においては、大枠としては、古代において、アリストテレスが行ったような、現実に目の前に存在している演劇作品の傑作──この場合で言えば、コルネイユ、モリエール、ラシーヌという三大劇作家の傑作──を分析して、その実作品から、理論を抽出する、というプロセスで導き出されたものではありませんでした。確かに、コルネイユに関して言えば、多少、このような、コルネイユの実作品からの理論への影響も見られ、また、コルネイユ自身、理論的考察も自ら発表しましたが、しかし、基本的には、フランス古典主義演劇理論は、現実の演劇作品から出

発するのではなくして、まさにアリストテレスを頂点とする理論から出発して構築されたものだったのです。この規範＝理論は、まさにアリストテレスの演劇理論の解釈から出発して、様々な理論的著作の分析を加味して、理論的に体系化されたものなのです。コルネイユ、モリエール、ラシーヌたちは、このような、理論の地平の側からの方向付けに対して、あるいは抵抗しつつ、あるいは自家薬籠中のものとしつつ、自分たちの作品を作り上げていったのです。

　本章においては、この規範＝理論である、体系化された＜古典主義＞を見てゆくことを通じて、それとの関わりにおいて、上述の３人のうちの典型として、ラシーヌの一傑作を例にとって、ラシーヌの魅力の一端に言及し、そのあとに、最も典型的なフランス古典主義演劇理論である＜３つの《単一統一性》の規則＞が、単に、フランス近代に特有の理論ではなく、実は、古代ギリシア悲劇にも、有効な理論であることを明らかにし、更にそののち、ほぼ一世紀あとの、ディドロの演劇美学を見てゆきたいと思います。ディドロの演劇美学は、フランス古典主義演劇美学を受け継ぎながらも、その枠を超えて、一般理論としても、極めて鋭いものであり、現代においても、アクチュアリティを失っていない演劇美学なのです。

1　古典主義演劇理論

　フランス古典主義理論を体系的に精査して、決定的とも思われる研究を行ったのは、ルネ・ブレイでした。彼の『フランスにおける古典主義理論の形成』に従って、極めて簡略に古典主義理論を素描すれば、以下の如くになります。

・古典主義理論の源泉は、アリストテレスの『詩学』であるが、しかしそのアリストテレスは、イタリアの理論家経由のアリストテレスであって、アリストテレスのギリシア語原典によるものではない[注2]。

・芸術は、アリストテレスも言っているように、自然の模倣（ミーメーシス）である。これが、理性によって指示される古典主義の諸規則のうちの第一の規則であり、古典主義詩学の第一の命令・掟である[注3]。
・しかしながら、自然は、実際には、不完全なモデルしか提供してくれない。古代の大芸術家こそが、自然から、不完全なものを取り除いてくれて、第二の自然、理想的自然を、既に提供してくれているのである。それゆえ、古代人の模倣（ミーメーシス）（古代の大芸術家の作品のミーメーシス）をしなくてはいけないのである[注4]。
・より具体的レヴェルでの、最重要の規則は、＜本当らしさ[注5]＞la vrai-semblanceである。この規則の源もまた、アリストテレスの『詩学』である。（次章第15章第9節で引用される、アリストテレス『詩学』第9章の、有名な詩と歴史の比較論が、この＜本当らしさ＞の理論の源である[注6]。）
・同じく、極めて重要なものが＜適合性[注7]＞la bienséanceで、これには、2種類あり、そのうちの一つは、芸術作品が採り上げる対象と、その対象自身の本性との間の＜内的適合性＞であり、もう一つは、芸術作品が採り上げる対象と、その作品を見る公衆との間の＜外的適合性＞である。＜内的適合性＞の管轄するものとしては、登場人物の性格と、その登場人物が置かれている状況などとの関係があり、＜外的適合性＞の管轄するものとしては、（作者である）詩人によってミーメーシスされる性格などと、その作品を読んだり聴いたりする人の趣味との関係がある[注8]。
・＜驚異的なもの＞le merveilleuxが無くては、（作品に対する）興味（好奇心）も抱けず、（作品に）感嘆することもない[注9]。
・＜3つの《単一統一性[注10]》の規則＞la règle des trois unitésが守られなければならない[注11]。
・＜筋の《単一統一性》＞l'unité d'actionの原理も、アリストテレスに由来している[注12]。一つの詩作品は、ただひとりの主人公の、単一の筋

のみをもっていなければならない。しかし、この単一の筋は、完全なもの（全部そろったもの）でなければならないのである。即ち、この単一の筋は、複数の部分をもっていなければならないのである。そして、それらの複数の部分は、必然性によって、あるいは、本当らしさによって、（それらの複数の部分のあいだで）結びつけられていなければならないのである。＜筋の《単一統一性》＞は、作品が様々なエピソード（挿話的な出来事）をもつことを、拒否するものではない。様々なエピソード（挿話的な出来事）は存在してよく、＜筋の《単一統一性》＞は、＜主要な筋＞を対象としており、＜主要な筋＞に関して適用されるのである[注13]。

・＜時の《単一統一性》＞l'unité de temps の原理も、アリストテレスに由来している[注14]。悲劇は、できるだけ「太陽が一回りする時間内に」収められるべきである、とするアリストテレスの言葉から、この「太陽が一回りする時間」が、24時間を意味するのか、12時間を意味するのかが、問題であるが、最終的には、劇作品の内部の世界で展開されて行く行為・出来事の時間の長さと、演劇作品が上演される時間の長さが、一致することこそが、完全な劇の在り方なのである[注15]。

・＜場所の《単一統一性》＞l'unité de lieu の原理に関しては、アリストテレスは言及していない[注16]。しかしそれは、コロス（合唱隊）が常にずっと舞台に姿を見せていて、そのこと自体で、＜場所の《単一統一性》＞が、誰の目にも明らかに、明白に実現されてしまっているがゆえに、言う必要が無かったから、アリストテレスは言わなかっただけである。＜本当らしさ＞の原理が、そもそも、＜場所の《単一統一性》＞を必然的なものとしているのである。上演する舞台が変わらない以上、劇中の場所も変わらないのであって、一つの舞台は、一つの場所をしか再現しないのである[注17]。

・ジャンルの混成は望ましくない。悲劇的テーマは、喜劇的テーマと両立することが出来ないのであり、悲喜劇は、怪物である[注18]。

おおよそ、以上のような理論が、フランス古典主義演劇理論の、一番、核をなす理論です。この私のあまりにも簡略な素描では、これらの理論が、三世紀以上に亘って、強力な力をもっていたことの理由が、それほどお分かりにならないこととも思われますが、実は、これらの、諸理論は、「太陽が一回りする時間」が、24時間を意味するのか、12時間を意味するのか、などという議論から思わず想像してしまうような、つまらない、些末な、歴史的に過去の遺物となってしまった理論ではないのです。これらの諸理論は、実は、演劇芸術に対して創造的な役割を現実に果たしていた——更に言えば、今でも、果たしている面のある——理論なのです。このことを、ラシーヌの傑作を実例をとって、少しだけ、見てみることにしましょう。

2 ラシーヌの《フェードル》

・あらすじ　アテネ王テゼーの出征中、妃のフェードルは、訳の分からない病に悩まされている。乳母エノーヌに問い詰められて、彼女は、義理の息子イポリットに止みがたい恋情を感じていることを告白する。おりから、テゼーの訃報が伝わり、エノーヌにそそのかされて彼女はイポリットに意中を打ち明けるが、彼はアリシーを愛しているので、彼女の恋を厳しく退ける。テゼーの訃報が虚報であることが分かり、彼女は死を決意するが、乳母に止められて悶々の時を過ごすうちにテゼーが帰ってくる。フェードルは彼に会うことを避けようとする。エノーヌはテゼーに、イポリットが妃に横恋慕をしたと讒訴する。激怒したテゼーは即刻イポリットに天罰が加えられることを海神ネプチューンに祈る。イポリットは父王の激しい譴責に対して、弁解せず、ただ愛するアリシーへの恋だけを告白する。おりしもフェードルは、一切を告白しようと王に近づくが、イポリットの真意を知り、嫉妬から狂乱状態に陥る。テゼーは、妃の錯乱と乳母の投身自殺を知って、疑問を抱き、イポリットへの天罰を中止するように海神に祈るが、時既に遅く、イポリットは海

神の放った怪物のために死んだことが告げられる。フェードルは邪恋を告白し、エノーヌの言動の真相を告げ、直前に既に飲んでいた毒薬のために絶命する[注19]。

3　古典主義演劇理論と《フェードル》の完全一致

　このラシーヌの作品は、「西洋演劇の最高傑作の一つ」[注20]と言われている、激しい、宿命的な、禁じられた恋の悲劇です。ラシーヌは、エウリピデスの《ヒッポリュトス》とセネカの《パエドラ》という古代ギリシア・ローマの二つの悲劇作品に基づいて、この作品を執筆したのですが、アテネの王テゼー（ギリシア悲劇ではテーセウス）の若い妻フェードル（ギリシア悲劇ではパイドラー）が、恋の女神ヴェニュス（ギリシア悲劇ではアプロディーテー）の呪いによって、義理の息子イポリット（ギリシア悲劇ではヒッポリュトス）に抱いてしまう近親相姦的で、宿命的な、禁じられた恋が、《単一統一》的筋で、イポリットが、父王の禁制に背いて、父王の宿敵パラス一族の生き残りの姫アリシーに抱く、宿命的な、禁じられた恋が、エピソード（挿話的な出来事）です[注21]。既にラシーヌの前に傑作として存在している、エウリピデスとセネカの悲劇作品に基づいて、この作品を執筆している点が、まさに、＜古代人の模倣（ミーメーシス）（古代の大芸術家の作品のミーメーシス）＞そのものであり、また、そのラシーヌによる＜古代人の模倣（ミーメーシス）＞が、人間の本性の情念の激しさや、罪の意識など[注22]の、人間の本質の見事な模倣（ミーメーシス）として成功しているがゆえに、このラシーヌの傑作もまた、見事な＜自然の模倣（ミーメーシス）＞となっているのです。また、ラシーヌが、あえて、エウリピデスの原作を一部変更して、フェードルが激しく嫉妬するようにしたことによって、恋する女の嫉妬という、＜自然の模倣（ミーメーシス）＞が、ラシーヌ自身によっても、見事に成し遂げられているのです。そしてまた、登場人物たちは、全員、このような性格、このような経験をしていれば、このよう

な状況では、確かに、このような行為をするであろうと、思われる、十分な＜本当らしさ＞をもちながら行為しており、また、一人一人の人物の在り方は、まさに当人の性格や経験等から必然的に導き出される＜内的適合性＞をもち、更に、一人一人の人物の在り方、行為等が、劇を見ている観客にとって、まさにそうあらねばならない必然性に則っているように、受け止められる＜外的適合性＞も備わっているのです。そして、イポリットが海神の放った怪物のために死ぬことは、＜驚異的なもの＞であり、フェードルの抱く近親相姦的な恋が、見事に作品の主たる筋となっており、イポリットがアリシーに抱く恋の筋は、その主たる筋を見事に生かす適切なエピソードになっているのであって、＜筋の《単一統一性》＞も完全に守られているのです。そして更に、劇が展開されるのは、悶々としたフェードルの恋が、まさに露わになる決定的な或る一日だけであって、その決定的な一日に至るまでの全ての出来事、全ての思いが、まさにその決定的な一日に全て凝縮されているのであって、＜時の《単一統一性》＞も完全に守られているのです。更にまた、舞台は、ペロポネソス半島の町、トレゼーヌの或る宮殿であって、＜場所の《単一統一性》＞も完全に守られているのです。そしてまた、この作品は、完全な悲劇であって、悲喜劇では全く無く、ジャンルは、全く混成していません。

　このように、ラシーヌの《フェードル》は、完全に、フランス古典主義演劇理論に即しているのであって、その、一見すると、がんじがらめに作者を縛るようにも見えるフランス古典主義演劇理論が、実は、芸術家を抑圧するどころか、芸術家の助けになっている、最高の例なのです。フランス古典主義演劇理論は、例えば近代美学のうちのドイツ観念論一派などのような、芸術鑑賞の側に立っている理論ではなく、芸術創造の側に立っている理論であって、芸術の創造に実質的に寄与する芸術理論なのです。ラシーヌは、このような創造的演劇理論を自家薬籠中の

ものとすることによって、極めて、緊張度の高い、緊密で、密度の濃い、真の傑作を生み出したのでした。

4　ギリシア悲劇における＜3つの《単一統一性》の規則＞

　この、緊密で、密度の濃い、演劇芸術作品を創造するのに役立つ、フランス古典主義演劇理論は、先にも述べたように、単に、フランス近代にその有効性が限定された理論ではなく、実は、古代ギリシア悲劇にも、有効な理論なのです。これは、もともと、フランス古典主義演劇理論自体が、アリストテレスの『詩学』を基に構築されていった芸術理論であることを考えれば、当然のこととも思えますが、しかしながら、今日においては、フランス古典主義演劇理論、とりわけ＜3つの《単一統一性》の規則＞は、それほど評判のよいものではなく、例えば、まさにラシーヌを生んだフランスの現在のアカデミックな水準のほぼ平均的なところを示すことの多い、クセジュ文庫などでも、本章のはじめにおいて述べた文化的規範性の歴史にも拘わらず、＜3つの《単一統一性》の規則＞は、決して正当な評価を得ているとは言えない状況なのです注23。

　このような状況にあって、古代ギリシア悲劇にとっても、＜3つの《単一統一性》の規則＞が極めて重要なものであることを指摘しているのが、岡道男です。以下、しばらく、彼の論述を見てゆくことにしましょう。

「合唱隊は、ギリシア悲劇が合唱隊の歌から始まったと推定されるように、もともと重要な役を果たした。後代の劇理論において劇の三統一が重視されるようになったが、これは場所の統一、時間の統一、筋の統一を指す。このうち、場所の統一と時間の統一は合唱隊の存在を前提としている。ギリシア悲劇では、合唱隊は老人、女性、奴隷（召使い）など、社会的弱者である場合が多い。これは、彼らが劇のアクションに積極的に参加できないことを意味する。また彼らは、いったん舞台に登場すると原則として劇が終わるまで退場しない。つまり社会的弱者が劇の

初めから終わりまで舞台の上にいることは、劇の事件の起こる場所が移動しないという点において、場所の統一が保たれることを意味する。また彼らが同じ場所にいる時間はかぎられている。すなわち長くても１日のうちに事件が終わるので、時間の統一が保たれることになる。ときには、劇の出来事が舞台で上演される時間（上演時間）と、もし劇の出来事が現実に起こったならば要したであろう時間（リアル・タイム）とがほとんど変わらないこともあった。」注24

　まさにここに述べられているように、＜時の《単一統一性》＞と＜場所の《単一統一性》＞は、元々は、劇のアクションに積極的に参加できない社会的弱者が、劇の初めから終わりまで舞台の上にいることを淵源としているのであって、17世紀のフランス演劇理論家と、20世紀のギリシア悲劇研究家は、根本的には同一のことを語っているのです。確かにここでは、コロス（合唱隊）の存在が＜時の《単一統一性》＞と＜場所の《単一統一性》＞を生んだ原因であるという原因論が指摘されているのに対して、フランス古典主義演劇理論においては、＜時の《単一統一性》＞と＜場所の《単一統一性》＞がいかに劇世界の構造の緊密性を生むのか、という効果論が語られているわけですが、しかし、ここにおける原因論は、フランス古典主義演劇理論における効果論を排除しているわけではなく、両者共に相まって、＜３つの《単一統一性》の規則＞の一大体系を構成しているのです。

　残る＜筋の《単一統一性》＞についての、岡道男の論述を見てゆくことにしましょう。
「筋の統一は、アリストテレスが悲劇を論じた『詩学』において強調した点である。ここでは筋（ミュートス）という語は、劇の構成要素を統合する原理の意味で使われている。したがって筋の統一とは、劇の構成要素を可能なかぎり有機的に統合することである。つまり、人体は見た目にもみごとな均整をもつのみならず、その本来の活動を遂行するにもきわめて合理的につくられているように、劇もまたバランスのとれた、

有機的な統一体でなければならない。これは具体的には、舞台において現実の世界を写し出す出来事を、私たちにもっとも効果的な形で、すなわちもっとも受容しやすい形で舞台の上で示すと言うことである。

　中世のデンマークの王子の物語をあつかったシェイクスピアの『ハムレット』を例に見てみよう。もしこの劇で語られる出来事が実際に起こったとして、私たちがその目撃者となったならば、シェイクスピアの劇を見るときほどの感動を受けることは決してないであろう。『ハムレット』に語られる出来事はおそらく１年以上にわたるものであり（・・・）、たとえ私たちがその目撃者となっても、その全体を把握することも、その意味を十分に理解することも不可能である。これにたいし、シェイクスピアは、ハムレットをめぐる事件をわずか数時間の劇の中に凝縮し、より純粋な形にすることによって、私たちがその出来事の全体を把握することのみでなく、その意味を理解することができるようにする。すなわち（・・・）、この劇においてもっとも重要な、本質的な出来事が選び出され、互いに緊密な因果関係で結ばれる（すなわち統一的に構成される）ことによって全体の把握が可能となる。この点、劇の方が実際の事件に比べてよりリアルであり、より真実を捉えているといえる。」[注25]

　この論述は、大変的を射たものです。まさに、ここで述べられているように、(そして、次章の第９節から第11節において、アリストテレス自身が見事に述べているように) 演劇は、そして芸術は、世界の現実の内から、最も重要な本質的なものを選択して、その現実の内に貫徹されている普遍性を浮き彫りにし、そのように、世界を凝縮することによって、世界の本質を、目に見えるように、露わにするのです。まさに、これこそが、古典的正統的な意味におけるミーメーシスなのであって、このような本格的なミーメーシス的凝縮がなされた作品こそが、傑作なのです。

　確かに、シェイクスピアは、フランス古典主義演劇理論の〈３つの

《単一統一性》の規則＞を全て完全に遵守したわけではありませんでした。しかし、そのシェイクスピアにおいてもまた、少なくとも、岡道男によってここで語られている＜筋の《単一統一性》＞は、完全に守られていたのであり、そうであるがゆえに、シェイクスピアの作品は、傑作となったのです。

　シェイクスピアと異なり、ラシーヌは、フランス古典主義演劇理論の＜３つの《単一統一性》の規則＞を全て完全に遵守しました。ラシーヌによって明らかなように、フランス古典主義演劇理論は、演劇芸術を創造する理論として、極めて有益かつ有効な実践的理論だったのであり、そして、岡道男によって語られているように、フランス古典主義演劇理論の典型的中核をなす＜３つの《単一統一性》の規則＞は、ギリシア悲劇においてもまた、妥当する、見事な演劇芸術創造理論なのです。

　この、＜３つの《単一統一性》の規則＞は、ラシーヌよりもほぼ一世紀のちの、ディドロによっても、支持されています。次に、ヨーロッパ演劇理論における大いなる先駆者ディドロの、極めて注目すべき演劇美学を見てゆくことにしましょう。

5　ディドロの演劇美学——市民劇の提唱——

　ディドロに関して、『フランス演劇史概説』の著者は、次のように述べています。

「百科全書編纂に生涯をかけた哲学者ディドロ（1713‐1784年）はまた演劇理論においても極めてユニークな足跡を残した。古典主義演劇脱皮の明確な第一歩をしるした市民劇の提唱である。彼は（・・・）悲劇と喜劇の中間に位する『真面目なジャンル』を提唱、それぞれに演劇論を付した二つの作品を発表した。」注26

　上述したように、ディドロは、自らが書いた戯曲であり、実際に上演された演劇作品《私生児》（*Le Fils naturel*）に付した演劇論『《私生児》についての対話』（『ドルヴァルと私』）（*Entretiens sur Le Fils na-*

turel）（*Dorval et moi*）において、「＜３つの《単一統一性》の法則＞は、遵守するのが難しいが、しかしながら、道理に適った、当を得たものである」注27 と述べて、フランス古典主義演劇理論の典型的中核をなす＜３つの《単一統一性》の規則＞の、演劇における重要な意義を確かに認めていました。しかしながら、同時にディドロは、17世紀のフランス古典主義演劇理論が、全て、そのまま、のちの時代においても、妥当するとは考えていなかったのであり、時代に応じて変えるべき点は変えなくてはならないとも考えていたのです。その変えるべき点のうちの最大のものが、「ジャンルの混成は望ましくない。悲劇的テーマは、喜劇的テーマと両立することが出来ないのであり、悲喜劇は、怪物である」という規則に近似的に関わるものでした。

　ディドロは、この点に関して、『《私生児》についての対話』（『ドルヴァルと私』）において次のように述べています。

　「我々は、（演劇の体系のうちの両端に位置している）喜劇と悲劇を既に有している。しかし、人間は、常に、悲しみの苦痛の内にばかりいるわけでもなく、陽気なよろこびの内にばかりいるわけでもない。喜劇的ジャンルから悲劇的ジャンルまでの間の隔たりを二つに分ける或る一点が、それゆえ、存在しているのである。

　かつてテレンティウスは或る演劇作品を作った。（・・・）この作品は、いかなるジャンルの内にあるのであろうか。喜劇的ジャンルであろうか。しかし、この作品には、笑いを誘う言葉は一つもない。悲劇的ジャンルであろうか。しかし、この作品においては、大いなる恐怖も憐れみの同情も、またその他の大いなる情念も、かきたてられることは無いのである。しかしながら、それでも、この作品には、大いに観客の関心を引く、素晴らしい面白さと重要性が存在しているのである。（・・・）この作品の筋は、多くの人の人生に最も共通する一般的な筋であるがゆえに、そのような筋を対象としてもつジャンルは、最も有益なジャンル

であり、最も広範な領域をカヴァーするジャンルであるに違いないと思われる。私は、このジャンルを、『真面目なジャンル』（le genre sérieux）と名付けることにしたい。」注28

　ここにおいて明らかであるように、別に、ディドロは、ジャンルの、ただ単なる「混成」を勧めているわけではありません。その意味では、ディドロは、フランス古典主義演劇理論に根底から敵対的であったわけでもないのです。ディドロにおいてもまた、悲劇も、喜劇も、今まで通り、当然、存在してよく、また、存在すべきなのです。
　ここでディドロが述べていることは、世界には、悲劇や喜劇で扱うことの出来ない、悲劇と喜劇の間に位置している、極めて広大な領域が存在しており、その、多くの人の人生に最も共通する、重要な領域に対応するジャンルの演劇を生み出すべきである、ということなのです。このジャンルの演劇作品自体は、必ずしも、今まで全く存在していなかったわけでもなく、現にディドロがこの重要な＜真面目なジャンル＞の提唱をするに当たって、範としてあげた作品は、古代ローマの劇作家テレンティウスの《義母》（Hecyra）でした。嫁と姑が、二人とも善良な女であるのに、いろいろと周囲の状況によって少し話がこじれてゆく、という極めて普遍的な、どの社会にもあり得る、多くの人の人生に最も共通する、普遍性をもったテーマの演劇作品である、このテレンティウスの《義母》は、古典的には、喜劇に分類されてきた作品ですが、ディドロは、この《義母》のような作品は、単に喜劇と呼ぶべきではなく、悲劇と喜劇の間に位置している、極めて広大な領域を扱うジャンルの作品であると考えるべきであり、その極めて広大な領域を扱うジャンルを、＜真面目なジャンル＞と名付けると宣言したのです。
　この＜真面目なジャンル＞は、純粋に悲劇的な要素と純粋に喜劇的な要素が、有機的に統合されないままに混在しているようなものではなく、その意味で、先にも述べたように、ジャンルの「混成」では全くあ

りません。ディドロは、ここでも、完全にディドロとして一貫しているのであって、ディドロは、＜全存在の連鎖＞という、彼自身の自然哲学＝世界哲学の立場から、この演劇美学を打ち立てているのです。ディドロは、この『《私生児》についての対話』(『ドルヴァルと私』) において次のようにも述べているのです。

「芸術においても、自然においてと同様に、全ては連鎖している。」注29

この＜存在の連鎖＞の自然＝世界哲学の上に立って、ディドロは、世界は、少しずつ変化しあい、少しずつ別のものに、目に見えないほどの違いでもって変わって行っている存在の流動的な一大相互連関集合体であるがゆえに、その世界をミーメーシスする芸術もまた、少しずつ別のものに生成変化し続けているプロセスの中間にまさに存在しているものを、中心的なものとしてミーメーシスするべきであると、考えているのです。このプロセスは、決して、「混成」でも「混在」でもありません。相容れない二つの異なるものの有機的に統合されないままの、単なる「混成」でも「混在」でも無く、二つの両端の間に位置している、無限に度合いの異なる中間者という、有機的に統合のとれた＜一つのもの＞をミーメーシスするべきであるとディドロは語っているのです。

古代の英雄が登場する悲劇でもなく、現代の道化がふざける喜劇でもなく、その二つの両端の間に位置している、現代の普通の市民が悩んだり、喜んだりする、日常世界における悲しみや喜びをテーマとする演劇が、ジャンルとして確立されるべきであるとディドロは述べているのです。

この点を更に敷衍して、ディドロは、＜真面目なジャンル＞を、更に二つに分けています。以下の、ディドロ自らが書いた戯曲であり、実際に上演された演劇作品《一家の父》(*Le Père de famille*) に付した演劇論『劇詩について』(*De la poésie dramatique*) の中のディドロの論説

を見てみることにしましょう。

「全範囲に亘る演劇体系は、以下のようになる。馬鹿げた滑稽さと不品行な悪徳を対象とする陽気な喜劇、人間の高潔な行為・美点と様々な義務を対象とする真面目な喜劇、我々が経験する家庭の不幸を対象とするであろう悲劇、国家的な大いなる災難と高位高官の人物が被る不幸を対象とする悲劇。」注30

　これらの「真面目な喜劇」(la comédie sérieuse) と「家庭の不幸を対象とするであろう悲劇」の二つが、＜真面目なジャンル＞の下位区分です。この「家庭の不幸を対象とするであろう悲劇」は、『《私生児》についての対話』(『ドルヴァルと私』) では、「家庭的・市民的悲劇」注31 (la tragédie domestique et bourgeoise注32) と呼ばれています。
　このように、ディドロは、時代の進展に応じて、社会の中核に登場しつつあった市民階級の人々が主要人物として登場する演劇、市民たちが真面目に人生を送ろうとする時に遭遇する様々な、いろいろな度合いにおいて喜劇的であったり、あるいは、悲劇的であったりする出来事がテーマとなっている演劇、即ち、(ディドロが生きている時代における) 現代演劇を、生み出すべきである、と宣言したのです。
　このディドロの宣言は、「社会における様々な境遇 (社会的状況・生活条件・身分・職業・家族関係などにおける様々な境遇) (conditions)」注33 を演劇展開の基軸とするべきであるという点においても、極めて注目すべき演劇美学であり、まさに、「近代リアリズム演劇を予告する卓見を随所に見せる」注34 演劇美学でした。
　このディドロの提唱した＜真面目なジャンル＞は、時代の要請にまさに正面から応えたものであったがゆえに、18世紀後半において三百数十編もの作品が生み出されていったと言われています注35。

さて、ディドロの演劇美学は、彼自身の＜存在の連鎖＞の自然＝世界哲学の上に立つ、＜真面目なジャンル＞の提唱や、現代に連なるリアリズム演劇の先駆的提唱においてのみ、注目に値するのではありません。或る意味においては、これらの先駆的提唱よりも、更に重要な根本的演劇美学を、ディドロは打ち立てているのです。最後に、この点について、見てゆくことにしましょう。

6　ディドロの演劇実践美学──「役になりきる」ことを超える演劇美学──

　古来、俳優の演技に関しては、二つの説が唱えられており、そして、一般のレヴェルにおいては、そのうちの一つの説が優勢であるように思われます。それらの二つの説をごく簡単に、河竹登志夫によって紹介すれば、「心から入り、役のなかに自己を完全に没入させるタイプと、形から入り、役を意識的に表現して見せるタイプ」注36の二つであり、それは「たとえば『泣く』という演技の場合、役者自身が本当に涙を流すのをよしとするのと、自分が泣いてしまっては客を泣かすことはできないとするのとの、違い」注37です。これらを、今、簡単に＜没入なりきり＞型と＜典型表現＞型と名付けることにしましょう。

　今日においても、一般のレヴェルにおいては、圧倒的に、＜没入なりきり＞型の方が正しい、本当の優れた俳優の演技の在り方であると思われており、しばしば、演劇の専門家においてさえも、＜没入なりきり＞型が正しい演技論として流布していることが多いのですが、ディドロは、この点において、極めて鋭い卓見を示して、＜没入なりきり＞型の限界を指摘し、＜典型表現＞型こそが、正しい、本当の優れた俳優の演技の在り方であることを論証したのです。

　ディドロの名高い演技論『俳優に関する逆説』（*Paradoxe sur le comédien*）の次の論説を見てみることにしましょう。

「私は、偉大な俳優に、多大な判断力を期待している。偉大な俳優の内には、冷静で、安心できる平静さをもった観察者がいなくてはならないのだ。それゆえ、私は、偉大な俳優に対して、洞察力と無感受性を要求する。私は、偉大な俳優に対して、全てのものをミーメーシスする技、即ち、同じ事であるが、あらゆる種類の性格と役柄に対して等しく適応できる能力を要求する。」注38

「もし俳優が、感受性に富んでおり、感性的に動かされやすければ、（・・・）最初の上演では極めて熱く演じても、3回目の上演では疲れ切って大理石のように冷たい演技になってしまうであろう。それに対して、俳優が自然の注意深いミーメーシスを行う者であり、自然の思慮深い弟子であるならば、（・・・）彼の演技は、上演を重ねるたびに弱まるどころか、逆に、上演のたびごとに彼が収集する新たな考察によって、より強固なしっかりとしたものとなるであろう。」注39

「私のこの説を確証してくれるものは、心で演じる役者のむら（不安定性）である。（・・・）彼は、今日、素晴らしかった個所で、明日、しくじるであろう。（・・・）それに対して、考察によって、人間本性の研究によって、何らかの理想的モデルによる絶え間ないミーメーシスによって、イメージを作り上げる力によって、記憶によって、演じる俳優は、統一があり、全ての上演において同じであり、常に等しく完全であるであろう。」注40

「凡庸な、つまらない役者を作るのが、極度の感受性であり、無数の幾らでもいる下手な大根役者を作るのが、ほどほどの感受性であり、卓越した役者を準備するのが、感受性の絶対的欠如である。俳優の涙は、彼の頭脳から流れ落ち、感受性に富んでおり、感性的に動かされやすい人間の涙は、彼の心臓（心）からこみ上げてくる。」注41

「或る役者が、或る女優に惚れた。偶然、或る芝居で、二人が、嫉妬するという場面になった。もし役者が凡庸で、つまらない役者であったならば、その場面は成功するであろう。もし役者が大俳優であったなら

ば、その場面は失敗となるであろう。そういう時には、大俳優でさえも、自分自身になってしまうのであり、彼がそれまでに作り上げていた、嫉妬する男の理想的で卓越したモデルではもはやなくなってしまうのである。」注42

　かつて、日本では、スタニスラフスキーの俳優教育システムが、二重三重の誤解・曲解の下で、＜没入なりきり＞型を唱えるシステムとして、紹介されていました。致し方のない時代的制約や、英語版に基づく間接的な重訳の限界や、党派的な宣伝統制などによって、また、それら以外の様々な事情によって、いわゆる＜スタニスラフスキー・システム＞は、最終的なスタニスラフスキー本人の理論的到達点とは完全に逆の、＜没入なりきり＞型を唱えるシステムとしてもてはやされていたのでした注43。この完全に転倒した曲解は、＜スタニスラフスキー・システム＞が、ソ連共産党公認の社会主義リアリズムであるなどという誤解・曲解注44と並ぶ、荒唐無稽な曲解なのであって、本当の＜スタニスラフスキー・システム＞は、以上のディドロの『俳優に関する逆説』における演技論と、根本において、同じ＜典型表現＞型の演技論だったのです。このことは、以下のスタニスラフスキーの、ロミオを演じる役者に対する言葉によって明らかです。

「（ロミオを演じる役者が、ジュリエットを演じる役者に対して、舞台上で取る態度は）恐ろしく惚れている、ではなくて、ジュリエットに恐ろしく注意を払っている、でなくてはいけない。愛は、なによりも相手に対する驚くほどの注意で表される。愛の感情自体を演じてはいけない。演劇では、感情を演じても、行動を演じても、また形象自体を演じてもいけない。感情を追いかけず、正しく行動しなさい。正しい行動は正しい欲求を生み出し、正しい欲求は正しい情感を呼び起こす。」注45

　ディドロの無感受性演技論は、心でもって、感性でもって演技することの限界を鋭く指摘して、「心から入り、役のなかに自己を完全に没入

させる」ことが如何に素人じみた、素朴な、演技論であるのか、ということを、スタニスラフスキーよりも、遙か以前に決定的に明らかにしている演技論なのです。

　優れた俳優とは、舞台に立っている別の俳優が以前の打ち合わせと違うことをしてしまえば、どんなに泣いている場面であっても、即座に相手の違いにあわせて、自分の演技を調整する俳優であり、観客の反応が昨日と異なれば、どんなに泣いている場面であっても、第1章で既に述べたように、即座に観客にあわせて自分の演技を調整する俳優なのです。

　優れた俳優とは、多大な判断力をもって、冷静で、安心できる平静さをもって、舞台の上の様々な状況を的確に瞬時に判断して必要な対処を演技をしながら舞台上で即時に行い、また同時に、観客の動静をも的確に判断してその日の演技の調整を観客にあわせて行い、そして、そもそも、人間の本性を観察・研究して、長期に亘る観察・経験の上に立って、典型的な人物像の＜理想的モデル＞を作り上げ、その典型的な人物像の＜理想的モデル＞をミーメーシスすることによって、素晴らしい演技を、常に、確実・的確に行う俳優なのです。

　これが、ディドロが明らかにした「名優の秘密」[注46]です。

　ディドロの演劇実践美学は、素朴な「役になりきる」態度を超える、芸術創造の深い立場に立った、演劇のプロのための、演劇実践美学であり、演劇創造美学なのです。ディドロ美学は、ここでもまた、アリストテレス美学と同じく、創造の美学だったのであり、現代においても生きている美学なのです。

研究課題

1．フランス古典主義演劇理論がもっている、演劇芸術に対する創造的意義について考えてみましょう。
2．ディドロが提唱した＜真面目なジャンル＞の歴史的意義について考えてみましょう。
3．ディドロの無感受性演技論と、スタニスラフスキーの演劇理論の共通性について考えてみましょう。

参考文献

岩瀬孝・佐藤実枝・伊藤洋著『フランス演劇史概説』（新装版）（早稲田大学出版部、1999年）
岡道男著『ぶどう酒色の海――西洋古典小論集――』（岩波書店、2005年）
河竹登志夫著『演劇概論』（東京大学出版会、1978年）
コンスタンチン・スタニスラフスキー著、岩田貴他訳『俳優の仕事』第1部（未来社、2008年）
コンスタンチン・スタニスラフスキー著、堀江新二他訳『俳優の仕事』第2部（未来社、2008年）
コンスタンチン・スタニスラフスキー著、堀江新二他訳『俳優の仕事』第3部（未来社、2009年）
ディドロ著、小場瀬卓三訳『逆説・俳優について』（未来社、1976年）
中川久定著『ディドロ』（『人類の知的遺産』第41巻）（講談社、1985年）
フィリップ・ヴァン・チーゲム著、萩原弥彦他訳『フランス文学理論史』（紀伊国屋書店、1973年）
福井芳男他編『フランス文学講座　第4巻　演劇』（大修館書店、1977年）
ラシーヌ作、渡辺守章訳『フェードル　アンドロマック』（岩波文庫）（岩波書店、1993年）
Denis Diderot, *Œuvres complètes*, tome X, Hermann, 1980.
Denis Diderot, *Œuvres complètes*, tome XX, Hermann, 1995.
R. Bray, *La formation de la doctrine classique en France*, Nizet, 1974.

注

注1) 渡辺守章著「古典主義とその対部」(福井芳男他編『フランス文学講座　第4巻　演劇』(大修館書店、1977年)) 120頁。

注2) R. Bray, *La formation de la doctrine classique en France*, Nizet, 1974, p.49.（尚、この記念碑的書物は、言うまでもなく、第一刷りが1927年に出版されていますが、私が披見したのが1974年版であるがゆえに、この1974年版を注においては引用文献として挙げることにしています。論者がどの書物に基づいて論を展開しているのかを示すのが、注の役割であるがゆえに、この処理は当然のことなのです。）

注3) *ibid.*, p.140.

注4) *ibid.*, p.171.

注5) 従来、la vraisemblance の訳語として、私は、「真実らしさ」を採用してきましたが、この、学界でも定訳の言葉よりも、「本当らしさ」という、渡辺守章訳（ラシーヌ作、渡辺守章訳『フェードル　アンドロマック』(岩波文庫)(岩波書店、1993年) 解説、364頁) の方が、より意味内容としてふさわしいと判断して、この「本当らしさ」を採用します。

注6) R. Bray, *La formation de la doctrine classique en France*, Nizet, 1974, pp.191-192.（尚、言うまでもありませんが、ここの括弧内の記述は、ルネ・ブレイの著作の192頁に、アリストテレス『詩学』第9章の、詩と歴史の比較論のフランス語訳が記載されており、そのアリストテレスの該当個所そのものを、まさに、次章で、私自身が引用しているので、その引用を御覧いただきたいという意味で、このように記述しているのです。ルネ・ブレイの著作に、この括弧内の文章自体があるわけではありません。）

注7) la bienséance の訳語も、従来の「良い作法」ではなく、「適合性」という、渡辺守章訳（ラシーヌ作、渡辺守章訳『フェードル　アンドロマック』(岩波文庫)(岩波書店、1993年) 解説、364頁) の方が、極めて意味内容としてふさわしいと判断して、この「適合性」を採用します。

注8) R. Bray, *La formation de la doctrine classique en France*, Nizet, 1974, p.216.

注9) *ibid.*, p.231.

注10) この有名な規則における unité の訳語として、「一致」と「単一」の二つが、従来用いられてきましたが、意味内容からして、「単一」の方が良く、しかも、この「単一」は、渡辺守章も鋭く指摘しているように、単に、「一」ということではなく、「統一されていること」を意味しているので、＜三単一＞とは、＜三

つの統一原理＞という意味をもっているのです（ラシーヌ作渡辺守章訳『フェードル　アンドロマック』（岩波文庫）（岩波書店、1993年）解説、365頁）。このことを踏まえて、こなれない訳語ですが、《単一統一性》（統一原理としての単一）という訳語を、unité に当てたいと思います。

注11）R. Bray, *La formation de la doctrine classique en France*, Nizet, 1974, p.240.
注12）*ibid*., p.241.
注13）*ibid*., p.246.
注14）*ibid*., p.254.
注15）*ibid*., pp.254-257.
注16）*ibid*., p.257.
注17）*ibid*., p.283.
注18）*ibid*., p.305.
注19）田中敬次郎、岩瀬孝、川俣晃自著項目「フェードル」（日本フランス語フランス文学会編『フランス文学辞典』（白水社、1974年））（字句の一部を変更しています。）
注20）渡辺守章著項目「ラシーヌ」（『世界文学大事典』編集委員会編『集英社世界文学大事典』第4巻（集英社、1997年））
注21）渡辺守章著同項目によります。（但し、筋についての記述は、私自身の見解です。）
注22）渡辺守章著同項目によります。
注23）ロジェ・ズュベール著、原田佳彦訳『17世紀フランス文学入門』（文庫クセジュ）（白水社、2010年）54頁などを参照してください。
注24）岡道男著『ぶどう酒色の海──西洋古典小論集──』（岩波書店、2005年）89頁。
注25）同上書、89-90頁。
注26）岩瀬孝・佐藤実枝・伊藤洋著『フランス演劇史概説』（新装版）（早稲田大学出版部、1999年）107頁。
注27）Denis Diderot, *Œuvres complètes*, tome X, Hermann, 1980, p.85.
注28）*ibid*., p.129.
注29）*ibid*., p.116.
注30）*ibid*., p.333.
注31）*ibid*., p.116.
注32）この形容詞 bourgeois は、主として都市市民である、平民・商人階級を指し

ています。

注33) Denis Diderot, *Œuvres complètes*, tome X, Hermann, 1980, p.129.
注34) 岩瀬孝・佐藤実枝・伊藤洋著『フランス演劇史概説』(新装版)(早稲田大学出版部、1999年) 109頁。
注35) 小場瀬卓三著「理論的反省」(福井芳男他編『フランス文学講座 第4巻 演劇』(大修館書店、1977年)) 288頁。
注36) 河竹登志夫著『演劇概論』(東京大学出版会、1978年) 123頁。
注37) 同上書、同頁。(尚、河竹登志夫は、この著書において、スタニスラフスキー・システムを、＜没入なりきり＞型としていますが、後述するように、誤りです。また、＜没入なりきり＞型と＜典型表現＞型の両者の対立に一つの決着を下したのが、レッシングであるとも述べていますが、これも誤りです。レッシングは別に決定的な決着をつけたわけでは全くないのです。)
注38) Denis Diderot, *Œuvres complètes*, tome XX, Hermann, 1995, p.48.
注39) *ibid.*, p.48.
注40) *ibid.*, p.49.
注41) *ibid.*, p.57.
注42) *ibid.*, pp.82-83.
注43) この様々な誤解・曲解の複雑な事情については、岩田貴著「訳者あとがき」(コンスタンチン・スタニスラフスキー著、岩田貴他訳『俳優の仕事』第1部、未来社、2008年) 565-573頁、堀江新二著「訳者あとがき」(コンスタンチン・スタニスラフスキー著、堀江新二他訳『俳優の仕事』第2部、未来社、2008年) 642-653頁、堀江新二著「訳者あとがき」(コンスタンチン・スタニスラフスキー著、堀江新二他訳『俳優の仕事』第3部、未来社、2009年) 459-468頁を参照してください。
注44) 上記『俳優の仕事』第3部の「訳者あとがき」で堀江新二が述べているように、ソ連国家機関は、スタニスラフスキーの演劇理論を、自己の都合の良いように変えた上で、称揚しましたが、そうであるからと言って、スタニスラフスキーの演劇理論が、ソ連共産党公認の社会主義リアリズムであるということには、全くならないのです。この歴史的事実は、単に、スタニスラフスキーの演劇理論を、ソ連国家機関が、勝手に利用した、という事であるに過ぎないのです。
注45) コンスタンチン・スタニスラフスキー著、堀江新二他訳『俳優の仕事』第3部(未来社、2009年) 467頁。
注46) Denis Diderot, *Œuvres complètes*, tome XX, Hermann, 1995, p.54.

15 | 世界の古典演劇
――ギリシア悲劇とアリストテレス演劇美学――

青山　昌文

　私たちは、これまで、オペラ、バレエ、ダンス、ミュージカル、現代演劇、古典演劇、日本の伝統演劇を見てきました。世界には、そして日本には、様々な舞台芸術が存在しており、特に、私たちの国日本においては、それらの舞台芸術が、新しく出現したものが、それまであったものを消し去るのではなく、新しいものも、古いものも、同時に、共存しているのです。しかも、この在り方は、単に、歴史的にそうであるだけではなく、異なる文化圏からやって来たものに関してもそうなのであって、現代日本には、古い日本の伝統的な舞台芸術が、現代の日本の現代的舞台芸術と共存しているだけではなく、オペラやバレエなどの外国生まれの舞台芸術が、新旧の日本の舞台芸術と共存しているのです。このような在り方は、第1章でも示唆したように、諸外国ではほとんど無い在り方であって、まさに、極めて日本的な在り方なのです。舞台芸術の様々なものを、幅広い選択肢の中から自由に選ぶことが出来る点において、日本は、最も恵まれた国なのです。

　これらの、様々な舞台芸術の魅力の根源については、第1章において、極めて簡素な言い方で、根本的なことだけを指摘しましたが、より哲学的・美学的に本格的な仕方で、舞台芸術の魅力の根源に迫ったのが、古代ギリシアの大哲学者アリストテレスでした。

　もちろん、アリストテレスは、オペラやミュージカルなどについては語っていません。それらは、アリストテレスよりもずっと後になって出現したものなのです。しかし、オペラやミュージカルなどの中にも存在している、演劇的なものの根源的な魅力については、アリストテレスの芸術哲学は、現代においても通用する、ある種の普遍性をもった解明を

成し遂げているのです。以下においては、そのアリストテレスの、芸術哲学としての演劇美学の要点を見て行くことにしましょう。

1 悲劇の定義

アリストテレスは、ヨーロッパの美学芸術論の歴史において、根本的な影響を与え続けた書物である『詩学』第6章において、次のような悲劇の定義を述べています。

「悲劇とは、一定の大きさ（長さ）で完結している、高貴な（崇高な）行為のミーメーシスであり、そのミーメーシスには、劇の構成部分の各々に従ってそれぞれ別々に用いられる、様々な種類の快い効果を与えられた言葉が使われているのであるが、しかし、（言葉が使われているとはいえ）朗詠によってではなく、役者の演技という行為によって、その高貴な（崇高な）行為はミーメーシスされるのであって、そして、あわれみ（同情）とおそれ（恐怖）を喚起しながら、このような諸感情のカタルシス（浄化）を、その行為のミーメーシスはなしとげるのである。」注1

このように、アリストテレスは、「一定の大きさ（長さ）で完結」していて、「あわれみ（同情）とおそれ（恐怖）を喚起しながら、このような諸感情のカタルシス（浄化）」を成し遂げる、「役者の演技という行為によって」ミーメーシスされる、「高貴な（崇高な）行為のミーメーシス」として、悲劇をとらえているのですが、これらの定義を構成している諸概念は、それぞれ、後世に大きな影響力を及ぼすこととなります。

尚、ここでアリストテレスの悲劇の定義のかなめに位置している μίμησις「ミーメーシス」について、ごく簡潔に言えば、「ミーメーシス」とは、＜世界の本質＞を、作品の内に表現することです。「表現」

と言っても、芸術家の内面の表現では全く無く、＜世界の本質＞を、「強化的に再現し、再生すること」が、ミーメーシスなのです。近代主観主義が生んだ概念である「芸術家の自己表現」では全く無く、「世界表現」がミーメーシスなのです。ですから、この定義における「高貴な（崇高な）行為のミーメーシス」とは、「高貴な（崇高な）行為の本質の、強い形での、表現」という意味です。そして、「高貴な（崇高な）行為」は、（例えば、オイディプス王の行為は、作者ソフォクレスにとって、既にあらかじめ、ギリシア神話として）悲劇の作者の前に既に存在しているわけですから、その「表現」は、存在論的には、「再現」なのであって、それゆえ、「ミーメーシス」とは、存在論的には、「強化的な再現・再生」なのです。このミーメーシスは、ヨーロッパの美学・芸術論の、最も重要なキーワードであり、近代主観主義を超え、近代を超えるために、最も力を発揮する重要なものなのです[注2]。

2　時の《単一統一性》

「一定の大きさ（長さ）で完結」しているということは、前章においても述べられた、フランス古典主義演劇理論の根本規則であるところの＜３つの《単一統一性》の規則＞（la règle des trois unités）のうちの＜時の《単一統一性》＞の基となったものの一つです。より直接的なアリストテレスの言葉は、この悲劇の定義の直前に述べられていて、それは、悲劇が、できるだけ「太陽が一回りする時間内に」[注3]収まるようにするか、そうでなくとも、わずかしかそれをはみ出さないようにする、という、叙事詩と悲劇との対比論の中の論定です。

この「太陽が一回りする時間」が、24時間を意味するのか、12時間を意味するのかが、フランス古典主義演劇理論論争史において大論争となったのですが、シャプランやコルネイユのように24時間説を採るにせよ、ドービニャックやラシーヌのように12時間説を採るにせよ、彼らが問題にしていたのは、アリストテレスと同様に、第一義的には、演劇作

品の内部の世界で展開されて行く行為・出来事の時間の長さであり、次に、演劇作品が上演される時間の長さでした。

そして、アリストテレスが言おうとしたことも、また、それを受けて、フランス古典主義演劇理論家たちがより明確に言おうとしたことも、共に、＜決定的な、凝縮された、濃密な、或る短い特定の一定の時間＞において、劇が進行して行くべきであり、理想的には、劇作品の内部の世界で展開されて行く行為・出来事の時間の長さと、演劇作品が上演される時間の長さが、一致することが望ましい、ということでした。

これは、演劇が、広く言って、舞台芸術が、例えば、オイディプス王のそれなりに長い生涯に亘る様々な行為や出来事の物語を、ただ、だらだらと、時の順序に従って、或る時にこのことが起こり、別の時にあのことが起こった、などと平板に並列的に舞台の上で次々に演じるのでは全く無くて、それらの様々な多くの行為・出来事が集積して遂にクライマックスに至った或る短い特定の一定の時間を選びに選び抜いて、その謂わば＜特権的な時間＞＝＜決定的な、凝縮された、濃密な、或る短い特定の一定の時間＞内で、それらの全体を集中的に凝縮して表現するべきであり、そうすることによってこそ、その演劇作品は、強い迫力をもち、強い強度をもって、観客を感動させる力をもつ、ということを意味しているのです。

＜時の《単一統一性》＞のフランス古典主義演劇理論は、このような、極めて強い意味をもっている理論なのであって、この＜強度＞をもった、全体を統一する＜単一の或る短い時＞の理論なのです。

アリストテレスの『詩学』は、ここまでの理論的強度を、後世にもたらす力をもっているのです。

3 「あわれみ」（同情）と「おそれ」（恐怖）

アリストテレスは、「あわれみ（同情）とおそれ（恐怖）を喚起しながら、このような諸感情のカタルシス（浄化）をなしとげる」ものが、

悲劇であると述べていますが、実は、そもそも、このκάθαρσις「カタルシス」を「浄化」と考えること自体に、異論があるのであり、更にこの「カタルシス」がそもそも何のカタルシスなのか、という点でも、大いに説が分かれているのであって、このカタルシス問題は、美学における最大の問題の一つなのです。この問題については、のちに詳しく述べることにして、ここでは、ἔλεος「あわれみ」（同情）とφόβος「おそれ」（恐怖）という二つのものが、悲劇構成理論において極めて重要な役割を果たしていることを述べたいと思います。

4　最も見事な悲劇の構成

　アリストテレスは、『詩学』第13章において、次のように述べています。

「最も見事な悲劇の構成は、単一なものではなくて、複合的なものでなければならず、また、おそれ（恐怖）とあわれみ（同情）を喚起するような出来事のミーメーシスでなければならない。というのも、これこそが、このような、悲劇というミーメーシスに固有なことなのであるから。それゆえ、これらの二前提から、次の幾つかの規則が明らかになる。
（1）まず第一に、善良な人間が、幸福から不幸へと転落するところを、あらわに見せるべきではない。なぜなら、これは、おそれ（恐怖）をもあわれみ（同情）をも喚起することがなく、ただ全くひどいこと、いやなことにすぎないのであるから。
（2）次に、邪悪な人間が、不幸から幸福になるという筋もよろしくない。じじつ、これほど反悲劇的なものはないのであり、これは、悲劇のもつべきものを何一つもっておらず、人間愛の思いに訴えることもなければ、あわれみ（同情）をもおそれ（恐怖）をも抱かせることがないのであるから。

（3）更にまた、極端な悪人が、幸福から不幸へと転落するという筋もよろしくない。なぜなら、このような筋は、人間愛からの思いやりの情に訴えることはあるかもしれないが、あわれみ（同情）をもおそれ（恐怖）をも喚起しはしないからである。というのも、そもそも、あわれみ（同情）とは、不当にも、身に相応しからぬ不幸におちいってしまった人に対してこそ湧く思いであるし、また、おそれ（恐怖）とは、不幸におちいってしまった人が、我々と同等な、似たような人間である場合に、その不幸を我が身に引き較べて、生ずるものにほかならないのであって、それゆえ、このような筋では、あわれみ（同情）もおそれ（恐怖）もよびおこされないのである。

（4）そこで、悲劇の筋の主人公として残るところは、以上に述べられてきた場合の中間にあるような人物ということになる。即ちそれは、徳や正義の点では、特に他人に卓越しているというのでもないが、しかし、おのれ自らの悪徳や邪悪のせいで不幸へと転落するのではなしに、或る過失のせいで不幸へと転落する人であり、しかも筋の展開の初めにおいては、大いなる名声と幸福のうちにある人々の一員でなければならない。例えば、オイディプスとか、テュエステスとか、またこれと似たような家柄の出の、よく知られた人物たちのような。」注4

　これは、大変よく整理された悲劇構成理論であり、劇世界の内的構造そのものの分析から演劇美を解明する、優れた演劇美学理論です。まさに悲劇とは、典型的には、このようなもの、即ち、ただ単に善良というのでもなく、徳や正義の点で特に他人に卓越しているというのでもないが、しかし、邪悪な人でも極端な悪人でもなくて、観客と同等な、似たような人間が、初めは幸福のうちにありながら、おのれ自らの、非難されても仕方のないような悪徳や邪悪のせいによってではなくて、或るἁμαρτία「過失」──或る判断や決断などの誤り──のせいによって不幸へと転落する物語というべきでありましょう。そのような人間を見る

ときに、観客は、不当にも、身に相応しからぬ不幸におちいってしまったその人に対して、あわれみ（同情）の思いを抱くのであり、また、その人が、自分と同等な、似たような人間であるがゆえに、その人のような不幸が我が身に起こる可能性もなきにしもあらずと思うからこそ、おそれ（恐怖）を抱くのです。

ἔλεος「あわれみ」（同情）と φόβος「おそれ」（恐怖）の二つのものを理論構築の基準的土台とする、このアリストテレスの悲劇構成理論は、ギリシア悲劇に限定されない普遍性をもっている、見事な演劇美学と言って良いでしょう。

5　ペリペテイアとアナグノーリシス

後世の演劇理論に大きな影響を与え続けたものには、これらの「あわれみ（同情）」や「おそれ（恐怖）」の概念の他にも、有名な περιπέτεια「ペリペテイア」や ἀναγνώρισις「アナグノーリシス」の概念があります。これらについてもアリストテレスの明快な論述を見てみることにしましょう。アリストテレスは、『詩学』第11章で、次のように述べています。

「ペリペテイア（逆転・どんでん返し）とは、先にも述べられたように、劇中の行為の結果が、それまでの成り行きとは正反対の方向へと転化することである。そしてこのこともまた、我々の述べているような仕方で、即ち、いかにも納得できそうな蓋然的な結果か、あるいはどうしてもそうなる筈の必然的な帰結として起こるのでなければならない。例えば、《オイディプス王》において、使者が（コリントスから）来て、オイディプス王を喜ばせ、その母に対する恐れから王を解放しようと思って、王の身元を明かした時、かえってそれがもとで、（王を喜ばせ、恐れから解放するということとは）全く反対の方向へと事態を逆転させてしまった場面のごときが、このペリペテイアの例である。(・・・)

アナグノーリシス（発見的認知）とは、正にこの言葉（「アナグノーリシス」）の示す通り、無知（知らないでいること）から知（知ること）への転化であり、また特に、この転化によって、それまで明らかに幸福な者または不幸な者と見られていた登場人物たちの間で、愛情や憎悪へと心情が転化することである。アナグノーリシスの最も優れた在り方は、それがペリペテイアと一緒に起こる場合であり、《オイディプス王》の中で行われるアナグノーリシスなどは、まさしくそのようなものであろう。」注5

これらのペリペテイアとアナグノーリシスも、単にギリシア悲劇に限定されることのない、演劇的普遍性をもっていると言えるでしょう。

ここに例として挙げられているように、アリストテレスは、ソフォクレスの傑作《オイディプス王》を精緻に分析して、この傑作の中から、演劇的普遍性を抽出したのです。アリストテレスは、ここでも、アリストテレスだったのであって、徹底的に、対象世界に深く入り込んで、対象世界を精密に考察することによって、対象世界に内在している本質を、鋭く摘出しているのです。

6　カタルシスについての諸説

さてそれでは、上の論述で語られた、「カタルシス」とは、一体どのようなことを意味しているのでしょうか。

κάθαρσις「カタルシス」とは、古代ギリシアのピポクラテス派の医学では、「人間の体内から、病気の因となるような過剰の体液を排泄すること」注6であり、これは、「身体と精神の均衡は、悪しき体液の浄化によって維持される」注7という医学説に基づく治療行為でした。この概念に基づく説が、後に紹介する最も歴史的に賛同者が多い説なのですが、これに対してルネサンス以降、演劇芸術を道徳的・倫理的に擁護する立場から――というのも、古代ギリシア以来、プラトンなどによっ

て、演劇は、道徳的・倫理的に好ましくない効果を人々に与えるという、演劇否定論が唱えられ続けてきたからなのですが——、「カタルシス」を、「排出」ではなくて、道徳的・倫理的な「純化」と解釈し、「過剰な情緒を、徳性にかなったものに転化して、人の心を浄める」[注8]ことと解釈する説が現れます。即ち、アリストテレスの演劇美学を＜演劇は、観客の感情をカタルシスすることによって、観客を道徳的・倫理的により徳高いものにする＞と唱えている美学と解釈することによって、演劇否定論にアリストテレスの権威によって対抗しようというわけです。そして、これら二つの説は、いずれにしてもカタルシスの対象が、観客の感情であるのですが、20世紀になってから、そうではない解釈が多くのアリストテレス学者から提案されるようになり、それらの解釈を列挙すれば、「事件の純化」（オッテ）、「出来事あるいは行為の純化」（イールズ）、「事件の解明」（ゴールデン）、「苦難の浄化」（今道）——以上いずれも「純化」「解明」「浄化」が「カタルシス」の訳語で、「事件」「出来事あるいは行為」「苦難」が、カタルシスされる対象です——などがあります[注9]。これらの諸説は、カタルシス概念を、医学的・心理学的にではなく、演劇学的・詩学的に解釈しようとする点において斬新な魅力的なものですが、しかし、アリストテレス自身が第一級の哲学者であるばかりではなく、同時に第一級の生物学者でもあって、医学にも通じており、またそもそも、アリストテレス自身が、『政治学』において、明瞭に医学的・医療的な意味でのカタルシスを音楽について語り[注10]、しかもそこでも「あわれみ（同情）とおそれ（恐怖）」について語っていて、更に自らの『詩学』に言及もしているのですから、やはり最も歴史的に賛同者が多い説が、最も尊重されてしかるべきであると思われます。

7 「浄化」としてのカタルシス

　この医学的・医療的な意味に基づくカタルシス解釈を、竹内敏雄は次

のように述べています。

「現実の生活において体験される激しい情緒は、しばしば『抑圧されていて』、言語や動作や表出運動によって『消散反応（Abreagieren）』をおこすにいたらず、一種の解かれざる緊張として心のうちに残留する。古代のギリシア人が考えたように、病気の場合ある種の体液が過剰に体内に鬱積するとすれば、それと同様に、抑圧された情緒は、無意識裡に我々を苦しめ煩わすものとして、心の底に沈殿し蓄積される。ところで、我々が悲劇をみて、人物の苦悩を共に悩み、人物の運命に恐怖を感ずるときは、すでに胸中に鬱積している同種の情緒が解発されるとともに、はけ口をみいだして一挙に心から排出され、『消散させられる』。この類似療法的効果によって、我々の心は感情の重圧から釈放され、にわかに軽快になったように感ずる。かくして悲劇は、本来著しく不快や苦痛の分子の勝った感情を刺激しながら、その昂奮から一種の快感を生ぜしめることができる。これがその『固有の快感』にほかならない。」[注11]

即ち、カタルシスとは、観客が、劇世界内における登場人物の運命の不幸・苦悩を目の当たりにすることによって、その不幸・苦悩に同情し、またその運命に恐怖する時に、そのような不幸・苦悩に――あわれみ（同情）とおそれ（恐怖）を介して――向き合うことをきっかけとして、自分自身の不幸・苦悩――それは、観客が現実世界において被っていて、普段は意識下に追いやっており、それゆえに心の隠れた重荷となっている不幸・苦悩なわけですが――をも、再体験し、意識にのぼらせ、それと向かい合うことを経験するに至るのであって、そして、そのように意識化して向かい合うことによって、その不幸・苦悩を対象化し、それによって、それを意識下に追いやっていることの重荷から解放される経験をする際の、その解放がもたらす感情的浄化である、というわけです。もし、カタルシスが、このような意味であるならば、これは確かに、芸術の果たしている役割の一つを言い当てているものであると言えるでしょう。芸術は、確かに、一つの救済となりうるものなのです

から。

8　救済と解放

　芸術が、そしてこの場合悲劇が、観客にとって一つの救済となりうるのは、そもそも芸術が、世界の本質をあらわにするものであるからにほかなりません。観客は、悲劇を見ることによって、現実から逃避するのではなく、全くその反対に、現実により深く向き合うのです。普段は意識下に追いやっている、現実世界の様々な困難とそれによる不幸・苦悩を、悲劇を見ることによって、対象化し、それを意識下に追いやっていることの重荷から解放されるのです。困難に由来する不幸・苦悩を見ないふりをするのではなくて、その不幸・苦悩を――あわれみ（同情）とおそれ（恐怖）を介して――直視することによって、その困難に由来する重圧を乗り越えるのです。世界の奥底に横たわっている本質的な苦悩を、悲劇は、あらわにし、それによって、その苦悩の重圧を乗り越える一つの心理的経験に、人を導くのです。

　人は、悲劇を経験することによって、世界を経験し、一つの解放を経験するのです。

9　芸術の普遍性と哲学性

　このような深い経験が、悲劇を観劇することによって可能となるのは、そもそも、悲劇、そして、芸術が、深い普遍性と哲学性をもっているからにほかなりません。

　このことを、アリストテレスは、『詩学』第9章において、次のように述べています。

「そもそも詩人の仕事とは、すでに生起した事実を語ることではなく、生起しうる出来事を語ること、即ち、いかにもありそうな蓋然性によってなり、またはどうしてもそうなる必然性によってなりして生起しうる

可能的なことを語ることである。けだし、歴史家と詩人との差異は韻律をもって語るか否か、という点に関わるのではない。例えば、ヘーロドトスの著作は、これを韻律にあてはめて書き上げることもできるであろうが、しかしそれがともかく歴史であるということ自体は、韻律を伴おうと伴うまいと、いささかも変わりはしない。両者の差異は寧ろ今述べられた次の一点に存する、即ち、歴史家はすでに生起した事実を語るのに対し、詩人は生起する可能性のあることを語る、という点にある。このゆえに、歴史に較べると、詩の方が、より一層哲学的でもあるし、また、意義もより一層深い次第である。その理由を更に換言してみれば、詩が語るのは寧ろ普遍的な事柄であるのに対し、歴史が語るのは個別的な事件だからである。

　ここで普遍的と称する意味は、一般に、どのような人物には、どのような事柄を語ったり行ったりするのが、いかにもありそうな蓋然性にあたるのか、またはそうあらねばならぬ必然性にあたるのか、ということである。詩は、登場人物に名前をつけることによって、この普遍的なことを目指しているのである。これに対し、個別的と称することの意味は、例えばアルキビアデースという実在の人物が実際に何を行い、またいかなる仕打ちを受けたのか、という問題のことである。」注12

　この『詩学』第9章の文章こそが、後世におけるまで詩史比較論——詩と歴史の比較論——の理論的原型となったものですが、ここには芸術の普遍性と哲学性に関するアリストテレスの芸術哲学が、見事に述べられています。(この点を明らかにする前に、一言だけこの文章について注意点を述べておきますと、ここで言われている「歴史家」とは、言うまでもなく、近代になって成立し、19世紀において素晴らしい発展を遂げた、学としての歴史学の学者を意味するものではなく、「様々な出来事の伝承を探索して集めて記録する人」というほどの意味です。くれぐれも、アリストテレスは歴史学を軽視している、などというつまらぬ誤解

をしないで下さい。)

　さて、この文章で語られていることを一言でまとめるならば、それは、詩、更に広く言って芸術作品は、単に起こった出来事を探索して記録するだけの（上述の意味での）「歴史」文書よりも、より普遍的・哲学的な価値の高いものであり、その普遍性は、「生起しうる出来事を語ること、即ち、いかにもありそうな蓋然性によってなり、またはどうしてもそうなる必然性によってなりして生起しうる可能的なことを語ること」によって確保される、ということです。アリストテレスはこの普遍性についてより具体的に述べていますが、そのことを『詩学』が直接の考察の対象としている演劇芸術に即して更に具体的に考えてみると、この普遍性は、舞台の上の各々の登場人物「には、どのような事柄を語ったり行ったりするのが、いかにもありそうな蓋然性にあたるのか、またはそうあらねばならぬ必然性にあたるのか」という点にかかっていることになります。

10　「一切」を全て語らない芸術

　この芸術作品における普遍性の問題を解明するのに役立つのが、同じ『詩学』の第23章の次の文章です。

「叙事詩の筋の構成は、歴史の構成と同じ種類の仕事であってはならない（。）歴史が遂行しなくてはならない解明の対象は、行為の統一性ではなく、時間の統一性である。即ち、歴史においては、同一時間内に生起した出来事である限り、一人の人間の身辺のことであれ、大勢の人々の身辺のことであれ、一切がこの解明の対象となりはするけれども、それらの出来事の一つ一つが相互に関係をもつのは偶然であって、つまり、歴史的考察の対象となる個々の出来事は、必ずしも相互連関をもつとは限らない。」注13

即ち、（上述の意味での）「歴史」が、「一切」をそのまま語って、その「歴史」の中で語られる「出来事の一つ一つが相互に関係をもつのは偶然であ」るのに対して、そのような「歴史」と対立的な性格を持ち、そのような「歴史」よりも価値高い「芸術」は、「一切」をそのまま全て語らないのであり、「偶然」的でない関係をもった一連の出来事を作品化するのです。これが、普遍性の確保される芸術の在り方であり、このような在り方によって、舞台の上の各々の登場人物の行為は「いかにもありそうな蓋然性にあた」ったり、「そうあらねばならぬ必然性にあた」るのです。このような在り方の具体例を挙げれば、例えば、オイディプスのように知力・武力共に秀でて正義感が強い上に自負心も強くしかも気が短い青年が、同じく自負心が強く一徹な老人のライオスと狭く細い山道で出会ってしまった時に、ちょっとしたことで争いになってしまう、というような筋に見られる在り方がその一例です。これは、そのような性格・才能・行動パターンをもった登場人物が、そのような条件の下で、そのような状況に置かれれば、十中八九ほぼそのような行動をするであろうと、観客が十分納得するような筋の展開であり、その納得の根拠は、その筋の展開そのものの内に確保されている普遍性にあるのです。

11 普遍的本質のミーメーシス

芸術は、アリストテレスによれば、このようにして、日常世界の内に雑多な形で生起している様々な偶然事や夾雑事等も含まれたその世界の「一切」をそのまま語ることなく、それらの偶然的なものや夾雑的なものを捨象することによって、日常世界の内奥の本質的な相を浮かび上がらせるのです。普遍性の次元に入り込むことによって、芸術は、世界の内在的な本質に達するのであり、その本質の次元における「偶然」的でない関係――即ち必然的ないし蓋然的な関係――をもった一連の事柄を作品化するのです。芸術は、このようにして、世界の内なる普遍的本質

に達し、その本質を典型的なものとして物化するのです。これがアリストテレスのいうミーメーシスなのです。アリストテレス美学理論において、ミーメーシスとは、このような普遍的本質のミーメーシスなのであり、このような典型のミーメーシスなのです。それは、単なるものの表面をそのままに模写するような平板な意味での写実では全くなく、世界の内在的な本質を典型的に物化することなのです。

12 《オイディプス王》

　このような芸術の深い普遍性と哲学性が、見事に見られる芸術作品の代表的なものこそ、アリストテレスが何度も優れた演劇作品としてその名を挙げているソフォクレスの《オイディプス王》です。この世界演劇史上でも極めて名高い作品については、古来様々な解釈・批評・分析が数多くなされてきましたが、ここで、この作品の筋のあらましを紹介しておきますと、それは以下のようになっています。（言うまでもなく、演劇は戯曲と同じものではありません。古代ギリシアにおける舞台芸術の実際に関しては、確定的な資料に乏しく、また、現代におけるギリシア悲劇の上演は、現代人の演出と現代人の俳優[注14]による現代的劇場での現代人の観客が見る一種の現代的芸術ですので、ここでは、あえて筋の紹介――劇世界の事の展開の見事さ＝内的構造の素晴らしさの紹介――に止めておきたいと思います。）

　テーバイ王国を襲っている疫病に心悩めるオイディプス王は、疫病から自分の治めるこの国を救うために、何をすればよいのかを、アポロン神に伺うべく、后の弟クレオンをデルポイに遣わした。彼が帰り、神託を伝える。アポロン神は先王ライオスの殺害者を除くべしと命じた。王は自分こそ実はその本人であるとは全く知らずに、探索を開始して、恐るべき呪いをその殺害者に対して下す。王は予言者テイレシアスを召し、先王ライオス殺しの下手人を尋ねるが、全てを知っている予言者

は、あえて語らない。王は、知っていながら語らない彼を怒って罵り、ついに予言者は、オイディプスこそその人であると叫ぶ。王は、これを、王位をねらうクレオンの陰謀であると思い込み、ますます怒り狂う。クレオンは事実無根を訴え、二人が言い争っているところへ、后のイオカステが現れ、取りなす。王は后とコロス（合唱隊）に懇願されて、クレオンを許すが、疑いははれない。イオカステは、予言者がからんだこの件で怒り狂う夫を慰めるために、先王ライオスは子供の手にかかって死ぬとの神託があったのに、そうではなくて追剝に殺され、自分とライオスの間に生まれた子供は、生まれると同時に捨てたのだから、神託や予言などというものは無に等しいと説得する。しかし、かえってオイディプスは、ライオスが三叉の道で殺されたという妻の話によって、古い記憶を思い出す。妻に、その場所、時、ライオスの様子を尋ねて、さてはおのれがと、暗い疑惑が心をかすめる。王は、事件の報告者である下僕がいまだ存命なのを聞き、直ちに召しよせよと命ずる。その訳を尋ねる妻に、オイディプスは、王国テーバイに来るまでの半生を初めて語る。

　コリントスより知らせの者が到着し、コリントスの王が死に、王子であったオイディプスが後継者に選ばれたと告げる。コリントスの王を実の父と信じるオイディプスは、自分が父を殺し、母と交わるというアポロン神の神託のことを話して、父殺しにならなかったことを喜ぶが、まだ母がいるから、コリントスには帰れないと言う。それを聞いた知らせの者が、オイディプスのためによかれと思って、オイディプスの懸念を取り除くために、コリントスの王と后はオイディプスの実の両親ではないと告げ、更に、自分が、ライオス家の者から赤子のオイディプスをもらい受け、子供のいなかったコリントスの王に渡したと告げる。オイディプスの妻イオカステは、自分の夫オイディプスが、実は自分の子供であり、自分の前の夫ライオスの殺害者であるということの全てをこの時点で知った上で、オイディプスに、これ以上、自己の生まれを追求探

索することを止めて下さいと——オイディプスを守るために——心から強く懇願するが、オイディプスは頑として聞き入れない。あくまで真実を追求しようとするオイディプスに、もはやこれまでと、イオカステは、別れの言葉を告げて退場する。オイディプスは、コリントスからの知らせの者に赤子の自分を託したライオス家に使えていた者を呼びつけ、真実を言うように厳しく追求する。呼ばれた者は、何度も言うまいとするが、あまりにオイディプスが追求するので、仕方なくついに真相を告げる。いまや、事の真相を完全に知ったオイディプスは、「ああ、すべてがあやまたず成就したではないか。生まれてはならぬ人から生まれ、交わってはならぬ人と交わり、殺してはならぬ人を殺したと知れたこの男には、日の光よ、おまえを見るのも、これが最後となるように!」と叫んで退場し、舞台の奥の、館の中で、母にして妻であったイオカステが、自ら縊れて死んだ姿を目の当たりにして、イオカステの衣の黄金の留め金を抜き取り、自分の両目を何度も突き刺す。そして、冒頭で自らが下した命に従って、自らを追放するように、クレオンに頼み、そして、クレオンに促されて、アポロン神の最終的な神託を待つべく、館の中に入ってゆく[注15]。

　まことに、ソフォクレスの《オイディプス王》は、人間存在への深刻な問いを発して止まない演劇作品なのであり、人間存在の悲劇性を見事に浮き彫りにしている演劇作品にほかなりません。フロイトは、1897年に「オイディプース王の物語が、何故人の心をとらえるのかが分かった。(・・・)このギリシア神話は、誰でもが自分自身の中にその存在の痕跡を認めうる強迫を明らかにしている」[注16]とフリース宛の手紙に書いていますが、精神分析学の根本的な概念であるエディプス・コンプレックス——「エディプス」とは、言うまでもなく「オイディプス」のことです——は、まさに、この《オイディプス王》に描かれているような人間存在の神話的・根源的な本質を、学問的に概念化したものなので

す。そしてまた、この、あまりにも有名な精神分析学的観点を別にしても、この演劇作品には、多くの、人間存在の根本に関わるテーマが盛り込まれているのです。怒りの問題、決断の問題、判断の問題、真実追求の問題、幸福の問題、驕りの問題などが、運命の必然のあやなす筋の下に、鋭く提示されているのです。この芸術作品は、これらの、人生においてそれぞれ重大な本質的テーマを、極めて見事な劇的構成のうちに表現しているのです。この演劇芸術の古典は、このようにして、これらの人間存在の本質的諸問題を表現しているのであり、アリストテレスは、その見事な劇的世界の構造を、哲学的に実に見事に内在的に分析して、精緻な演劇美学をうち立てたのでした。先にも述べたように、アリストテレスは、ここでも、現実のこの世界——ここでは、特に具体的にはソフォクレスの《オイディプス王》という傑作——に内在している本質を深く洞察して見事に哲学する哲学者だったのです注17。

13　舞台芸術の魅力

　これまで15章に亘って、様々な舞台芸術の魅力について、述べてきました。オペラ、バレエ、ダンス、ミュージカル、現代演劇、古典演劇、日本の伝統演劇などの舞台芸術は、それぞれの在り方で、それぞれの仕方で、それぞれの魅力を放っています。これらの舞台芸術は、全て、世界と深く関わり、人間と世界との様々な＜つながり＞の上に成立し、また、人間と世界との様々な＜つながり＞を生み出してもいるのです。これらの舞台芸術は、全て、世界の奥深い普遍性を、哲学的な普遍性を表現しているからこそ、このような魅力を放っているのであり、そのようなものとして、人が、自らを経験し、味わうことを待っているのです。この講義は、「舞台芸術の魅力」ですが、このような、世界と深く関わり、人間と世界との様々な＜つながり＞を生み出してもいる、素晴らしい舞台芸術に、ぜひ、足を運んで戴きたいと願っております。舞台芸術こそは、上演されている「場」に、自分が出かけていって、そこに身を

置かなければならない芸術なのであって、その「場」に身を置くことによって、新たな感動を、身をもって、経験できる芸術なのです。

研究課題

1．時の《単一統一性》がもっている、芸術的＜強度＞について、考えてみましょう。
2．カタルシスの深い意味について、考えてみましょう。
3．ソフォクレスの《オイディプス王》がもっている、普遍性・哲学性について考えてみましょう。

参考文献

今道友信訳『詩学』(『アリストテレス全集』第17巻、岩波書店、1972年)
岡道男訳『オイディプース王』(『ギリシア悲劇全集』第3巻、岩波書店、1990年)
川島重成著『オイディプース王』を読む』(講談社学術文庫1259、講談社、1996年)
高津春繁著『ギリシア・ローマ神話辞典』(岩波書店、1972年)
竹内敏雄著『アリストテレスの芸術理論』(弘文堂、1976年)
松平千秋・久保正彰・岡道男編『ギリシア悲劇全集』別巻、岩波書店、1992年
松本仁助・岡道男訳『アリストテレース詩学・ホラーティウス詩論』(岩波文庫)(岩波書店、1997年)

〉〉注

注1) D. W.Lucas, *Aristotle Poetics*, Oxford University Press, 1972, p.10.(1449b24-28) 日本語訳今道友信訳『アリストテレス全集』第17巻(岩波書店、1972年)29頁。(尚、日本語訳は、今道友信訳に基づきながらも、出隆訳(『アリストテレス哲学入門』、岩波書店、1972年)、松本仁助・岡道男訳『アリストテレース詩学・ホラーティウス詩論』(岩波文庫)(岩波書店、1997年)などをも参考にしな

がらの、私自身の試訳になっています。以下においても基本的に同様です。）

注2）この「ミーメーシス」については、私の著書、青山昌文著『西洋芸術の歴史と理論』（放送大学教育振興会、2016年）の第2章「プラトン美学」第9節「ミーメーシスの真の意味」（53-57頁）を参照してください。

注3）D. W. Lucas, *Aristotle Poetics*, p.9.（1449b13）日本語訳今道友信訳『アリストテレス全集』第17巻（岩波書店、1972年）28頁。日本語訳松本仁助・岡道男訳『アリストテレース詩学・ホラーティウス詩論』（岩波文庫）（岩波書店、1997年）33頁。

注4）D. W. Lucas, *Aristotle Poetics*, pp.19-20.（1452b30-53a12）日本語訳今道友信訳『アリストテレス全集』第17巻（岩波書店、1972年）46-47頁。日本語訳松本仁助・岡道男訳『アリストテレース詩学・ホラーティウス詩論』（岩波文庫）（岩波書店、1997年）51-52頁。

注5）D. W. Lucas, *Aristotle Poetics*, pp.17-18.（1452a22-33）日本語訳今道友信訳『アリストテレス全集』第17巻（岩波書店、1972年）43頁。日本語訳松本仁助・岡道男訳『アリストテレース詩学・ホラーティウス詩論』（岩波文庫）（岩波書店、1997年）47-48頁。

注6）竹内敏雄著『アリストテレスの芸術理論』（弘文堂、1976年）307頁。

注7）『西洋思想大事典』第1巻（平凡社、1990年）436頁。

注8）竹内敏雄、前掲書、310頁。

注9）これらの諸説に関しては、竹内敏雄、前掲書、308-311頁、並びに今道友信前掲訳書注釈、143-148頁を参照して下さい。

注10）Aristotle, *Politics*, The Loeb Classical Library 246, Harvard University Press, 1990,（1341b33-1342a28）, pp.668-672. 日本語訳山本光雄訳『政治学』（『アリストテレス全集』第15巻、岩波書店、1977年）344-346頁。

注11）竹内敏雄、前掲書、311頁。

注12）D. W. Lucas, *Aristotle Poetics*, p.15.（1451a36-b11）日本語訳今道友信訳『アリストテレス全集』第17巻（岩波書店、1972年）38-39頁。日本語訳松本仁助・岡道男訳『アリストテレース詩学・ホラーティウス詩論』（岩波文庫）（岩波書店、1997年）43-44頁。

注13）D. W. Lucas, *Aristotle Poetics*, p.39.（1459a21-24）日本語訳今道友信訳『アリストテレス全集』第17巻、岩波書店、1972年）88頁。日本語訳松本仁助・岡道男訳『アリストテレース詩学・ホラーティウス詩論』（岩波文庫）（岩波書店、1997年）88頁。

注14）現代人の俳優は、言うまでもなく、現代の身体を持っており、このこと一つをとってみても、現代人の俳優が演じるギリシア悲劇は、たとえ古代的な衣装を着て、古代的と思われる演出で演じられるものであっても、古代のギリシア悲劇とは根本的に異なってしまうのです。演劇は、上演芸術であり、その不可欠な要素である身体は、時代性を深く帯びているものなのです。

注15）高津春繁著『ギリシア・ローマ神話辞典』（岩波書店、1972年）に基本的に拠りながら、部分的に改変を加え、また岡道男訳『オイディプース王』（『ギリシア悲劇全集』第3巻、岩波書店、1990年）をも引用・参照しました。尚、『オイディプス王』に関しては、川島重成著『オイディプース王』を読む』（講談社学術文庫1259、講談社、1996年）も優れた論考です。

注16）ラプランシュ／ポンタリス編『精神分析用語辞典』（みすず書房、1977年）28頁。

注17）本章は、私の著書、青山昌文著『改訂版　芸術の理論と歴史』（放送大学教育振興会、2006年）の第3章「アリストテレスとギリシア演劇」の一部を基にしながら、加筆したものです。

索引

●配列は五十音順。≪ ≫、『 』は書名・作品名を示す。f. は次ページ、ff. は以下数ページを含むことを示す。

●あ 行

アウグスト・シュレーゲル 203
アウグスト・ストリンドベリ 136
紅テント 149
「悪婆」 168
≪悪魔ロベール≫ 41
アーサー・ミラー 147
圧倒的多数の＜まなざし＞ 48
アテーナイの民主主義の申し子 28
アナグノーリシス 244
荒事 169
アリストテレス 214ff., 221ff., 237ff., 243ff., 247, 249ff., 254
アルフレッド・ジャリ 136
あわれみ 240, 243
アンダーグラウンド演劇（アングラ演劇） 148
アン・ドゥオール 73
アントナン・アルトー 138, 206
アンドリュー・ロイド=ウェッパー 118ff., 122, 125ff.
アンドレ・アントワーヌ 135
アントン・チェーホフ 135
イサドラ・ダンカン 101f.
出雲のお国 159
イタリア式額縁舞台 134
市川團十郎 169
『井筒』 180
井上ひさし 154
イプセン 146
『妹背山婦女庭訓』 198
イリ・キリアン 95

岩松了 154
引用 107
ヴァーグナー（ワーグナー） 45, 48, 52ff., 58ff.
ヴァリアシオン 82
ウィリアム・シェイクスピア 200
ウイリアム・フォーサイス 93
≪ウェスト・サイド・ストーリー≫ 114f., 120
ヴォルテール 203
≪ウリッリセの帰還≫ 35
≪エウリディーチェ≫ 33f.
『S／N』 155
エリザベス朝演劇 140
演劇大学 214
演劇的バレエ 95
≪オイディプス王≫ 244, 251, 253
大いなる存在と一体化 24
大芝居 161
太田省吾（1939-2007） 148
≪All I ask of you≫ 127
岡田利規 154
『翁』 177
小山内薫 146
おそれ 240, 243
オフ・オフ・ブロードウェイ演劇 135
オフ・ブロードウェイ演劇 135
≪オペラ座の怪人≫ 115, 117ff., 123, 125f., 128f.
オペラ・セリア 39
オペラ=バレエ 74
オペラ・ブッファ 39f.

オルギア　22
音楽への蛮行　63
女形　160

●か　行
カイミーラ（キマイラ）　163
『花鏡』　176, 179, 184
過失　242
カタルシス　240f., 244ff.
『仮名手本忠臣蔵』　189
歌舞伎　19, 159
唐十郎（1940－　）　148
観阿弥　177
『完全避難マニュアル・東京版』　155
『義経記』　182
キース・ウォーナー　65
「義太夫狂言」　165
《キャバレー》　116
キャメロン・マッキントッシュ　119
宮廷バレエ　71
驚異的なもの　216
「饗宴の芸術」　163
共感と友愛を求めるまなざし　20
「狂女物」　181
「虚実皮膜論」　196
『清経』　179
ギリシア悲劇　21, 23ff., 61, 219, 221, 224, 251
近代主観主義　61
《金のリンゴ》　36f., 52
『熊谷陣屋』　165
クラシック音楽を代表するもの　60
クラシック・バレエ　79
グランド・オペラ　40ff., 52

クリストフ・マルターラー　143
黒テント　150
形式主義バレエ　92
芸術家と職人の区別　17
芸術作品における普遍性の問題　249
芸術崇拝　56
劇場舞踊　72
劇団☆新感線　153
劇団地点　156
ゲーテ　203
『国性爺合戦』　194
心で演じる役者のむら　230
古代人の模倣　216
国家的な公の祝祭　27
国家の公式行事としての公性　25
古典主義　77
『ゴドーを待ちながら』　137, 207
コメディア・デラルテ（イタリア即興仮面劇）　140
《コーラス・ライン》　116
コルネイユ　201, 214f., 239
コールリッジ　203
コレーゴス　25f.
コロス（合唱隊）　22, 24ff., 217, 222
コンスタンチン・スタニフラフスキー　136
コンテンポラリー・ダンス　98, 111

●さ　行
「砕動風の鬼」　178
坂田藤十郎　169
佐藤信（1943－　）　148
《The Phantom of the Opera》　127
《The Point of no return》　127

索引 | **261**

サミュエル・ベケット　137, 206
《The Music of the night》　127
サラ・ブライトマン　122
『申楽談議』　182
サルトル　148
沢住検校　197
『三道』　179
『三人吉三』　164
「三人遣い」　187, 188
シェイクスピア　223f.
「市街劇」　155
『詩学』　215f., 221f., 240f., 243, 245, 248f.
《ジーザス・クライスト・スーパースター》　118f.
詩史比較論　248
『ジゼル』　79
「自然主義」　135
自然の模倣　216, 219
「実悪」　170
『死の教室』（1975）　142
『暫』　165
社会主義リアリズム　96
ジャクソン・ポロック　105
シャルル・ガルニエ　43
ジャン=ジョルジュ・ノヴェール　75
ジャン=バティスト・リュリ　74
『十二段草子』　190
『出世景清』　191
純粋器楽曲崇拝　59
純粋芸術主義　61
小劇場演劇　150, 156
「象徴主義」　135
ジョージ・バランシン　92
《ショー・ボート》　115f.

ジョン・ウィーヴァー　75
ジョン・ケージ　106
ジョン・ノイマイヤー　96
シラー　203
「新劇」　146
新古典主義　97
「心中」　192
『菅原伝授手習鑑』　189
『助六』　161, 165
筋の《単一統一性》　216f., 220, 222, 224
鈴木忠志（1939- ）　148
スタニスラフスキー　231
スタニスラフスキー・システム　231
スタンダール　203
『隅田川』　181
スワン座　204
世阿弥　173
精神分析　104, 109
絶対音楽　63
セルゲイ・ディアギレフ　87
全範囲に亘る演劇体系　228
総合芸術　61
創造的演劇理論　220
『曾根崎心中』　188
ソフォクレス　244, 251, 253f.
ゾラ（1840-1902）　135
存在の連鎖　227, 229

●た 行

『高砂』　178
高山明（1969- ）　155
類い希な幸福感　30
竹本義太夫　191
竹本政太夫　194

辰松八郎兵衛　188
タデウシュ・カントル（1915-90）　142
《ダフネ》　33f.
W. B. イェイツ　136
ダムタイプ　154
単一統一性　215
タンツテアター　108, 110
チェスティ　35f.
チェホフ（チェーホフ）　102, 146
近松門左衛門　188
チャイコフスキー　88
「中間表情」　175
『忠臣蔵』　161, 165
チュチュ　82
つかこうへい　152
築地小劇場　146
鶴沢文蔵　198
ディオニュソス　22ff.
ディドロ　215, 224ff., 228f.
適合性　216
テスピス　21, 24
テネシー・ウィリアムズ　147
寺山修司（1935-83）　148
典型的な人物像の〈理想的モデル〉　232
〈典型表現〉型　229
ドイツのクラシック　57
ドイツ・ロマン派　58ff., 62
同時全体一体性　19
同時代風俗劇　133
「東北」　110
利賀演劇フェスティバル　150
時の《単一統一性》　217, 220, 222
トーキョーリング　52f., 65f.
特権的な時間　240

●な行
内面性　58ff., 62
中村勘三郎　153
『難波土産』　195
蜷川幸雄（1935-2016）　148
《ニーベルングの指輪》　52, 64f.
人形浄るり　187
能　173
野田秀樹　152

●は行
ハイナー・ミュラー　208
俳優　22, 24f., 229f., 232
バイロイト祝祭劇場　53f., 63
場所の《単一統一性》　217, 220, 222
馬蹄形のオペラハウス　45ff., 53f.
バ・ド・ドゥ　82
パトリス・シェロー　64
花道　160
『浜辺のアインシュタイン』（1976）　142
『ハムレット』　223
『ハムレットマシーン』　208f.
パリ・オペラ座　74
『春の祭典』　89
バレエ・ダクシオン　75
バレエ・リュス　87
バレエ・リュス・ド・モンテカルロ　91
バロック・オペラ　36f., 52
バロックとロココの根本的対立　38
パロディ　107
ハロルド・プリンス　120
反芸術の象徴　62
ハンス＝ティース・レーマン　142

悲劇　21f., 24ff., 238, 241
土方　巽　108ff.
ピスカートア（1893-1966）　141
ピーター・ブルック　139, 206
「直面物」　182
ピナ・バウシュ　108, 110ff.
平田オリザ　153
『風姿花伝』　176, 178, 183
《フェードル》　220
複式夢幻能　173
藤田貴大　154
「不条理演劇（theatre of the absurd）」　137, 207
フセヴォロド・メイエルホリド　136
二人の乗ったゴンドラ　120
ブトー（Butoh）　108
普遍的本質のミーメーシス　251
ブランクヴァース　201
古橋悌二（1960-95）　155
ブレヒト　148
フロイト　109
ブロードウェイ演劇　134
プロセニアム舞台　134
文楽　187
《ヘアー》　116
ベケット　148
別役実（1937-　）　148
ベートーヴェン　56f., 60, 63
ペリペティア　243
ベルトルト・ブレヒト　137, 206
ヘンリック・イプセン　135
ポアント技法　77, 82
ポストドラマ演劇　142, 154
ポストモダニズム　106f.

ポストモダン的状況　66
〈没入なりきり〉型　229
《ポッペーアの戴冠》　35
Port B　155
ポール・クローデル　136
「本説」　179
本当らしさ　216

●ま　行

マイケル・クロフォード　121f.
マイヤーベーア　41
マーサ・グラハム　102ff., 111
真面目なジャンル　226ff.
マース・カニングハム　105
『松風』　180
マックス・ラインハルト　140
まなざしの圧力　46
《魔法の島の快楽》　37
マラルメ（1842-98）　135
マリウス・プティパ　80, 81
三浦基（1972-　）　156
三島由紀夫　147
三谷幸喜　154
3つの《単一統一性》　215, 221f., 239
《南太平洋》　115, 118
ミハイル・フォーキン　90
ミュージカル　86
ミュージックホール　86
ミュンヘン宮廷オペラハウス　55
無意識　104
無感受性演技論　231
『娘道成寺』　161, 166
メイエルホリド　204
モスクワ芸術座　150

モダニズム　95
モダンダンス　95, 98, 102, 104ff., 111f.
モダンバレエ　94
モーツァルト　39f., 52
最も見事な悲劇の構成　241
モリエール　201, 214f.
モーリス・ベジャール　94
モーリス・メーテルランク　136

●や　行
山羊の唄　21
ヤン・コット　149, 205
《ユグノー教徒》　41
抑圧　110f.
芳沢あやめ　167
吉田文三郎　198
『義経千本桜』　189

●ら　行
《ライモンダ》　18
ラシーヌ　201, 214f., 218ff., 224, 239
ラビア・ムルエ　143
『リア王』　137, 150, 206

「リアリズム」　135, 146
「離見の見」　184
リヒャルト・ワーグナー　136
ルイ14世　72
ルドルフ・ヌレエフ　18f.
ルネ・プレイ　215
霊感　23
レオニード・マシーン　93
レッシング　203
レナード・バーンスタイン　114
ロイヤルシェイクスピア劇団　151
ロバート・ウィルソン（1941－　）　142
ロマン主義　76, 203
ロマンティック・バレエ　76
『ロミオとジュリエット』　96
ロメオ・カステルッチ　143

●わ　行
ワーグナー　204
「和事」　169
渡辺保　153
渡邊守章　133
ワリシー・カンディンスキー　103

分担執筆者紹介

尼ヶ崎　彬（あまがさき・あきら）　　執筆章→6章

1947年　愛媛県に生まれる
1981年　東京大学大学院人文科学研究科博士課程中退
現在　　学習院女子大学名誉教授
専攻　　美学・芸術学
主な著書　『花鳥の使――歌の道の詩学』（勁草書房）
　　　　『縁の美学――歌の道の詩学Ⅱ』（勁草書房）
　　　　『日本のレトリック』（筑摩書房）
　　　　『ことばと身体』（勁草書房）
　　　　『ダンス・クリティーク――舞踊の現在／舞踊の身体』（勁草書房）
　　　　『近代詩の誕生――軍歌と恋歌』（大修館書店）
　　　　『「いき」と風流』（大修館書店）
　　　　『芸術としての身体――舞踊美学の前線』（編書　勁草書房）

鈴木　晶（すずき・しょう）　——・執筆章→4章、5章

1952年	東京生まれ
1977年	東京大学文学部露文学科卒業
	東京大学大学院人文科学研究科博士課程満期退学
	（露文学専攻）
現在	法政大学名誉教授
専攻	身体表現論、精神分析思想
主な著書	『踊る世紀』（新書館）
	『バレエ誕生』（新書館）
	『ニジンスキー　神の道化』（新書館）
	『バレリーナの肖像』（新書館）
	『オペラ座の迷宮』（新書館）
	『バレエへの招待』（筑摩書房）
	『バレエとダンスの歴史　欧米劇場舞踊史』（編著、平凡社）

古井戸秀夫（ふるいど・ひでお）

・執筆章→ 10～12章

1951年　東京都に生れる
1982年　早稲田大学大学院文学研究科博士課程修了
現在　　東京大学名誉教授
主な著書　『歌舞伎―問いかけの文学』（ぺりかん社）
　　　　　『新版舞踊手帖』（新書館）
　　　　　『歌舞伎入門』（岩波書店）
　　　　　『評伝　鶴屋南北』（白水社）
　　　　　人物叢書『鶴屋南北』（吉川弘文堂）
　　　　　『歌舞伎登場人物事典』（編著　白水社）
　　　　　『日本古典文学アルバム22　歌舞伎』（編著　新潮社）
　　　　　『歌舞伎オン・ステージ13　五大力恋緘』（編著　白水社）
　　　　　『叢書江戸文庫49　福森久助脚本集』（編著　国書刊行会）
　　　　　『新日本古典文学大系96　江戸歌舞伎集』（共編著　岩波書店）
　　　　　『鶴屋南北未刊作品集』全三巻（編著　白水社）

森山　直人（もりやま・なおと）

・執筆章→8章、9章、13章

1968年　東京都に生まれる
1996年　東京大学大学院総合文化研究科修士課程修了（学術修士）
2001年　同博士課程単位取得退学
2001-22年　京都造形芸術大学芸術学部舞台芸術学科教授
　　　　　同大学舞台芸術研究センター主任研究員
　　　　　同センター機関誌『舞台芸術』編集委員（2002-23年）
　　　　　演劇批評家、「京都国際舞台芸術祭」実行委員長（2012-19年）
現在　　多摩美術大学美術学部演劇舞踊デザイン学科教授
専攻　　現代演劇論、表象文化論
主な著書　『土方巽─言葉と身体をめぐって』（共編著　角川学芸出版）
　　　　　『近現代の芸術史　文学上演篇』Ⅰ・Ⅱ（編著　藝術学舎）
　　　　　Alternatives: Debating Theatre Culture in the Age of Con-fusion
　　　　　（共編著　Peter Lang社）

編著者紹介

青山　昌文（あおやま・まさふみ）
・執筆章→1～3章、7章、14章、15章

1952年	青森県に生まれる
1976年	東京大学教養学部教養学科フランス科卒業、教養学士となる
1978年	東京大学文学部美学科卒業、文学士となる
1984年	東京大学大学院人文科学研究科美学芸術学博士課程単位取得満期退学
2005年	東京大学より博士の学位を授与される
現在	放送大学特任教授・博士（東京大学）
専攻	美学・芸術論・自然哲学・表象文化論
著書	『美と芸術の理論』（放送大学教育振興会）
	『芸術の古典と現代』（放送大学教育振興会）
	『改訂版　芸術の理論と歴史』（放送大学教育振興会）
	『美学・芸術学研究』（放送大学教育振興会）
	『芸術は世界の力である』（左右社）
	『西洋芸術の歴史と理論』（放送大学教育振興会）
編著	『比較思想・東西の自然観』（放送大学教育振興会）
	『舞台芸術への招待』（放送大学教育振興会）
共編著	『社会の中の芸術』（放送大学教育振興会）
共著	『表象文化研究』（放送大学教育振興会）
	『芸術文化のエコロジー』（勁草書房）
	『美の本質と様態』（放送大学教育振興会）
	『西洋美学のエッセンス』（ぺりかん社）
	『芸術の線分たち―フランス哲学横断―』（昭和堂）
	『存在と価値』（放送大学教育振興会）
論文	『ディドロ美学・美術論研究』（東京大学博士学位論文）
	Ando Shoeki, philosophe holiste et athée de l'époque d'Edo（Cahiers de la revue de théologie et de philosophie 18）
	「ディドロ美学における自然・関係・機能―その最初期の光芒を中心として―」（『思想』724号、岩波書店）
	「ディドロの音楽本質論」（『放送大学研究年報』2号）
	「シャルダンの静物画―その内的な親密さについて―」（『放送大学研究年報』3号）
	「ディドロ『絵画論断章』訳注―その1～7―」（『放送大学研究年報』6・8・10・16・17・21・25号）
	「ポスト・モダン芸術における＜近代の乗り越え＞について―現代日本建築を中心として―」（『放送大学研究年報』11号）
	「美と醜」（『武蔵野美術』114号、武蔵野美術大学）
	「料理芸術論序説」（『放送大学研究年報』20号）、その他
翻訳	「絵画論断章」全訳（ディドロ著）（『ディドロ著作集』第4巻＜美学・美術＞、法政大学出版局）、その他

放送大学教材　1554891-1-1711（テレビ）

舞台芸術の魅力

発　行　　2017 年 3 月 20 日　第 1 刷
　　　　　2023 年 8 月 20 日　第 4 刷
編著者　　青山昌文
発行所　　一般財団法人　放送大学教育振興会
　　　　　〒 105-0001　東京都港区虎ノ門 1-14-1　郵政福祉琴平ビル
　　　　　電話　03（3502）2750

市販用は放送大学教材と同じ内容です。定価はカバーに表示してあります。
落丁本・乱丁本はお取り替えいたします。

Printed in Japan　ISBN978-4-595-31715-6　C1374